贝页
ENRICH YOUR LIFE

"杠"出美丽新世界

哲学与社会正义的对话

ARGUING FOR
A BETTER WORLD

How Philosophy
Can Help Us Fight for
Social Justice

[英]阿里亚娜·沙维希 著
(Arianne Shahvisi)

诸葛雯 译

文匯出版社

图书在版编目(CIP)数据

"杠"出美丽新世界：哲学与社会正义的对话 /
（英）阿里亚娜·沙维希（Arianne Shahvisi）著；诸葛
雯译.— 上海：文汇出版社，2025.7.— ISBN 978-7-
5496-4380-6

Ⅰ．B；D081

中国国家版本馆CIP数据核字第20248086TA号

Arguing for a Better World: How Philosophy Can Help Us Fight for Social Justice, by Arianne Shahvisi.

Copyright © 2023 by Arianne Shahvisi
All rights reserved including the right of reproduction in whole or in part in any form.
This edition published by arrangement with Penguin Books, an imprint of Penguin Publishing Group, a division of Penguin Random House LLC.

本书简体中文专有翻译出版权由Penguin Book授予上海阅薇图书有限公司。
未经许可，不得以任何手段或形式复制或抄袭本书内容。

上海市版权局著作权合同登记号：图字09-2024-0846号

"杠"出美丽新世界：哲学与社会正义的对话

作　　者／[英]阿里亚娜·沙维希
译　　者／诸葛雯
责任编辑／戴　铮
封面设计／王梦珂
版式设计／汤惟惟
出版发行／文汇出版社
　　　　　上海市威海路755号
　　　　　（邮政编码：200041）
经　　销／全国新华书店
印刷装订／上海中唱印刷有限公司
版　　次／2025年7月第1版
印　　次／2025年7月第1次印刷
开　　本／889毫米×1194毫米　1/32
字　　数／220千字
印　　张／11.875
书　　号／ISBN 978-7-5496-4380-6
定　　价／68.00元

献给我的父母

我每天都深深地爱着他们,
而在周日,这份爱更是加倍的浓烈。

眼中的碎片是最好的放大镜。

——西奥多·阿多诺,《最低限度的道德》(1951)

压制性语言不仅代表暴力,它本身就是暴力;它不仅代表知识的局限,还制约着知识……无论它是不道德立法的恶毒语言,还是旨在疏远少数族裔、以文学掩盖种族主义掠夺的语言,都必须被摒弃、改变和揭露。

——托妮·莫里森,诺贝尔奖获奖演说(1993)

目 录

引言：展示你的解题步骤！　1

1　你会歧视白人吗？　7

2　"政治正确"是否已然变调？　46

3　狗哨隐患何在？　83

4　说"男人是垃圾"算性别歧视吗？　107

5　所有的命都重要吗？　136

6　我们应该相信谁？　170

7　爹味男从哪儿取水？　211

8　谁在抵制谁？　232

9　我们需要对结构性非正义负责吗？　273

结论：你身边的堡垒　309

致谢　311

注释　315

引言：展示你的解题步骤！

> 世界随着人们看待它的方式而改变。如果能够令个人或群体看待现实的方式发生转变，哪怕只有一毫米的转变，你也能够改变世界。

——詹姆斯·鲍德温，《纽约时报》（1979）

小时候，每逢周末下雨，我总爱沉浸在解决数学问题的乐趣之中。我偶尔会尝试挑战那些至今尚未得到证明的著名数学猜想，但更多的时候，我还是会选择一些能在有限步骤内找到答案的简单问题。每当我打完草稿，算出正确答案时，内心总会涌上一股欣喜若狂的感觉，自我效能感与归属感油然而生。可是尽管如此，我在学校的考试成绩却往往不尽如人意，这是因为我有一个很不好的习惯：不愿意写解题过程。在脑海中解完整道题后，我只会兴奋地写下最终结果，然后开始思考下一题。对此，老师们颇为恼火，他们苦口婆心地劝我补全解题过程，提醒我只要写清楚解题步骤，即使因为其中某一步出错而导致最终答案错误，也依然能够拿到相应的分数，而且还能证明我没有在考试中作弊。在他们看来，最终答案正确与否并不重要，重要的是通过解题步骤表明我知道自己在做什么。

我一直铭记着老师们的劝诫：展示你的解题步骤！这条箴言十分有用。因为，在我的哲学研究工作中，推理过程比最终结论更加重要；而在我的教学工作中，展示方法也比单纯的讲述更加有效。

本书旨在与读者分享我就近年来在"文化战争"中占据主导地位的一系列争议所做的研究。这些争议有时会被视作对更"严肃"问题的干扰，而且毫无疑问，挑起争议的人往往试图借此耗尽反对者的精力。但是我希望让读者们知晓，这些争议其实加剧了人类共同繁荣所面临的更显而易见的威胁。

在我提笔写作前的两三年间，极右势力开始在美国、印度、俄罗斯、菲律宾、波兰、巴西、匈牙利、土耳其和意大利等国执掌大权；由于美国警察对黑人暴力执法和基于性别的性暴力等问题始终未能得到解决，"黑人的命也重要"和"Me Too"（我也遭遇过）等运动逐渐兴起；数以万计的移民在逃离冲突、环境恶化和贫困的途中不幸因溺水或窒息而亡；科学家在人类的血液与大脑中分别发现了微塑料和空气污染物颗粒；新型冠状病毒肺炎疫情与随后引发的疫苗民族主义暴露了全球健康不平等现象的严重性；粮食不安全问题进一步加剧，导致每三个人中就有一人营养不足；地球本已病魔缠身，如今平均气温更是屡屡刷新纪录，逐渐突破人类生存的极限，而即便如此，每天仍有8800万桶石油从地下开采出来。

哲学家玛丽·米奇利曾指出，哲学"尽管令人生厌，但它并非奢侈品，而是必需品，因为一旦陷入困境，我们就不得不向它求助"[1]。本书的目的就是对上述困境作出回应。哲学工具可以帮助我们揭示和正视支撑与连接这些问题的意识形态。要做到这一点，就必须研究社会世界，审视那些塑造我们思考、表达、分类以及抵制方式的语言和概念。

人们，尤其是那些主要通过社交媒体开展政治活动的人，越来越注重确保政治"正确"。我对这种趋势感到失望，也因此萌生了撰写本书的想法。这种趋势会导致有关社会正义的对话变得狭隘、苛刻与草率，因为人们心心念念的只是确保自己身份正确，并且认为自己或他人的错误具有毁灭性，而非不可避免且能够纠正。在以正确为先的情况下，全盘接受他人观点而非尝试从头解决问题的做法似乎成为一种更安全的选择。说白了，我确实认为从道义上讲，有些观点是正确的，但是了解和阐明各种缘由至关重要，尤其是这些工具还可以帮助我们看清我们是在何时以及如何犯的错。

写全解题步骤是与他人坦诚相见的一种方式，从某种意义上来说，这是一种理智诚实（intellectually honest），意味着你的假设和推理很容易遭人批评。这种坦诚也对另一种令人担忧的趋势发起了挑战。有时，在网上关于政治问题的争论中，"我没有义务教育你！"这样的言辞会成为拒绝为他人作出解释的借口，尽管他人的这种要求是完全合理的；而"你不欠任何人！"这样的说法也会化身迅速力挺他人的工具。这些言论有时源自一种可以理解的恼人处境：边缘化人群往往会被要求解释他们被边缘化的原因，这种要求会耗费他们本可以用来疗愈或反抗的精力。正如女权主义学者奥德丽·洛德在1984年所指出的那样，"所有压迫者都会利用这种古老而主要的工具，使被压迫者忙于应对主人的关切"[2]。某些群体被榨取了如此之多的免费或廉价劳动力，以至于就压迫作出解释这份无偿工作似乎也成了这种榨取趋势的一部分。

然而，对边缘化现象作出解释未必会分散人们对反抗的关注。相反，它也可以成为反抗的一部分。如若不然，我们又将如何了解这一切？为自身着想固然重要，但是如果我们能够更加切实地相互关怀，也就无须将全部精力都放在自己身上了。教与学是我们相互关爱、关爱社会的重要方式之一。此外，作为一名大学讲师，我的职责就是教书育人。如果这份工作不是落在像我这样有幸领取薪水来研究如何教育他人的人身上，那就很难想象还有谁能够承担起这个责任。本书的目的之一就是试图履行这一职责。

社会正义哲学的切入点有很多，本书主要聚焦于一些使特定人群遭受奴役和剥削的语言与概念，以及可能用来构建不同生活方式的言语和思想。我的目的是概述大多数读者早已耳熟能详的一些争论，而非解决任何特定的问题，只是就这些争论展开一些审慎的讨论。我试图复原那些看似简单的话题的复杂本质，同时将那些看似晦涩的话题清晰化。我并不追求"客观"或"非政治化"（即使真的有人能够做到这一点），而是试图将我的理由阐述得足够清晰透彻，至少让那些持反对意见的人能够明白我们之间的分歧所在。最明显也是最重要的一点是，我坚决反对资本主义，并在书中多处概述了若干反对的理由。

我之所以把重点放在语言和概念上，是因为当我们在汽车、水泥和口腹之欲组成的物质世界中穿梭时，正是通过语言和思想来理解世界的。语言可以帮助我们理解观察到的现象并将其归类，而物质现实则源于我们对于这些语言的使用。例如，只需以打击"恐怖主义"为借口，就能为实施大规模监控、监禁和谋杀的行为披上道德外衣；一旦贴上"非法"这个标签，就可以对在同一片天空下消逝的生命视若无睹；只要给人扣上"罪犯"的帽子，就可以暴力剥夺他人自由生活的权利。性别和种族的分类助长了依靠剥削特定群体而得以维系的经济。本书传递的一个重要信息是，语言和概念的确会对世界造成影响，但如果我们用心思考，还可以用它们去做其他的事情。正如人类学家大卫·格雷伯所言："世界上最隐秘的真相是，这个世界是由我们创造的，而我们有能力改造它。"[3]

本书的另一个核心主题是，错误是道德和政治生活中不可避免的特征，因此应被视为学习的契机，而非排斥的理由。我希望读者能够本着这种精神来看待书中可能出现的错漏字。如果你在阅读的过程中觉得这类错误特别多，那可能是因为我在撰写这些文字时，膝上总是躺着一个熟睡（大多数时候是清醒着）的新生儿。即使我的爱人为了给我腾出工作空间而将他抱到隔壁房间，他也会在那里用响亮的啼哭声呼唤我。这提醒了我们，像本书这样的作品存在局限性，而且因为忙于照顾他人（这是所有解放运动中最重要和最基本的要素），我们也许会忽略某些人提出的宝贵观点。没有照顾到他们的观点，是本书众多疏漏中的一部分。出于这个原因和其他诸多原因，本书的目的是抛砖引玉，而非对不公正现象的运作过程和挑战这些现象的方式作出详尽的探究。我在书中提出的许多观点都可以延伸到其他领域。也许有人能够找到解决上述问题的方法。我希望本书的后续章节能够帮助读者思考这个造就了他们的世界，并激发他们思考如何通过与他人的合作让这个世界变得更加美好、公正。

1 你会歧视白人吗？

> 这里有哪个女人如此迷恋自己受到的压迫，以至于看不到自己在另一个女人脸上留下的脚印？……只要有女人不自由，我就不自由，即使她的枷锁与我的截然不同。只要有一个有色人种被束缚，我就不自由。你们也一样。
>
> ——奥德丽·洛德，《愤怒之用》（1981）

2017年，英国前足球运动员特雷弗·辛克莱因涉嫌酒后驾车被捕。他质疑警方，询问是否因为自己是黑人才会遭到逮捕。这个问题合情合理：在英国，黑人被拦下检查的可能性是其他人的九倍。[1]在前往警局的路上，辛克莱在警车内借着酒劲，愤怒地称逮捕他的警官是"白人婊子"。最终，他因醉酒驾驶被处以20个月的禁驾处罚，此外还需完成150个小时的社区服务，并因"加剧种族主义公共秩序罪"[2]被处以罚款。此次事件导致他丢了电视体育评论员的工作,反种族主义的足球慈善机构"踢出去"[1]表示:"目前,社会上存在太多的种族主义现象,尤其当这些行为是由本应更明事理的人所为时,就更令人感到遗憾和难以接受。"³

在庭审过程中,人们了解到,辛克莱被捕当晚,当他与家人在餐厅用餐时,一名陌生人走到他们身边,拍了拍他的头,并称呼他为"小巧克力人"。辛克莱解释说,他身边的人目睹了这一切,正是这一侮辱性事件导致他当晚做出了危险且自毁的行为。

在这个案例中存在两种提及他人种族的情况,但只有一种被恰当地定义为种族歧视。辛克莱可能确实出言不逊,称别人为"白人婊子"是以一种有意侮辱的方式提及其种族。然而,根据对种族主义概念的合理定义,辛克莱对警官的行为并不构成种族歧视。相反,餐厅中的那位女性虽未使用任何侮辱性词汇,但是她的言论却明确地带有种族主义色彩。

明确区分上述两种情况至关重要。所谓"逆向种族主义"(reverse-racism)和"逆向性别歧视"(reverse-sexism),也就是针对白人的种族主义和针对男性的性别歧视,并不是人们有时所说的那种问题。这并不是要否认存在针对白人或男性的种

---

[1] 即"Kick It Out"。该组织此前的完整名称为"Let's Kick Racism Out of Football",意为"将种族歧视踢出界外"。——编者注

族或性别侮辱和偏见，但这些往往是个别事件或特权的附带影响，因此与种族歧视和性别歧视所造成的深刻且反复的伤害不同，它们属于不同类别的不当行为。将它们区分开来对于认真对待权力的作用而言至关重要，我们由此才能够制定有针对性的行动来解决种族歧视和性别歧视问题，以及它们寄生的制度。要想就这些问题展开富有成效的对话，就需要理解"特权"（privilege）和"压迫"（oppression）这两个概念，以及它们在滋生和延续社会及经济不平等中所扮演的角色。

差生贝基

2008年，一位名叫阿比盖尔·费舍尔的年轻白人女性状告得克萨斯大学奥斯汀分校，声称自己因反种族主义招生政策被这所著名学府拒之门外。她认为，该政策偏向学习成绩较差的少数族裔申请人。她认为，作为一名白人申请者，她实际上遭受了"逆向种族主义"。美国大学的"平权法案"（affirmative action）招生政策会综合考虑申请者的种族、民族、性别和社会阶层等背景，旨在解决造成代表性不足群体在接受高等教育时所面临的历史遗留问题和持续性障碍。事实上，白人女性（如费舍尔）是这些政策的主要受益者之一；平权法案在改善女性教育和职业机会方面发挥了重要作用，而且白人女性申请者往往比有色人种女性拥有更广泛的社会关系和物质资源，因此获益最大。[4]

费舍尔输掉了官司,还被人冠以"差生贝基"的绰号。这个绰号源自收录在碧昂斯的专辑《柠檬水》中的歌曲《对不起》,其中有一句歌词提到"秀发贝基"。正如作家迈克尔·哈里奥特所言,"贝基"是一个俚语,指的是"将自己的特权作为武器、阶梯或借口"[5]的白人女性。费舍尔之所以未能进入心仪的大学,并不是因为她是白人,而是因为与当年的其他申请人相比,她的成绩并不出众。

到了2020年,另一个针对年长女性的蔑称"卡伦"的风头盖过了"贝基"这个带着奚落色彩的称呼。"卡伦"指的是动辄就要找经理的中年中产阶级白人女性。她们墨守成规,因为规则为她们带来了诸多好处。她们肆无忌惮地行使自己的特权,一旦觉得自己受了委屈,尤其当她们认为过错方是有色人种时,就会毫不犹豫地向相关部门求助。卡伦们深知纪律处分会给对方带来多么严重的后果,这也让她们更加胆大妄为:她们喜欢看到训诫他人的结果。

白人女性艾米·库珀是其中最臭名昭著的一员。2020年,黑人观鸟者克里斯蒂安·库珀(二人居然姓氏相同,这纯属巧合)请在中央公园遛狗的艾米按照规定为狗拴上狗绳。然而,艾米拒绝了他的请求。克里斯蒂安录制的视频记录了艾米当时所说的话,"我要报警……我要告诉他们,有个非裔美国男子正在威胁我的生命"。她是在赤裸裸地利用警方的种族主义威胁克里斯蒂安。

"卡伦"和"贝基"这两个称呼一直饱受"逆向种族主义"的指责。鉴于这些蔑称仅针对特定社会群体,有人认为它们构成了针对该群体成员(即白人女性)的种族歧视。无可否认,这些蔑称对于许多真名即为"卡伦"或"贝基"且行为无可指摘的人来说是不公平的,然而,将这些称呼视作逆向种族主义的例证是一种误解。更确切地说,它们专指那些以只能被定性为种族主义的方式滥用白人特权(white privilege)的人。称某人为"卡伦",实际上是在指出其种族主义行径。(还有人批评使用"卡伦"是性别歧视,我将在本章后续内容中对此进行驳斥。)

逆向种族主义或逆向性别歧视的概念没有任何意义,要认清这一点,就必须了解构成种族主义或性别歧视的要素。不论是种族主义和性别歧视,还是同性恋恐惧症、跨性别恐惧症、健全中心主义[1]和阶级歧视等,都属于压迫的一种形式。压迫尤其值得我们关注,因为它会造成严重、长期、普遍且可预见的痛苦,而关键在于,这种痛苦原本是可以预防的。当然,其他类型的偶发痛苦,如失去亲人、罹患疾病或未能实现目标等,也可能会对我们的个人生活产生重要的影响,但从政治角度来

---

[1] 健全中心主义,指的是公众、政策制定者、教育者普遍地将身心障碍排除在参与之外,把有障碍的人看作"不正常",并认为他们缺乏某些感知的能力,比如无法工作、智力有限、没有性生活等。——编者注

看不那么引人关注。[1]而且，这些痛苦也并非我们想象中的那么"偶发"；压迫往往会加剧这些伤害的程度。癌症和交通事故对任何人而言都是潜在的威胁，但那些因居住在污染严重的工业区和繁忙道路附近而面临更高风险的人，更有可能是贫困的有色人种。⁶

本文出现的"压迫"和"特权"都是专业术语，指的是一群人因其共同的身份特征而遭受的特定形式的集体伤害或享有的优势。压迫并非仅仅因世界的混乱与复杂而生，它实则是我们社会构造的一部分。正因如此，对于受压迫者而言，它几乎是无法逃避的，这是其显著特征。此外，压迫还表现为"双重束缚"（double binds），即一个试图逃避某种伤害的人，往往会以另一种方式受到伤害。左右为难，动辄得咎。例如，一个家庭在帝国主义战争的摧残下背井离乡，可能在逃亡途中面临葬身大海的危险；女性如果为自己发声，就会被贴上"霸道"和"难缠"的标签，然而，如果不这么做，她的需求和意愿就容易被无视；穆斯林少年，为了不被视为滋事者，只能默默忍受同伴的伊斯兰恐惧症[2]言论。

---

[1] 此外，还有一个重要问题值得我们思考：究竟哪种政治制度能够最大程度地优化个人应对生活中无法减少的长期痛苦的能力，并助力他人应对这些苦难。——原注
[2] 伊斯兰恐惧症指的是对穆斯林的恐惧、偏见和仇恨。——编者注

种族主义与性别歧视的经济逻辑

特权与压迫揭示了个人或群体在社会等级制度中的地位。在生理性别和社会性别的等级制度中，男性占据特权地位；而在种族的等级制度中，有色人种则饱受压迫。这些等级制度的主要目的就是压制和剥削特定群体。正因如此，种族主义和性别歧视在推动资本主义这种剥削制度的运作过程中，扮演了举足轻重的角色。资本主义是一种以"资本"积累为核心的经济制度，而所谓"资本"积累，就是通过直接或间接的剥削手段，创造更多的财富。资本积累始于人们对世界资源的瓜分和对其所有权的宣告，他们侵占对每个人的生存都至关重要的物品，而这些物品本可以作为公共资源，按需共享。然而，这些资源一旦被私有化，对其他人而言就变得遥不可及，无论他们的需求有多么迫切，除非他们愿意支付一定的费用。资本主义国家不仅支持这些对所有权的主张，更通过财产法和国家暴力对其加以保护。这样一来，少数人便能合法囤积世界上几乎所有的基本商品，并向其他人收取获取这些商品的费用。我们别无选择，只能出卖劳动力，用赚取的金钱来换取食物、住所和其他生活必需品。

如果没有持续不断的榨取，任何人所持有的资本量都将保持不变。因此，资本积累的实现，有赖于将工资水平维持在远低于个人劳动价值的程度（就工作为雇主创造的财富而言），同时要求消费者为商品和服务支付超出其实际价值的费用（就所有者或销售者制造或维护它们的成本而言）。例如，在越南，一名制衣工人每小时的收入可能仅为35美分，但她所缝制的衣物却能以35美元的价格售出。这中间的差额便是由服装公司所攫取。资本主义国家使明目张胆的剥削行为变得合法化。

资本积累还需要市场的持续增长作为支撑，因为对商品和劳动力需求的增长意味着可以从中榨取更多的价值。这并不是一个抽象的概念：增长意味着从地球上开采更多的"物质"资源，消耗更多的能源，而这些行为都会对环境造成破坏。同时，它还要求我们觊觎和购买那些我们并不真正需要的商品或服务，并承诺这样做可以避免生活在剥削制度下的痛苦。正如哲学家罗莎·卢森堡在1913年所写的那样：

> （资本主义）洗劫了整个世界，它从地球的各个角落攫取生产资料，必要时甚至以武力从一切文化阶段和一切社会形态那里夺取这些生产资料……资本必须循序渐进且更加充分地耗尽整个星球。[7]

这样一种显然不公的制度之所以能持续存在，必然在一定程度上得到了受其伤害者的默许。这种默许通过制造和维持人与人之间的分歧，确保其顺从性，从而巩固资本主义的统治。对性别类别的固化，为实现在支付尽可能低的薪酬的同时榨取尽可能多的劳动力提供了助力。定义和理解性别的方式多种多样，但最具体的特征之一可以从一个简单的问题中窥见一斑：世界上大多数的无酬劳动是由哪个群体承担的？（这不仅仅是一个关于历史上工作分配的问题：在英国和美国，相较于男性，在外从事有偿工作的女性还需额外承担相当于一整天工作量的家务。[8]）没有持续不断的家务劳动——诸如维持居住环境安全卫生、准备食物、怀孕生育、清洗衣物，以及照料老幼病弱等——人们就无法外出工作，资本积累的过程也将难以为继。为了拥有稳定的劳动力供应，就需要一支影子劳动力队伍来为更明显的劳动力队伍提供支撑。如果还不用支付这些隐形劳动者薪酬，那就更是锦上添花了。

为了贬低女性及其扮演的角色，人们创造或加深了一些谬论：比如，家务并非真正的工作；家务是某些人基于某种生理倾向所承担的"天生的"职责；家务并不重要；人人都能胜任。（例如，当某人说"哦，她不上班"时，实际上是指"她没有外出挣钱"。）这些谬论和其他错误想法共同强化了这样一种观念，即一些人（男性）拥有特定的角色和优势，另一些人（女性）则具有不同的角色和优势。而与男性相关的职位和特质往往更受社会重视，并与更大的权力、声望和薪酬联系在一起。这就是所谓"男性特权"（male privilege）。尽管男性同样受到剥削，也被束缚在特定的社会角色中，但相较于处于同等地位的女性，社会制度对他们更为宽容。尤其值得一提的是，在无偿照料他人和为他人着想方面，对男性的期望远低于女性，而他们的错误行为，尤其是暴力行为，却更容易被社会忽视或原谅。正是通过这些相对优势，男性才会默许并维护这一制度。许多人更是通过让女性安守本分，并维护异性恋正统主义的规范和界限，来捍卫自己的地位。

这种分析可以追溯到美国黑人社会学家杜波依斯，他阐释了"白人特权"是如何导致黑人和白人劳工之间的分裂，进而维护权势阶层（白人）的利益的。杜波依斯曾于1935年写道：

> 白人劳工虽然领着微薄的薪水，却在公共和心理层面得到了一定补偿。因为他们是白人，他们在公共场合受到尊敬和礼遇。他们可以自由地与各个阶层的白人一起参加公共活动、游览公园、进入顶尖学府接受教育。警察队伍从他们中选拔，法院依赖他们的选票并在处理案件时对他们网开一面，甚至到了纵容违法的地步。[9]

白人特权可以被视为一种"心理薪酬"（psychological wage），体现为更大的回旋余地（比如说，在与警察打交道时）、优越感和相对财富，以及随时可以将指责或挫败感发泄在替罪羊身上。不论是过去还是现在，白人劳工的工资都比黑人高，但这些工资普遍远低于其劳动所创造的社会价值或为其老板带来的财富。然而，他们获得了一种非货币性的额外回报：白人特权的"心理薪酬"，表现为一种不言而喻的承诺——只要你能够变得更加优秀，生活就会变得更加美好。基于这种承诺，白人往往愿意牺牲阶级忠诚，而选择维护种族忠诚。这种分而治之的制度压低了每个人的实际收入，让人们为争夺微薄的利益而争斗。

要理解压迫是如何产生、如何运作以及为何持续存在，就必须了解特权在经济中的作用。在资本主义制度下，几乎人人都遭受剥削。这样一个在直觉上难以为人接受的制度要想长久和稳定，就必须将某些群体标记出来，使其受到更深重的剥削。这种做法之所以必要，一方面是因为资本主义依赖剥削而存在，所以它需要大量可供剥削的人群；另一方面，剥削的等级制度是一种更稳定的安排，因为只要保持适当的平衡，那些拥有稍多权力和自由的人就会更愿意容忍自己被剥削的状态，并维护一个对他们有利的政权。要建立这种剥削等级制度，就需要将人们划分为不同的社会群体，并要求其中一些群体相对于其他群体而言处于从属地位，或者换句话说，就是一些群体必须受到压迫。

压迫初探

压迫的实例可以通过一系列典型特征加以识别，包括因个人属于某一特定社会群体而遭受某种不公正的负面待遇；此类待遇有历史先例，是社会组织方式所产生的模式的一部分，而不仅仅是个体行动，也就是说，它具有结构性。

对女性的压迫由来已久，现实毫无改善，令人沮丧。在中世纪的欧洲，不论是通过设计并使用避孕和堕胎方法来掌控自身生育能力的女性，还是被视为不守规矩、令人不悦或缺乏女性气质的女性，都有可能被冠以"女巫"之名而遭处死。直到20世纪，英国和美国的已婚女性才在法律上摆脱"夫妻一体"的束缚，而此类法律曾将她们视为丈夫的附属品，即她们的所有法律决策均由丈夫代行。而"性骚扰"（sexual harassment）一词直到20世纪70年代才出现。这意味着在此之前，并无法律保护女性免受这种普遍的性别歧视伤害。1736年英国的一部法律汇编曾明文规定："丈夫强奸妻子并不构成犯罪，因为在婚姻成立时，妻子就作出了不可撤回的同意。"这意味着，女性一旦结婚，便等同于给予了丈夫无限制的性同意。这项法律直至1991年才被废除。因此，在我所经历过的年代，英国男性可以强迫妻子与其发生性关系，而这并不算是强奸。[10]

当代的性别歧视现象依然带有历史的烙印。虽然女性不再被视为丈夫的附属品，但在英国，仍有90%的已婚女性冠夫姓；在美国，仅有3%的已婚男性从妻姓。[11]尽管在许多地方，女性的身体似乎已经从丈夫和父亲的统治下解放出来，但对于那些拥有子宫的女性来说，生育自由仍然岌岌可危。决定何时怀孕、是否怀孕或继续怀孕的权利始终受到威胁。虽然我们已不再提及"女巫"这样的字眼，但在包括美国某些州在内的许多司法管辖区，终止妊娠的女性和帮助她们的医务工作者仍可能面临牢狱之灾。2022年，美国最高法院大法官塞缪尔·阿利托推翻"罗伊诉韦德案"，取消了孕妇受宪法保护的堕胎权。他在判词中引用了17世纪法学家马修·黑尔的观点。黑尔不仅撰写过颇具影响力的巫术主题专著并以此为由判处女性死刑，还一手将婚内强奸不算强奸的条文写入了法律。

种族主义同样符合这一历史标准。据估计，曾有1300万非洲人被绑架，并被强行带离他们的家园和亲人，被锁在船舱下的狭小空间内，在自己的排泄物和呕吐物中挣扎求生。那些病重或死亡的人被抛入大海。而那些侥幸存活下来的人则被丢进一个陌生的世界，被迫从事繁重的无偿劳动。他们的孩子被卖掉或送给其他人，继续遭受同样的命运。认为黑人是野蛮的次等民族的"科学观点"助长了抓捕、奴役和压迫黑人的行为。这种观点为白人的道德价值设定了一个上限，从而使得压迫者能够以最小的罪恶感对他们进行剥削。

这段历史常常被描述成属于遥远过去的一种已不复存在的道德制度（尽管在撰写本书时，奴隶制存在的时间竟然仍比其被废除后的岁月漫长，而且在美国，监狱中的奴役劳动仍然受到宪法的庇护）。但是正如昔日奴隶的汗水铸就了欧洲与北美国家的繁华一样，奴隶制也塑造了当今的道德风貌，并深深影响着反黑人种族主义的特征和持久性。当代的种族主义是殖民主义的余孽；而殖民主义，又是资本主义逻辑的产物。种族主义曾是经济制度自我辩白的手段，在那种令人发指的制度下，它需要在不同人群间制造并强调差异，并以虚假的科学论调支撑这些差异。将殖民主义视为过往云烟，是对种族与种族主义的起源与目的的漠视与误解。在美国，"自由"终究演绎成恶毒的种族隔离制度，其中警察、司法机构与监狱体系承袭了对黑人的征服与压制。正如非裔美国学者赛迪亚·哈特曼所言："我也生活在奴隶制时代，我指的是，我正生活在奴隶制所铸就的未来之中。"[12]

1833年的《废除奴隶制法案》终结了英国的奴隶制，主要原因并非如人们常说的那样是出于人道主义考量，而是因为奴隶制已利润无多，而且奴隶叛乱越来越难以镇压。[13]英国急切地对奴隶主进行了"财产"补偿，以弥补他们失去的合法所有权。此举所费不赀，财政部不得不背负相当于190亿美元的债务，直至2015年才偿清。这意味着大部分英国劳动者都曾为"补偿"奴隶主贡献了税赋。然而，曾为无偿劳役耗尽一生的昔日的奴隶，却未得到分文补偿，他们的后裔也同样一无所获。那些失去了亲人的非裔社群未曾得到任何慰藉，反而在长达一个多世纪的时间里持续遭受露骨的殖民统治。时至今日，他们依旧面临着经济的边缘化与资源被掠夺的问题。在英国乃至更广阔的地域里，黑人不得不在这个充斥着反黑人种族主义的世界中艰难求生，而这个世界又限制了他们的健康状况、预期寿命以及教育与就业的前景。

尽管现在，宣称不同种族之间存在先天差异的做法已变得越来越为社会所不容（部分原因在于，种族差异具备科学依据的观点已被反复而有力地驳斥），但是，有关白人和黑人之间存在生物学差异的谬误仍然普遍存在。2016年的一项研究发现，在接受调查的美国白人医科学生和医生中，有一半对种族间的生物学差异抱有谬见，包括认为黑人的神经末梢较白人更为迟钝、白人的脑容量更大、黑人的皮肤更为厚实等。[14]这些谬误导致的后果极为严重：由于偏见，黑人患者常因痛感被系统性地质疑而得不到充分治疗。例如，事实表明，患有阑尾炎的黑人儿童所能获得的止痛药，无论是在数量还是在效果上，都远不及白人儿童。[15]

针对特定社会群体的无端伤害，绝非凭空产生；这种伤害由来已久，也证明了想要根除这些伤害是何等艰难。这意味着，除其他事项外，我们不仅需要深入学习历史，使其成为当下切实可感的重要部分，更要避免让现存的种种不公，继续以神秘莫测、不可避免且貌似永恒不变的面目示人。

历史之所以重要，还因为它进一步突出了压迫所带来的伤害。每当一个女孩遭遇性骚扰或性侵犯时，她就加入了一支由女孩和妇女组成的具有几千年历史的队伍，她们都曾忍受同样的愤怒、羞耻与侵犯。这种漫长的阴影使侵犯行为显得更加严重，也让受害者感到更加绝望。

在某些情况下，历史背景是赋予事件伤害属性的核心因素。

如果一个白人在化装舞会上戴上非洲黑人的假发头套，或是把脸涂成黑色或棕色，而此人对历史或其重要性一无所知，那么他的这一举动所带来的伤害可能就并不那么不言自明。黑人妆是19世纪和20世纪的黑人歌舞表演采用的一种妆发造型，白人表演者通过这种方式迎合并强化了关于黑人的夸张种族主义刻板印象。他们的表演将黑人描绘为丑陋、愚蠢、虚伪、轻浮、怯懦、过度性征化和懒惰的形象，以此娱乐白人观众。倘若不了解这段历史，可能很难理解为何黑人妆如此令人受伤与愤慨，也很难认识到这种行为在延续种族主义方面所造成的影响。（黑人妆出现在精英教育机构的聚会上时尤其令人不安，因为在这样的场合，无知的借口根本站不住脚，这些行为更像是一种旨在巩固主导地位的公认的笑料。）然而，如果黑人将脸涂白（可能是为了扮演小丑或模仿白人）时，却并无此种含义，而仅仅是妆发造型的一部分而已。历史打破了两种本可相提并论的行为之间的对称性。[16]

无论是黑人妆、性侵犯，还是其他任何形式的压迫，都触及了人们对痛苦、屈辱和暴政的更深、更久的记忆，而这些记忆尚未得到充分正视，更遑论得到补偿。这正是压迫有别于其他形式的伤害的主要特征之一。正如社会学家萨拉·艾哈迈德在《过一种女性主义的生活》一书中所言："我不愿遗忘那些尚未终结的历史。"[17]

最后，但也是最为重要的一点就是，压迫具有结构性，也就是说，它源自比任何个体行为都更深层、更具影响力的原因。无论是在资源还是在尊严层面，"结构"都是调节社会价值分配的力量。正如引力是由具有质量的物体所产生并作用于所有具有质量的物体一样，结构也是由我们的集体行为所创造，同时制约和决定着这些行为。我们并非有意促成结构，而只是对我们所受的影响作出反应，就像行星被恒星的引力拉入轨道，此后必然会以可预测的方式运动一样。当谈到压迫具有结构性的时候，我们指的是，要理解压迫的运作方式并解决其所带来的伤害，就需要研究整个制度，而非仅仅专注于个体或机构的行为。

例如，在英国的医院中，薪酬最高的职位（如医生和管理层）主要由白人担任，而薪酬最低的工作（如清洁工和搬运工）大多落在黑人的头上。乍一看，这一现象似是由负责招聘的员工个人存在种族歧视所致，但很明显，还有其他因素在起着更为重要的作用。显然，教育和培训机会的不均等是一个必须考虑的重要因素，而这种不均等，追根溯源，与营养、住房和医疗等其他资源的不均衡分配密切相关。（此外，还有一些更深层次的问题值得我们深思。例如，我们是否应该反思这种尊严分配的不平等？医生和管理层的收入是否应高于清洁工和搬运工？薪酬等级制度是否应该存在？）

压迫人们的结构是社会体系的组成部分，需要我们不断探索、协商，甚至忍受。想象一下，当你试图在城市中寻找一条通往目的地的最短路径时，却遇河流阻断，无桥可过。你决定转而搭乘公共交通工具,又发现自己手头没有零钱,而其他人都有公交卡。无奈之下,你改回步行,但这条路并非为行人而设,你不得不沿着高速公路的一侧艰难前行,不仅生命安全堪忧,还要吸入汽车尾气。这便是压迫的真实写照。诸多障碍有待克服,若非身受其害,人们绝不会将这些特征视作障碍,甚至根本不会察觉,或是难以理解他人挣扎之苦。

这个比喻并不完全抽象。结构性压迫的影响在女性为防范街头性骚扰而采取的种种措施中体现得淋漓尽致。我们选择的路线或许不是最直接、风景最优美或最适合步行的路线;我们戴上墨镜和耳机,以隔绝不必要的关注;我们会佯装在通话;我们甚至会根据衣服的款式和颜色可能引来的评头论足或是暴力威胁来选择着装(有些女性坦言,红色让她们觉得自己太过"鲜艳"和显眼);我们调整自己的面部表情,既不显脆弱也不露悲伤或怒意,以免招来"振作点"或"笑一笑"这样的无理要求;更有甚者,我们还可能会因为拒绝扮演快乐的女性而遭到攻击;我们将钥匙夹在指间以备不时之需,同时也不忘向朋友和姐妹们报平安。[18]然而,尽管如此,我们依然无法确保自己的安全。对于被种族化的女性而言,风险更甚,需要适应的环境更为复杂多变,而暴力行为的发生也往往更加突如其来。我们从孩童时期就开始学习这些应对策略,并在公共空间中日复一日地实践,以至熟能生巧,甚至能够下意识地做出反应,而大多数男性却没有意识到,他们根本无须承受这样的压力和焦虑。

压迫具有结构性,因此如影随形,无孔不入。它所引发的障碍与羞辱,可能在无数场合不断上演。然而,"逆向种族主义"和"逆向性别歧视"却并非如此。白人偶尔被称为"白人婊子",这或许只是个别事件,虽然令人不快或心生畏惧,但应对这种偶发的侮辱,与持续不断地承受侮辱是截然不同的体验。对于有色人种而言,"滚回去"或"滚回你的国家去"的呼喝声在他们的日常生活中屡见不鲜,而这往往还只是种族主义辱骂中较为温和的部分。更糟糕的是,这些冒犯常常伴随着更为直接和严重的暴力威胁。相较之下,反向种族主义在现实中则显得根基不稳,难以直接引发更为严重的伤害。

哭泣、关怀与监护权

当人们提及男性享有特权时,常会遭遇这样的反驳:男性的生活往往更为艰难、残酷,生命也更为短暂。在世界范围内,男性的寿命普遍短于女性,且更容易被杀害或选择自我了断。为了赚取足够的金钱来养活家人,他们常从事危险、肮脏且屈辱的工作,承受着巨大的社会压力;他们默默忍受身心上的双重折磨,却又不能显露半点软弱;此外,他们更有可能被征召上战场。

无可否认,男性特质对男性和女性均造成了伤害。但这种伤害颇似化疗：尽管有毒且伴随一系列严重的副作用，却仍有可能带来益处。正是那些赋予男性权力、自主性与社会地位的行为，让他们深受其害。作为家中的经济支柱，男性肩负重担，但这往往也意味着他们拥有更大的经济权力和自主性，能够更好地掌控自己的生活，并有能力摆脱不幸的家庭环境。男性因性别特质获得的益处往往要大于"副作用"，但女性面对的只有"副作用"。成功的女性特质，意味着女性具备吸引力、和蔼可亲、温柔体贴、善解人意等特质。这要求她们必须随时准备满足他人，尤其是来自男性的需求——无论是性需求、情感需求还是家务需求。而这需要女性自我克制、作出牺牲并放弃自主性。未能达到这些理想状态的女性，有时会面临被忽视、排斥，甚至遭受敌意与暴力的风险。

牢记这种差异，我们就可以探讨一些用来论证男性因其社会角色而受到压迫的具体案例。这种压迫具有结构性、群体性和历史性的特点。例如：男性通常不能在公共场合流泪，他们往往被认为不适合从事护理工作或提供无偿关怀，甚至在寻求子女的合法监护权时也常被忽视。

诚然，男性会因在他人面前哭泣而受到更为严厉的评判。这是广泛存在的情感压抑文化的一部分，这种文化不仅损害了男性的幸福感，也间接影响了他们周围的人。然而，女性却可以在公共场合流泪，这就类似于婴儿在公共场合排便，不会有人为此发出责难：我们之所以不在乎婴儿的行为，是因为我们认为他们的行为不会造成什么影响，也知道他们无法控制自己。关于女性天生情绪化的刻板印象普遍存在，人们以此质疑女性作为优秀决策者或领导者的能力，并据此剥夺她们应有的权力。女性在公共场合流泪而不会被指摘的根源在于，人们认为她们在情绪上缺乏控制力，因此即使她们公开显露这一缺点也没有关系。相比之下，男性则被认为更加坚强，情绪也更加稳定，因此他们需达到更高的标准。

此外，"男儿有泪不轻弹"的要求主要是由男性负责监督的，那些能够克制自己脆弱情感的男性也因此赢得并保住了社会地位。女权主义哲学家玛丽莲·弗赖伊曾于1983年写道：

> 男人可以哭吗？在女人面前可以。如果不能，那是在其他男人面前。需要如此这般克制自己的是男人，而非女人；男人不仅需要这种克制，还对此给予奖赏……践行这种自我约束，对他们而言是有好处的。[19]

投身护理行业的男性也常常会遭到嘲笑，因为这种选择意味着他们自降身份，去做了所谓"女人的工作"。《老友记》中就有这样一幕：瑞秋和罗斯正在为他们的孩子面试保姆。[20] 好几位女性都申请了这一职位，但由小弗雷迪·普林兹饰演的唯一一位男性候选人显然是最合适的人选。然而，罗斯对于雇用一个男人来照顾他们的孩子感到十分不自在，觉得他过于温柔细腻，多愁善

1. 你会歧视白人吗？ 27

感，令人不适。最终，罗斯毫无理由地解雇了他。[21]

全职爸爸并不多见，而且很容易被人认为是找不到一份"正当的"工作，或是"受制"于"当家"的伴侣。那些以职业身份照顾非亲生孩子的男性，也常常会遭到人们的猜疑。同样，接受护士培训的男性也常常会受到嘲笑，被人们想当然地认为是同性恋，或是被误认为医生。一名男护士在撰写一篇关于护理行业中的性别刻板印象的文章时，就曾回忆道，有人这样问过他："你是因为不够聪明，所以才没当上医生吗？"[22]这句话耐人寻味。当护士的女性就从来不会被人问及，她们是否具备足够的聪明才智去当医生。这背后其实隐藏着两个别有用心的假设：一是医生比护士更聪明，而这种观点建立在人们对"治疗"与"护理"的不恰当划分以及二者等级制度的基础之上[1]；二是男性更加适合从事那些"需要聪明才智"的职业，而养育孩子这类的工作则更适合由女性来承担。

正如我们之前所见，照顾老幼病弱的护理工作在很大程度上为人所忽视，因为这类工作在私人领域通常是免费的，而在公共领域则报酬极低。它们通常被人们视为"没有技术含量"的工作，也毫无吸引力可言，因此一般都由女性承担。虽然这类工作并未被纳入国内生产总值等经济活动指标当中，但仅就无偿护理工作这一项而言，全球年估值就已高达10.8万亿美元，

---

[1] 这两种职业在社会阶层和受教育机会方面也存在等级之分。——原注

是英国经济规模的三倍多。[23]

虽然从事这些职业的男性可能会遭到嘲笑,但归根结底,还是因为人们认为护理工作有失身份。因此,这种嘲笑在一定程度上也是对他们所感知到的自卑或失败的一种反应。相比之下,那些最终从事典型的"男性职业",如工程、航空或外科手术领域工作的女性,则会因为打破了性别刻板印象,并找到了回报丰厚的工作而受到人们的称赞。这些反应也揭示出了我们对男性和女性,以及与他们相关的工作所持有的等级观念。

最后,人们普遍认为男性不太可能获得孩子的合法监护权。然而,在英国,这实际上是一种误解。根据2015年的一份报告,没有证据表明法院在裁决孩子应与父母中的哪一方生活时存在性别偏见。[24]而在美国,仅有4%的监护权案件是由法院裁决的,这意味着绝大多数监护权决策是由父母双方在没有法律干预的情况下共同作出的。[25]尽管如此,人们仍普遍认为母亲会获得孩子的监护权,并且理应如此。这种观点对于那些希望成为孩子主要照顾者或平等照顾者的父亲来说,无疑是一种阻碍(正如上文所述,那些担任主要照顾者的男性往往被视为异类或失败者)。然而,这种观点的根源在于一个实际现象:女性承担了过多的育儿责任。在美国,当父母"共同"承担育儿责任时,女性每周投入的时间为14小时,而男性仅为7小时。[26]正因为女性通常是主要照顾者,所以我们才会有这样的认知。这一现象造成了两个结果:一是,许多人认为孩子与母亲在一起是最佳选择;另一个则

1. 你会歧视白人吗？ 29

是，无论女性是否愿意，她们都常常需要承担大量且大多无形的额外劳动。相比之下，父亲在育儿投入方面则拥有更多选择（值得注意的是，许多人将父亲的参与描述为"临时照看"或"奶爸日托"，仿佛这只是一种爱好或恩惠），而且即使男性只提供了有限的照顾，也往往会受到高度关注和广泛赞扬。因此，男性只要参与了育儿工作，就会被认为是出色的父亲。[27]

男性在角色和行为方面的选择确实受到限制，但这些限制以及由此可能给某些男性带来的困扰，并非压迫的表现，而是特权的反映。这些限制源于一个事实：少数相当有限且地位较低的角色和行为——如展现脆弱、承担照顾职责——被划归女性的专属领域，并因此受到轻视和低估。男性被告诫不要涉足这些领域，却同时被鼓励将世界上其他的事情都视作他们的囊中之物。当然，对于大多数男性而言，世界显然无法任由他们支配，但让他们受挫的却并非他们的男性身份。

避开"球体奶牛"谬误：交叉性的重要性

人们之所以难以理解压迫具有单向性，其中一个核心原因在于未能充分利用"交叉性"（intersectionality）这个旨在防止我们过度简化问题的重要理论工具。

科学界流传着这样一则笑话：一位农场主请一批物理学家帮助她找出奶牛产奶量不高的原因。物理学家们迅速投入工作，并很快得出了结论。不过他们强调，这一解决方案仅在奶牛以完美的球体形态在真空环境中吃草的情况下才成立。这则笑话告诉我们，物理学家们为了简化复杂问题，经常采用这种理想化的模型。球体因其高度的对称性在数学上易于处理，而在真空条件下，则无须考虑摩擦和湍流等复杂因素。然而，现实生活中的奶牛并非球体，也无法在真空环境中生存。这种适用范围有限且无用的解决方案忽略了世界的复杂性。

在讨论压迫问题时，我们也往往会陷入类似的"球体奶牛"谬误。我们倾向于简单粗暴地将人划分为整齐划一的身份群体，如"男性"或"黑人"，仿佛这些群体内部的人都足够相似，可以被视为一个同质化的整体。然而，那些落在我们构建的清晰分类边界之外的人群却可能会因此而被完全忽视。我们的简化假设往往会对人群进行四舍五入的处理，从而彻底抹去某些人的存在。

正如女权主义理论家奥德丽·洛德在1982年所言："生活不是单一的，所以生活中也没有单一的问题。"[28]我们每个人都拥有多重身份，特权与压迫也在个人经历中以不同方式共存。例如，我的父亲既是有色人种又是穆斯林，但他同时也是一名异性恋男性。我的母亲虽是白人，却是一名工人阶级女性。在他们的经历中，特权与压迫相互交织，难以截然分开。谈论"男性特权"或"白人特权"可以揭示他们相对于彼此所享受的一些特权或经历的一些压迫，但这并不能涵盖他们的全部经历。

更重要的是，如果脱离他们的其他身份来讨论这些元素，我们就可能会误入歧途。

为了更准确地描述社会身份如何相互作用并产生压迫与特权的混合体，我们引入了"交叉性"这个概念。这个术语是黑人女权主义理论家金伯利·克伦肖在1989年提出来的，[29]但其历史可追溯至更早的激进主义运动。1977年，由黑人女同性恋女权主义社会主义者组成的团体"康比河公社"（Combahee River Collective）就曾表示，她们的组织目标是"基于主要压迫体系相互关联的事实，开展综合分析与实践。这些压迫的相互交织构成了我们生活的条件"[30]。

交叉性警示我们，不要开展那些立足于某一特定受压迫群体共有经历的运动，因为这种做法往往会不可避免地优先考虑该群体中最具特权者的利益。正如哲学家埃米娅·斯里尼瓦桑所言："仅处理'纯'父权压迫案例的女权主义，即处理那些未因种姓、种族或阶级等因素而'复杂化'的案例，最终只会为富裕的白人或高种姓女性服务。"[31]这种局限性也存在于种族和其他边缘化轴心问题的讨论中。假设有一项旨在解决伊斯兰恐惧症的倡议抛开了阶级、种族、性别和国籍等因素，仅仅关注穆斯林身份。然而，这种做法无法充分满足穆斯林女性和贫穷的无证非洲裔穆斯林移民的需求。事实上，穆斯林身份并非孤立存在，而是与其他社会身份相互交织。因此，这种倡议无法真正帮助到那些最需要它的人。

交叉性有时会造成一种误解，即我们每个人都拥有由相互交织的压迫所构成的独特"指纹"，因此我们应该以个体的身份来处理社会正义问题，而不是作出假设或进行类比。然而，这种误解实际上为当权者所欢迎，因为它将挑战不公的责任转嫁到了个体身上，使普通人无法看到压迫之间的共性，由此错过系统性变革。将交叉性纳入考虑范围，可以鼓励集体行动，但也对我们提出了挑战，要求我们在开展运动时认识到压迫的相互关联性，并从最边缘化群体的需求出发。交叉性具有三个值得我们深入关注的特征：异质性（heterogeneity）、不可加性（non-additivity）和利益冲突。

异质性

关于交叉性的讨论至少可以追溯到1851年。19世纪，三场重要的社会运动在美国兴起：废奴运动、妇女选举权运动、黑人选举权运动。[32]然而，无论是妇女选举权运动还是黑人选举权运动，都未能充分考虑到压迫的其他层面。"女性"仅指"中产阶级白人女性"，而"黑人"也仅指"黑人男性"。其他人在划分这些类别时，完全没有将处于这两种身份交叉地带的黑人女性和土著女性考虑在内。

一些黑人女性废奴主义者、妇女参政论者和女权活动家大声疾呼，反对这种隐形化。索杰纳·特鲁斯就是其中的一位杰出代表。她出身奴隶家庭，后来成功逃脱，过上了自由的生活，成为一名巡回活动家。1851年，特鲁斯在俄亥俄州一场女权大会的演讲中提醒其他活动家，他们对女性身份的理解并不包括那些拥有与她相同经历的女性。她坚定地宣告"我代表女性的权利"[33]，让自己和其他黑人女性重新进入公众的视野。特鲁斯进一步指出，被用作剥夺女性权利借口的女性概念并不包括黑人女性。[34]用来证明剥夺女性选举权合理的论据，如她们过于柔弱、无法承受选举的严峻考验等，在黑人女性身上并不适用。因为黑人女性通常需要像男性一样从事繁重的劳动，并未因为所谓女性的娇弱或敏感而享受任何特殊照顾。她向在场的所有人保证，由于被迫长期从事体力劳动，她与男性一样强壮。特鲁斯的演讲无疑是一种挑衅，要求那些谈论"女性"的人要么承认自己所指的其实是"白人女性"，要么就采用一种能够涵盖所有女性需求与经历的更加包容的女性概念。

女性的生活和需求具有多样性，而她们面临的最紧迫的伤害（如贫困、国家暴力）往往与种族或阶级密切相关，并因性别问题而进一步加剧（如在剥削性的工作环境中遭受性骚扰）。奥德丽·洛德在1980年的一篇论文中对黑人女性和白人女性的女权主义进行了比较，她写道：

> 有些问题是我们作为女性所共有的，有些则不然。你们担心你们的孩子长大后会加入父权社会并反对你们，而我们却担心我们的孩子会被人从车里拖出来当街枪杀，而

你们却对他们的死因视而不见。

当代女权主义主要关注的仍是中产阶级白人女性的需求，过分聚焦于精英职位上的女性代表，如公司高层、政界、广播公司、富豪榜等，而工人阶级女性的需求却几乎被忽视，她们中的许多人都是有色人种女性。对于她们来说，薪酬、工作条件、住房和儿童保育等问题才是当务之急。我们穿的几乎所有衣服都是由南亚和东亚血汗工厂中的女性缝制的，她们在恶劣的条件下工作，领着微薄的薪水，还时刻面临着性骚扰的风险。这难道不应该成为女权主义关注的核心问题吗？

不可加性

在一次活动中，我的父亲在听完我关于种族主义的演讲后，对我愿意公开表达愤怒的情绪感到意外。他为此感到自豪，也乐于见到我以恰当的情绪提出这些问题，但他同时也在思考，作为一名棕色人种移民，几十年来，他一直小心翼翼地避免在他人面前显露怒意。他的愤怒很容易被解读为对他人安全的潜在威胁（这种解读甚至可能实实在在地危及他自身的安全），因此他禁止自己对任何事表达愤怒。别人插队时，他忍气吞声；听到种族主义言论时，他压下怒火；别人对他无礼时，他表现得过分礼貌。而我，由于肤色较浅，常被误认作白人，因此在表达愤怒时拥有更大的自由度。愤怒的女性同样不受社会欢迎，但我的愤怒更可能招致嘲笑或蔑视,而非恐惧。

在过去二十年中,穆斯林(或是那些被误认为是穆斯林的人)经历了前所未有的种族主义冲击。西方媒体和政客利用"9·11恐怖袭击事件"煽动恐惧与仇恨,以此牟利。身着伊斯兰服饰的人在街头遭受唾骂,清真寺遭到袭击,那些被视作阿拉伯人或穆斯林的人所生的婴儿,其出生体重也有所下降,因为伊斯兰恐惧症带来的压力和焦虑已经对人们的健康造成了损害。[35](尽管大多数穆斯林并非阿拉伯人,许多阿拉伯人也不是穆斯林,但西方人仍将二者混为一谈。)

然而,穆斯林男性和穆斯林女性经历种族主义的方式却有所不同,被区分为"他"和"她"两种版本,各有其独特的险恶之处。[36]穆斯林男性常与暴力、教条主义和愤怒联系在一起,而穆斯林女性则被描绘成被动、顺从且被丈夫和父亲洗脑的形象。这些刻板印象催生了性别化的种族主义形式。穆斯林男性更有可能在街头和机场因种族歧视遭受盘查,甚至可能在未经审判的情况下被拘留;而女性则更有可能因着装受到那些声称为她们最大利益着想的人的指摘,或是被系统性地低估专业能力。

在探讨性别歧视与反黑人种族主义的交融时,我们也观察到了类似的不可加性现象。当米歇尔·奥巴马成为美国第一夫人时,她所面临的一连串谩骂并非仅仅是她两个最显著身份所带来的压迫的简单叠加,即不仅仅是希拉里·克林顿所面临的性别歧视与巴拉克·奥巴马所面临的种族主义的叠加(尽管这对任何人来说都已经够受的了)。这是一种专门针对黑人女性的、独特而疯狂的仇恨,学者莫亚·贝利称其为"厌黑女症"(misogynoir),即针对黑人女性的厌女症。[37]虽然白人女性也会因其在公共场合的着装和举止而遭受不公正的批评,但米歇尔·奥巴马所遭受的性别歧视与反黑人种族主义的混合攻击更要恶毒千百倍。人们对她厌恶至极,将她比作动物,恶意篡改她的照片并在网络上广泛传播,仿佛她仅仅因为身处有权力和影响力的位置就显得荒谬至极,理应遭受持续猛烈的谩骂。此外,由于她在芝加哥的一个工人阶级家庭长大,对她的谩骂中还夹杂着与厌黑女症紧密相连的阶级主义因素。电台主持人塔米·布鲁斯曾放言:"这就是他娶的女人……你知道我们得到了什么吗?我们白宫里进了垃圾。"[38]

考虑不可加性就意味着我们认识到,黑人女性面对的困扰并不是白人女性面临的性别歧视与黑人男性面临的种族主义的简单相加。将中产阶级白人女性所遭遇的性别歧视视作"正常"或标准的性别歧视,并试图在此基础上根据其他女性的情况稍作调整,这种做法实际上就等于认为中产阶级白人女性是"正常"或标准的女性。

利益冲突

1985年,艾丽斯·沃克的普利策奖获奖小说《紫色》被导演史蒂文·斯皮尔伯格改编成好莱坞电影。这部电影与小说一样，聚焦了黑人社区内部的家庭暴力问题。影片主人公西莉是一位饱受父亲与丈夫摧残的黑人女性，最终，她在与其他女性的深厚情谊中寻得了慰藉与力量。尽管电影有其不足之处，但因其无畏地展现了西莉的抗争与胜利之路而广受好评。[39]然而，它也激起了轩然大波，甚至还有人在部分影院外举行抗议。示威者主要是黑人男性，他们对电影将黑人男性刻画为暴力和野蛮的形象表示强烈不满。许多黑人女性则反驳道，如果不通过改编黑人女性的文学作品来揭露真相，那么她们所遭受的来自男性的暴力和野蛮行径又该如何向世人揭露？影片上映后，《纽约时报》记者采访了在电话公司任职的黑人女性埃尔蒂斯·托马斯。她勇敢地分享了自己的母亲和姨妈们被丈夫施暴的经历，并坦言影片对这一问题的正视让她"如释重负"。她最后说道："黑人女性不应成为维护黑人男性自尊的牺牲品。这部电影应该被更多人看到。"而饰演西莉暴力丈夫的黑人演员丹尼·格洛弗也坦言："我们常常以维护黑人历史和黑人男性尊严为借口，来回避和掩盖我们自身存在的问题。"[40]

刻画黑人男性异常暴力的形象的做法，无疑助长了新闻媒体、电影和电视所广泛鼓吹的种族主义观念，即黑人男性是怪物、低人一等、无法自控，因而需要受到监督者、警察和狱警等的监管与约束。这种刻板印象往往为针对他们的暴力行为提供了所谓"正当"的理由。然而，《紫色》从未将黑人男性刻画为天生的暴力狂，而是直面了一个事实，即黑人男性之所以表现出暴力倾向，并非因为他们的种族身份，而是因为他们的性别身份。如果我们为了避免加深对黑人男性的种族主义泛化而禁止讨论或展现这种暴力，那么我们实际上是在以黑人女性和儿童为代价来保护黑人男性，而这样做的后果是抹去了他们遭受的暴力经历，也摧毁了他们寻求帮助的努力。（在此，我主要关注黑人女性和儿童，因为当黑人男性伤害非黑人，尤其是白人时，人们往往会毫不犹豫地将他们描绘成施暴者，将受害者视作值得同情和保护的对象，而黑人女性和儿童得不到同等待遇。）

然而，如果不是黑人男性的形象从一开始就被严重歪曲，就根本不会出现这种道德上的两难困境：一方面，要避免以进一步非人化黑人男性的方式来描绘他们；另一方面，又不能无视黑人女性遭受黑人男性暴力侵害的事实。为了防止针对黑人男性的种族主义偏见进一步恶化，黑人女性正成为性别暴力的牺牲品。正如金伯利·克伦肖所言：

> 当然，无论是统计数据还是虚构作品中对黑人暴力的描绘，往往都被嵌入一个更大的叙事框架中，这个框架一直将黑人和其他少数族裔作为病态和暴力的代名词。但问题的关键并不在于对暴力本身的描绘，而在于缺乏其他更全面地展现黑人经历的叙事和形象。[41]

在现实中,这里其实并不存在真正的利益冲突。我们既不应该将黑人男性描绘为异常暴力的人,也不应该阻止黑人女性公开谈论她们所遭受的暴力。这种冲突实际上是种族主义的产物,因为缺乏正面或中立的表述而引发了一连串的伤害事件,最终导致了这种难以弥合的裂痕。

卡伦与老家伙

交叉性视角也有助于我们重新审视"卡伦"一词是否属于性别蔑称这个问题。正如我们所见,"卡伦"指的是那些在与有色人种交往时,利用自身特权展现攻击性的白人女性。尽管"卡伦"并非直接指向种族主义,因为它更多用于识别种族主义行为及其行为者,但是这个标签不仅指"种族主义的白人",还是"种族主义的白人女性",因此被指责是性别歧视。[42] 借助交叉性,我们能够更清晰地理解这种批评的误导性。

尽管有人尝试提出类似"肯"这样的专门针对男性的蔑称,但是没有一个像"卡伦"这样真正流行起来。这也成为那些坚持将"卡伦"视作性别歧视的人士的核心论点之一,他们认为这个蔑称专门用于谴责女性的行为。然而事实并非如此。该词针对的是白人女性,而且不是所有白人女性,而是那些相对于其他群体,对自身特权充满自信并知道如何利用这些特权对付他人而自身能毫发无损的白人女性。这一招在以前很管用,她知道世界站在她这边。通常，性工作者、跨性别者或无家可归的白人女性不会报警，因为她们清楚这对她们并无益处。我们提及"卡伦"时，实际上指的是那些中产阶级、顺性别、异性恋且身体健全的白人女性，她们的行为往往会伤害到已经处于困境中的人们。

然而，从交叉性的另一角度来看，"卡伦"被用作一种蔑称也有其合理性。人们普遍存在一种误解，认为相较于男性，女性的种族主义倾向更弱。事实上，种族主义态度并无显著的性别差异。[43]（例如，超过半数的白人女性投票支持特朗普，将白人利益置于女性利益之上。）这种认为女性种族主义倾向比男性弱的误解部分源于女性表现种族主义的方式与男性不同。正如白人女性经历的性别歧视与有色人种女性不同一样，她们所展现的种族主义也往往与白人男性有所区别。交叉性在我们的特权与压迫之间发挥着调节作用。

我们对种族主义的理解往往基于男性通常借以表达种族主义的方式。（就像所有事情一样，男性也在这方面设定了标准。）白人男性的种族主义往往更为粗鲁、更具侵略性，也更直接。白人男性将女性作为对有色人种男性实施暴力的借口，这种做法由来已久。例如，他们往往打着保护白人女性的幌子以私刑处决黑人男性。14岁的埃米特·蒂尔因所谓"冒犯"行为而被杀害并抛入河中，仅仅是因为他可能对着一名白人女性吹了口哨。当然，他也可能并没有这样做。正如查尔斯·布洛在《纽约时报》上所写:"反黑人的白人恐怖分子以保护白人女性和白人的纯洁为借口,将暴力包装成英勇。屠杀摇身变作了骑士风范。"[44]其他有色人种女性也被用来为惊人的暴力行为辩护。例如,小布什夫妇声称"打击恐怖主义"是"为女性的权利和尊严而战"[45]。(然而,支持"打击恐怖主义"的政客们后来却投票反对重新安置因暴力而流离失所的女性。[46])

与此同时,白人女性的种族主义也倾向于利用女性易受威胁的特质,尽管其方式更具性别刻板印象。被指控种族主义的白人女性常用的一种策略是通过哭泣将自己重新塑造成受害者,并试图通过指责指控者咄咄逼人或"不文明"来化解指控。白人女性常常表现出的另一种具有性别刻板性的种族主义是,有别于男性经常实施的直接暴力,转而通过警察、保安、机场管理人员或"经理"来实施暴力。白人女性实施种族主义时不太可能弄脏自己的双手,却很可能会让有色人种任由那些能够更有效实施严重、直接伤害的人摆布。

综上所述,"卡伦"并非具有性别歧视性质的蔑称。它是针对特定性别的种族主义者的指控,是对特定性别的种族主义实例的回应。在恰当的场合使用这个词恰到好处。但请注意:如果她并非种族主义者(或跨性别恐惧症患者,或以其他方式欺凌弱小的人),那么随意使用这一称呼的你则很可能是在进行性别歧视。

"卡伦"现象及其带来的强烈抵制,与2019年的"行啦,老家伙"（OK boomer）争议颇为相似。这是针对老一辈（通常指二战后20年内出生的那一辈人，也就是婴儿潮一代）的轻蔑回应。当他们批评年轻人提出的关于社会或环境正义的价值观或实践，或是因年轻人的行为偏离了他们熟悉的规范而表示否定时，年轻人便会以此作为回应。当老一辈说些蔑视的话语，暗示年轻人过于理想化、不成熟，是娇生惯养的"玻璃心"[1]时，年轻人也会这样回应一句。这是专为特定年龄和经济水平的人设计的嘲讽，这些人嘲笑年轻人一边追求过得去的生活水平和充满希望的政治愿景，一边又不得不面对严峻的未来。

然而，婴儿潮一代并不喜欢这种称呼。美国电台节目主持人鲍勃·朗斯贝里曾在一条已经删除的夸张推特中，将这个词比作"老龄歧视中的N字词"[2]。老龄歧视是一种真实存在的压迫，它指的是对老年人的系统性忽视，因为随着他们的经济"生产力"不断下降，他们的价值也随之被贬低。"行啦，老家伙"并不是老龄歧视，但就像"卡伦"一样，我们在使用这个词时仍需谨慎。年龄显然与这个短语息息相关；其挑衅意味在于，一些老年人拒绝承认经济不平等日益加剧和气候危机不断发展所带来的挑战，以及他们在这些问题的制造中所扮演的角

---

[1] 原文用词为snowflakes，常用于贬损政治左派，讽刺他们执迷于"政治正确"，需要安全区逃避残酷的现实。——译者注
[2] N字词，指代Negro，是为了规避种族敏感词而使用的字词。下文中的F字词等均与此类似。——译者注

色。然而，不能仅仅因为老年人发表了我们不赞同的观点，就抛出"行啦，老家伙"这样的回应。

正是"婴儿潮"这一代人的艰苦奋斗，为我们带来了包括民权运动和保护堕胎权在内的20世纪一些最激进的政治变革。可是尽管如此，统计数据却一再表明，婴儿潮一代往往政治上更倾向于保守主义。在英国18岁至24岁的年轻人中，有四分之三投票支持留在欧盟；年龄在65岁到74岁之间的人中，有三分之二投票赞成脱欧。（在这种情况下，投票脱欧通常意味着支持反移民政策，尽管严格来说，选票上并没有这么写。）在18岁至29岁的人群中，37%的人投票支持特朗普，而在65岁以上的人群中，这一比例高达53%。然而，我们也必须注意到交叉性的重要性：显然，并非所有的婴儿潮一代都持有相同的立场。如果将这些数据按种族分类，就会发现另一番景象：在投票支持脱欧的人群中，白人的比例为53%，而黑人的比例仅为27%。在投票支持特朗普的人群中，黑人仅占8%，而白人的比例则高达58%。大多数老一辈并未享受到他们那一代相对较好的经济条件，在他们年少时，许多人的社会身份（如女性、有色人种、跨性别者或同性恋者）更加边缘化或面临更大的危险。然而，"行啦，老家伙"并不是针对他们的；"老家伙"不仅仅是对年龄进行编码，更重要的是，它揭示了一个人关于现状的定位和态度。

"卡伦"指的是持有种族主义观点的白人女性，"行啦，老家伙"则是对保守的老年人的回应。二者以不同的方式表达"我看到你自私自利,我看到你滥用权力"。二者也都是社会边缘群体做出的小规模政治反抗行为,旨在挑衅、羞辱和煽动,却又都不具备造成实质性伤害的能力。只要权力和物质资源的分配方式保持不变,就不可能出现"逆向压迫"(reverse-oppression)。

2 "政治正确"是否已然变调?

> 我们或许应该坦率地承认,我们早已默许社会的分裂,容忍对种族和性少数群体的贬低,否定跨性别者的尊严。事实上,我们甘愿被这种所谓言论自由原则侵蚀。
>
> ——朱迪斯·巴特勒,《言论自由的限制》(2017)

福克斯新闻频道记者梅根·凯利在主持2015年共和党初选的首场电视辩论时试图指责特朗普患有厌女症:

> 你曾把自己不喜欢的女性叫作肥猪、狗、邋遢鬼和令人恶心的动物……你的推特账号经常发布诋毁女性外貌的言论。你曾在《明星学徒》这档节目中对一位女学员说,如果能够看到她跪在地上,那感觉一定很美妙。你觉得这是我们要选为总统的人该有的气质吗?[1]

特朗普毫不示弱地回击，赢得了雷鸣般的掌声：

> 我认为这个国家最大的问题就是"政治正确"。很多人就此指责我，说实话，我没有时间去追求完全的"政治正确"。老实说，这个国家也没有时间。[2]

他很清楚自己在做什么：80%的美国受访者认为"'政治正确'是我们国家的一大问题"[3]。在英国，任何对边缘化群体需求的让步都可能引发抱怨，"'政治正确'已经失控了！"民意调查显示，三分之二的英国人认同"现在太多人太容易因他人的言辞而感到冒犯"[4]的说法，而"觉醒主义"（wokeism）成为仅次于种族主义和宗教激进主义的第三大最令人担忧的"主义"，尽管有38%的人承认对此词并不熟悉。[5]

"觉醒"（woke）一词起源于20世纪初的非裔美国人英语，原指特别警惕或警觉之人。随着时间的推移，它逐渐与种族主义意识联系在一起。近年来，随着该词逐渐融入主流语言，其含义已扩展为对一切形式的不公正的敏感性，如今已与"政治正确"同义。

关于"政治正确"如何在当代公共话语中占据如此重要的地位，众说纷纭。曾几何时，它是对在特定问题上盲目遵循党派路线的顽固分子的嘲讽。《纽约时报》的一位供稿人在1934年一篇题为《个人自由在帝国消失》的文章中警告说，在纳粹德

2."政治正确"是否已然变调？ | 47

国,"所有记者都必须持证上岗,而只有政治观点正确且血统纯正的'雅利安人'才能获得这种许可。即便如此,他们仍需谨言慎行"⁶。在20世纪70年代和80年代,女权主义者和其他左翼政治团体常在内部语带讽刺地使用这个词。他们渴望社会变革,但也深知"政治正确"的正统观念与实现正义所需的解放思想和行动背道而驰,并认识到不断挑战现行规范的重要性。⁷

20世纪下半叶,随着反种族主义和女权运动的兴起,保守派加大了对其可信度的攻击力度。年轻人是这些运动的先锋,而右翼意识形态主义者则将他们描绘成危险、鲁莽和不成熟之辈,以此来发泄怒火。保守派哲学家艾伦·布卢姆在1987年出版的《走向封闭的美国精神》一书中指责大学导致"美国文化同质化",并认为学生已丧失批判性思维能力。[1]这是一本颇为古怪的书,因为它就是一个年过五旬、脾气暴躁、思想守旧的白人男子,因为20岁的年轻人对他深爱的经典名著和古典音乐毫无兴趣而感到异常沮丧,并由此所发的一些牢骚。(放到现在,人们会回他一句"行啦,老家伙"。事实上,哲学家玛莎·努斯鲍姆曾质疑,"那么,作为一位哲学家,艾伦·布卢姆到底有多么优秀呢?……我们根本没有理由认为他是哲学家"⁸,而诺姆·乔姆斯基甚至直言此书"愚蠢至极"⁹。)然而,它依然成

---

[1] 布鲁姆拒绝接受"保守主义"这个标签,但很难找到更贴切的词汇来描述他的观点。——原注

了畅销书，并在强化当时的一种观点时起到了关键作用，即"美国正深受一种源于大学和年轻人的弊病困扰"。

1990年10月，《纽约时报》的记者理查德·伯恩斯坦撰写了一篇题为《崛起中的"政治正确"霸权》的文章，将这种抱怨与"政治正确"一词联系在一起。他提醒人们警惕"日益严重的偏狭，日渐鼻塞的辩论之口，以及随波逐流的趋势"[10]。这篇评论是对他最近一次前往加利福尼亚州伯克利报道学生活动的回应。他批评了那里的政治氛围，并抱怨说"各种关于种族、生态、女权主义、文化和外交政策的观点，形成了一种对待世界问题的'正确'态度，这已成为非官方的大学意识形态"[11]。

"政治正确"自成为右翼的工具以来，便开始在英美两国频频高调亮相。只要政客和右翼专栏作家发现任何边缘化群体的需求或偏好已得到考虑的迹象，就会将它搬出来作为回应。在20世纪90年代和21世纪初，"政治正确"开始被视为对所有娱乐形式的威胁：一个无处不在且令人扫兴的幽灵，威胁要毁掉喜剧、"善意的戏谑"（banter）、化装舞会、"英国价值观"和性。在英国，其影响范围不断扩大，而且被用来抱怨明显升级的"健康安全文化"或"保姆国家"带来的过度官僚主义。（事实上，当时的安全法规非常宽松，以至于格伦费尔大厦[1]的火灾隐患被

---

[1] 2017年6月14日凌晨，位于伦敦肯辛顿区一栋名为格伦费尔大厦的24层公寓突发大火，因大厦防火分隔和消防系统完全失灵，最终导致72人丧生。当地媒体报道称，这是英国自二战结束以来死亡人数最多的一场火灾。——译者注

人忽视，许多同样易燃的建筑也都通过了政府验收。[12]）在整个英语世界，"政治正确"开始被用来指代对保守价值观的任何形式的监管或威胁。2017年，在同性婚姻立法投票前，澳大利亚政治家、前总理托尼·阿博特曾警告说："如果你担心宗教自由和言论自由，请投反对票；如果你反感'政治正确'，请投反对票，因为这将有助于遏制'政治正确'的发展。"[13]

大学和年轻人仍然是反"政治正确"保守派的攻击对象。2020年，英国政府开始提及一场新的"反觉醒战争"[14]。保守党议员凯米·巴德诺克宣称"我们不希望教师向白人学生灌输有关白人特权以及天生的种族罪责观念"，并表示这种做法可能违法。英国前教育大臣加文·威廉姆森宣布，要在大学设立"言论自由和学术自由卫士"，负责调查违反言论自由的行为并对其处以罚款（因为这正是反对独裁主义的人的行事方式）。然而，此举颇为奇怪，因为2018年议会委员会的一份报告已得出结论，"我们并未发现大学中存在媒体所暗示的全面审查制度"[15]。同时，也没有证据表明学生没有"发表言论的平台"，如存在不允许特定发言人登台演讲等现象。在审查了一万场学生活动之后，人们发现仅有六场活动被取消（其中有四场错过了提交截止日期，有一场是骗局，还有一场是在未提前申请的情况下安排的时任工党领袖杰里米·科尔宾的见面会）。[16]

类似情况也在美国上演。人们对学校教授"批判种族理论"（critical race theory）的做法产生了极度的恐慌。"批判种族理论"

是法学的一个分支学科，主要研究法外种族主义结构，通常只在研究生院开设，因此它和流体力学或张量微积分一样，不可能被教授给儿童。而事实上，保守派把任何有关社会正义（尤其是种族主义）的教学都贴上了"批判种族理论"的标签，然后试图以"反美"为由加以禁止。其中甚至包括教授现代美国是如何形成的历史课程。在撰写本书时，美国已有27个州提出法案或采取其他措施来限制有关种族主义和性别歧视的教学。[17]

如此极端的情况究竟是如何产生的呢？答案是保守派蓄意且持续地制造愤怒情绪，意在推动教育课程中的意识形态转变。活动家克里斯托弗·鲁福就是背后的推手之一。2021年初，他在推特上向25万粉丝发表了如下言论：

> 我们已经成功地将"批判种族理论"植入公众话题中，并在不断加深其负面形象。我们的终极目标是使其声名狼藉，因为我们会把所有文化极端行为都归入这个类别。
>
> ……
>
> 我们的目标是让公众在报纸上一看到疯狂之举，就会立即联想到"批判种族理论"。我们已经对这个术语进行重新诠释，使其涵盖了所有不受美国人欢迎的文化结构。[18]

我们所见证的并非普通民众出于善意的焦虑而引发的真正的社会热点问题，而是身居高位者为了煽动"道德恐慌"而树立和强化的虚构的敌人（明白我的意思了吗？）。社会学家斯坦利·科恩认为，道德恐慌遵循如下轨迹：

（1）认为某种全新或长期存在的现象、趋势或群体对社会价值观和利益构成威胁。通常情况下，这种感知到的威胁与儿童（如恋童癖）、年轻人（如"政治正确"）或新技术（如电子游戏或社交媒体）有关。

（2）大众媒体以夸张和刻板的方式呈现恐慌对象。

（3）政界、文化和宗教领袖提醒人们警惕这种威胁并提出解决方案。政客和媒体鼓动恐慌情绪，利用这种简单的方式赢得关注与支持，进行投机性干预，营造其拥有美德的假象。

（4）制定政策或指导方针。

（5）这种恐慌要么逐渐消失，要么愈演愈烈，变得更具威胁性。[19]

在当代西方社会，伊斯兰教是最常见的道德恐慌主题之一。这种道德恐慌有两个因素。首先，伊斯兰教被视为对"西方文化"（不管这意味着什么）和西方人安全的威胁。其次，有人认为"政治正确"已经变调，已经无法公开批评或防范伊斯兰教的危险，因为这样做会被视为种族主义。相反，"政治正确"要求以牺牲他人利益为代价来容忍和迁就伊斯兰教。

1997年，英国城市伯明翰决定重振其商业中心。市政厅计划在11月和12月举办为期41天的系列活动，包括为儿童慈善机构筹款、开放户外溜冰场、一年一度的圣诞彩灯开灯仪式、印度排灯节、戏剧和艺术活动，以及新年前夜的庆祝活动。为了削减成本，市政厅决定将这些活动统一在一个旗帜下进行市场推广，并四处为其寻找一个能够涵盖所有活动的名称。最终，他们选定了"大冬节"（Winterval）这个名称，即"冬天"和"节日"的组合。[20]

　　然而，"大冬节"一经宣布，便引发了一场奇怪而持久的道德恐慌。当地报纸上的一篇不实报道成了政客和小报的攻击点。市政厅因此被指责"试图将基督从圣诞节中抹去"，而伯明翰主教则暗示圣诞节正在遭受"审查"。报纸连续多年炒作这个错误，促成了"圣诞之战"的都市传奇，而这场战火每年冬天都会重燃。由于穆斯林总是成为众矢之的，2013年，英国穆斯林协会甚至尝试通过发行幽默的圣诞贺卡的方式来反驳这一指控。卡片上印有"保持冷静，继续前行"[1]的图样和"不要惊慌：圣诞节并未被禁止"的口号。[21]（尽管他们的做法很有趣，但也透露出无奈，因为他们觉得有必要这样做。）

　　类似的谣言也在其他地方蔓延。2016年，瑞典交通管理局

---

[1] 这一图样源自1939年第二次世界大战开始时，英国新闻部制作的用以鼓舞民众士气的海报。——译者注

出于减少电力消耗和安全的考虑，禁止在路灯杆上悬挂圣诞彩灯。然而，美国媒体称此举是在"向伊斯兰教屈服"。极右翼网站Breitbart的米洛·扬诺普洛斯称，圣诞彩灯"冒犯了穆斯林移民，而这些人正是摧毁当地商业的罪魁祸首"[22]。

同年，英国小报《每日快报》刊发了一篇题为《宗教团体或将禁用新版5英镑纸币，只因银行无法保证其符合清真标准》的报道（这种耸人听闻的标题在英国小报中十分常见）。报道声称，宗教领袖正在讨论禁止在他们的礼拜场所使用以聚合物为印制基材的新版5英镑纸币，理由是这些纸币中含有牛脂。尽管印度教领袖确实对新钞使用牛制品的做法表示过担忧，因为牛在印度教中是圣物，但在伊斯兰教中并无此禁忌，而且也没有穆斯林领袖提到过新钞使用牛脂的问题。然而，标题却有意使用了"清真"一词，企图激起人们对穆斯林的仇恨，尽管这场讨论与穆斯林毫无关系。最终，该报承认刊登这样的标题是错误的，并刊发了更正声明。[23]

报纸上充斥着无数其他例子，它们将荒谬或夸大其词的事件作为"政治正确"的证据，最终却不得不发布更正并支付赔偿金。关于"政治正确"危机的都市传奇需要政客和媒体的不断炒作来维持。然而，在他们荒谬的主张背后，确实隐藏着一丝真相：我们中的确有一些人在努力推动以正义为导向的言论和政策。

言语之重

言论自由至关重要。然而,与其他自由一样,它也并非毫无边界。例如,我固然有权在夜晚独自穿越城镇的每个角落,但实际上作为女性,安全隐患往往使我望而却步。同样,虽然我有权在公共空间自由活动,但如果我选择在一群陌生人吃午餐时站到他们的野餐垫中央,就会破坏他们享受公共空间的乐趣。言论自由亦是如此,它常与我们认为重要的其他权利相冲突,而且不同人群行使这一权利的能力大相径庭。虽然原则上我们都有说话的自由,但有些人因发言而面临的后果过于严重,只得选择缄默;有些人则因缺乏发声的平台,而被迫沉默。自由从来都不是无限的,也鲜少能实现公平的分配。

在我的成长过程中,游乐场上一直流传着这样一句口头禅:棍棒石块或能伤我筋骨,但是闲言碎语却无法动我分毫。这是一种用以抵御辱骂的护身符。你可以用这句话回敬骂你的人,以此作为自我保护的预防措施。成人鼓励孩子这样做,或许是想让我们坚强起来,能够面对游乐场上不可避免的残酷现实。然而,言语确实能够伤人,任何曾遭受残酷或侮辱性评论的人都能深刻体会到这一点。脑部扫描显示,辱骂所造成的社会排斥会激活前扣带皮层,当我们遭受身体疼痛时,大脑的这一区域也会被激活。[24]更为严重的是,言语有时甚至会导致或升级为肢体冲突；辱骂往往是身体伤害的导火索。种族主义、性别歧视、健全中心主义、跨性别恐惧症和同性恋恐惧症等恶行往往以言语为手段。一旦它们演变为暴力行为，就绝非沉默无声。言语，远不止声音、像素或墨迹那么简单。它们具有实实在在的影响力。

许多哲学家都指出，言语与行为总是紧密相连。例如，当我说出"黑人的命也重要"时，我实际上在做多件事情：表达我对一场政治运动的声援，批评黑人所遭受的不公待遇，以及惹恼保守派。反之亦然：行为同样传达着言语。如果一名足球运动员在赛前单膝下跪，她就是在通过这一行为表达"黑人的命也重要"或类似的立场。[1]正如女权主义法律学者凯瑟琳·麦金农所言："言语会行动。行为会说话。"[25]

哲学家把所有以言行事的言语实例称为"言语行为"(speech act)。哲学家奥斯汀于1962年首次正式提出并描述了言语行为，他认为"言语本身就是一种行动"[26]。当我们发声时，并非仅仅在发出有意义的声音，而是在通过言语实施某些行为。事实上，我们所说的每一句话都会对世界产生某种影响。以"你不用再来上班了！"为例。如果老板说出这句话，那么你就丢了工作。或者，如果一方在性行为过程中说"我不想继续了"，那么他/

---

[1] 2021年东京奥运会女子足球赛场上，英国队与日本队在赛前纷纷单膝下跪，以示对"黑人的命也重要"这一运动的声援，以及对种族歧视的抗议。——编者注

她实际上已经撤回了自己的同意,如果此时继续性行为,就会立即成为一种违法行为,甚至在某些法律体系中构成犯罪。正是因为言语,对方继续实施的行为才会被转变成道德错误或违法行为。因此,言语往往只需通过发声便具有改变世界的力量。

举个更贴近日常的例子,如果在用餐时,我问姐姐"还有辣椒酱吗?",我不仅是在了解那罐辣椒酱的状态,还是在要求姐姐把它递给我。因此,我的话语执行了提出请求的动作。相比之下,如果我在洗碗时跟着邦妮·泰勒的歌哼唱,这种发声则不会对世界产生任何实质性影响。(即使长夜渐尽,也不会有英雄出现。)[1]

那种认为"言语只是言语!"或倡导"人们应能畅所欲言"的反对观点忽略了一个重要的事实,即言语不仅可能引发某些行为,而且它们自身就常常构成行为。想要达成"人们应能随心所欲地行事!"的境界更要困难得多。

在审视色情作品时,也可从相似的视角出发。20世纪80年代,美国女权活动家凯瑟琳·麦金农和安德丽娅·德沃金联手起草了一项反色情法令,旨在为受色情作品伤害的人群提供民事诉讼的途径。法官赞同"对从属地位的描述往往会使从属地位永久化",这反过来又会导致"(女性在)职场中遭受侮辱

---

[1] 英国女歌手邦妮·泰勒在歌曲"Holding out for a hero"中这样唱道:"I need a hero(渴望一位英雄)/ I'm holding out for a hero(我痴痴地等待)/ 'Til the end of the night(直至长夜渐尽)。"——译者注

和低薪待遇,在家庭中遭受侮辱和伤害,在街头遭遇殴打和强奸"[27]。但该法令最终因被认为侵犯色情作品生产者的言论自由权而被裁定违宪。然而,这一裁决未能抓住问题的关键。麦金农和德沃金提出了一个更为精妙的论点。诚然,色情作品是以非人性化的方式描绘女性的言论,从而对其所呈现的女性造成伤害,然而,她们并不只是在说色情作品以令人不安的方式描绘女性,并导致女性受到不公正的对待(这些都是令人不快的副作用),她们是在说,色情作品本身就是一种构成伤害的行为。因此,应将其视为有害行为而非有害言论进行监管。哲学家埃米娅·斯里尼瓦桑指出,对于德沃金和麦金农这类反色情女权主义者来说,色情作品的"全部意义"就是"允许女性处于从属地位,赋予女性低等公民地位"这样蓄意的言语行为。[28] 色情作品之所以能够做到这一点,是因为它不仅是一种逃避现实的消遣,更是许多人借以学习性爱和思考他人的人格和偏好的途径。色情作品能够发声,它通过发声采取行动,通过行动,使女性处于从属地位且保持沉默。

1993年7月至1994年7月期间,卢旺达千山自由广播电台(RTLM)的广播就是言语导致严重伤害的最著名的例证之一。电台面向胡图族听众(当时执政的是胡图族政府),煽动原本就已存在的对图西族的仇恨,教唆胡图族"消灭"所谓蟑螂和毒蛇。在短短一百天内,就有一百万人遭到屠杀,其中大部分是图西族人。尽管比利时殖民当局助长并利用了这种敌意,但人们普遍认为，卢旺达千山自由广播电台那些丧失人性的煽动性言辞在随后的种族灭绝中起到了推波助澜的作用。言语终究变为利器。

压迫性言论能够兜售有害的刻板印象，这些歪曲事实的表述限制了边缘化群体的生活，也决定了他们可能面对的未来。例如，女孩们常被（以直接或间接的方式）告知，她们的大脑不适合学习科学和数学。（这种刻板印象并不具有普遍性；例如，在伊朗，绝大部分理工科毕业生都是女性。[29]）最终结果就是，许多女性相信了这种刻板印象，并因此感到气馁，于是这个预言和谎言最终变成现实。这就是所谓"刻板印象威胁"（stereotype threat）。在一项旨在评估刻板印象对女性数学能力的影响的研究中，研究人员将女性受试者分为两组，一组接受了名为"几何"的测试，而另一组则接受了内容完全相同但被命名为"美术测试"的考核。[30]结果表明，第二组的得分更高，这是因为该组受试者在测试过程中无须面对"女性不擅长几何"的性别偏见压力。至今没有任何权威的科学研究能证明，在解决数学问题或其他相关领域的问题时，"女性大脑"的能力会逊于"男性大脑"（甚至可以说，这样的性别分类并无实质性意义）。大脑没有性别之分，它的特性是由我们的行为所塑造的。

刻板印象是一种言语行为。每提及一次，就会强化对我们行为的现有约束，从而使世界更加符合其错误的表征。刻板印象会阻碍女孩在物理领域的发展，限制男孩表达情感的能力。而"政

2. "政治正确"是否已然变调？ | 59

治正确"的目的正是打破这些刻板印象,减少人们面临的一些内在障碍,让他们有更多机会找到自己喜欢的事情并把它做好。这就引出了那些希望反对"政治正确"的人所用的一系列反"政治正确"论据中的第一个论点:对精英统治的威胁的担忧。这种观点认为,由于平权法案、积极歧视(positive discrimination)和"多元化招聘"等政策的出现,"政治正确"更加重视身份而非能力,从而降低了标准。作家莱昂内尔·施赖弗就是持这种观点的代表性人物。她提出,现今的出版环境更倾向于出版"一个七岁辍学、开着代步车在城里转悠的加勒比跨性别同性恋者"的作品,即使这些作品的艺术价值并不高。[31](值得注意的是,在公众人物随意发表此类言论的背景下,竟然还有人声称"政治正确"已经"变调"了。)

施赖弗的说法既毫无根据,又令人憎恶。2019年,白人撰写的书籍占据了美国出版市场的76%,尽管他们只占总人口的57.8%。在已出版过书籍的作者中,顺性别者占97%,异性恋者占81%,非残障人士占89%。[32]由此可见,一个"加勒比跨性别同性恋者"要想出版作品,机会实在渺茫。而且,即使他们真的能够脱颖而出,其稿酬也极有可能远低于白人作者;在出版行业中,书籍作者的薪酬存在着显著的种族差异。[33]

她暗示"政治正确"会拉低艺术作品的质量,这种说法实难站住脚。首先,即便为更多元的声音提供表达平台确实会在某种程度上降低标准(施莱佛主观臆断如此,这很能说明问题),但这真的是问题吗？我们难道应该只看重表现，而忽视其他因素吗？即使二者相互排斥，一个非正统的观点也至少和一位伟大白人的犀利言辞具有同等价值。其次，施赖弗假定这是一个精英统治的体系，因此增加多样性的举措会威胁到那些原本只靠天赋就能赢得的机会。然而，文学上的成功与其他领域一样，在很大程度上取决于个人的特权。（我查阅了维基百科上有关我欣赏的作家的所有词条，并且沮丧地发现，他们中的许多人都接受过私立教育。）这一点可以从以下事实中得到证明：一旦采取有效措施吸纳代表性不足群体，这些群体的表现往往会变得更加优秀，这表明他们之前所遭受的（经济、社会或两者兼而有之）的边缘化或排斥，阻碍了他们的发展。虽然特权有助于为人们在工作中取得成功创造条件，但也可能使人们产生自满情绪，导致他们表现不佳。2017年的一项研究表明，瑞典在引入性别配额之后，往往能将不称职的男性淘汰出政坛，从而提升了政府整体的工作能力。[34]同样，2015年的一份报告发现，在种族和族裔上最多元化的公司在财务回报方面超过行业平均水平的可能性要高出35%，而且，研发团队的性别越多元化，其创新能力就越强；文化越多元，产品开发就越富想象力。[35]2006年的一项心理学研究表明，在涉及黑人被告的模拟庭审中，相比种族多元化的陪审团，全白人陪审团在正确评估事实方面表现较差。[36]有色人种陪审员不仅更加注重细节，更愿意纠正自己的错误，而且他们的参与还能提高其他白人陪审员的表现。尽管对"能力"或"表现"加以衡量的想法值得商榷，但这类研究无疑驳斥了那种认为提高多样性必然需要付出代价的轻率观点。

不那么陡峭的斜坡与香肠咆哮

那些抨击"政治正确"的人，常常站出来为冒犯行为辩护。他们认为，对言论施加限制是危险之举。虽然他们敦促我们对待言论限制要谨慎的做法是正确的，但是我们必须根据具体语境来判断是否应对言论加以限制。无法在不受惩罚的情况下批评政治领导人或对他们有所冒犯，这确实是一个令人担忧的问题。嘲笑掌权者，实际上是在提醒我们，他们的权威并非不可撼动。同样，因使用伤害性词汇描述残疾人而受到谴责，虽然看似限制了言论自由，但难以断言人们需要这种无拘无束的言论自由，而且任何尝试这样做的行为，最终都可能以其他方式妨碍残疾人的日常生活。

发表负责任的言论需要关注权力的运作。正如我们在第1章中所见，以肤色蔑称白人（如"奶瓶"），与用类似形容蔑称黑人，两者无法相提并论。尽管两者都显得不友善，但前者只是一种冒犯，而后者则是对现有压迫的推波助澜。反"政治正确"者往往无视这种微妙的差别，他们渴望有一种能让他们肆无忌惮地畅所欲言，又无须承担任何批评或付出任何代价的硬性规定。他们追求的不是真正的言论"自由"，而是让压迫性言论能免于评判或惩罚的"自由"。正如雷尼·埃多-洛奇在《我为何不再与白人谈论种族问题》一书中所言,"政治正确"是"在无须承担任何后果的情况下,尽可能公开地表现偏见的最后防线"[37]。

正因如此,"政治正确"的滑坡谬误[1]是无法成立的。我关于"请不要使用'黑打头的词':因为它很伤人,而且会加深反黑人种族主义"的言论,与"很快就没人敢说话"的观点之间并无明显联系。尽管如此,此类论点仍然被屡屡提及。针对"Me Too"运动的兴起,为右翼杂志《旁观者》撰稿的道格拉斯·穆雷曾抱怨说:"规则正在被重新制定,然而人们却不知道这个新的性别乌托邦的边界在哪里,更不清楚最终是否允许存在任何性别。"[38]试想一下,居然有人在听到女性为"性骚扰"大声疾呼后,得出了"在这样的世界里不可能存在性别"这样的结论(而且,作为一个白人男性,他还能如此自信地公开发表这样的言论!)。批评压迫性言论与右翼评论家所描绘的那种难以想象的可怕后果之间并无明显的逻辑连接:这个"斜坡"其实一点也不陡峭。

道格拉斯·穆雷的"很快就没有性别"的言论正是那些反对"政治正确"的人在遇到新的或不受欢迎的观点时,迅速夸大其词并陷入慌乱的一个典型例证。保守派因其曾经熟悉的世

---

[1] 一种逻辑谬论,旨在阻止某人或某群体采取某种行动,理由是如果他们这样做,就会导致连锁反应,直至得到某种不可接受的结论。简而言之就是以偏概全,然后此偏见会像滚雪球一般越滚越大,进而无限放大一个基于小的猜想所带来的主观臆想的结果。——译者注

界发生了微小的变化而大发雷霆的例子不胜枚举，这戳穿了"以社会正义为导向的年轻人往往过于敏感"的谬论。

尽管那些追求"政治正确"的公义性目标的人试图保护人们免受伤害，但那些反对"政治正确"的人在反对特定的行动或行为时所捍卫的内容却并不总是那么清晰。至少在某些时候，他们似乎是在表达一种我们都会时有经历但鲜少有人愿意大声说出来的不适感："世界正在改变，我觉得自己被时代抛弃了，我不喜欢这样！"耐人寻味的是，对于那些表面上支持以自由和个性为基础的政治的人来说，这些怒火大多与对现行规范和制度缺乏足够的尊重有关，例如：人们不尊重国旗！那个政客没有向女王鞠躬！他们为什么允许新闻播报员不戴罂粟花[1]就出现在电视上？他们提供素食！年轻人吃牛油果！[2]我在超市里听到了一种我听不懂的语言！

此类例子数不胜数。2020年，英国百货零售商Argos推出了一则以黑人家庭为主角的广告，却因此遭到投诉，被指广告"完全不能代表现代英国"。一名推特用户甚至表示："原来@Argos_Online对白人无感。好吧，那我们就去买别家的东西。让我们看

---

[1] 每年11月11日是英国的停战纪念日，人们在这一天佩戴红罂粟花以纪念阵亡将士。——译者注

[2] 牛油果的运输会造成巨大的碳足迹，且种植过程中需要使用大量水源，因此环保人士认为大量食用牛油果将对环境造成影响，发起"抵制牛油果"行动。英国社会认为墨西哥毒枭靠出售牛油果获利，因而将其视作血腥交易的产物，并发起抵制。——编者注

看 @Argos_Online 离开了白人顾客还能撑多久！"[39]（Argos 之前也推出过一则以蓝色外星人家庭为主角的广告，却没有收到过"完全不具代表性"的投诉。）英国连锁面包店 Greggs 推出素食香肠卷后（普通猪肉香肠卷仍然有售），英国电视节目主持人皮尔斯·摩根大发雷霆。2016年，美国橄榄球四分卫科林·卡佩尼克在比赛开始前奏美国国歌时单膝下跪，以抗议种族主义和警察暴行。其他球员也纷纷效仿。然而，他们的举动却引来了特朗普的严厉批评，他声称这些下跪的球员"不配待在这个国家"，并建议美国国家橄榄球联盟解雇他们。[40]（不到一年，卡佩尼克就发现自己遭到美国国家橄榄球联盟的针对，他因政治观点被所有球队列入了黑名单。）一位校长分享了一张被剪成碎布的耐克T恤衫的照片（耐克是卡佩尼克的赞助商）并配文"只要耐克选择反美暴徒为品牌代言，我就不再支持、穿着、购买或认可他们的产品"[41]。2017年，一名休斯敦少年因在向美国国旗效忠宣誓时拒绝起立而被学校开除。[42]一些法国学校已经取消了所有不含猪肉的餐食选择，以证明他们没有向伊斯兰教的教义妥协。[43]这些学校在狂热地要求穆斯林学生表现出他们是心怀感激、融入法国社会且爱吃猪肉香肠的法国公民，从而屈从于"法式世俗主义"的同时，也把不吃猪肉或喜欢在午餐时间作其他选择的人排挤在外。（这实际上侵犯了另一种法国价值观：自由。）因为在11月时没有佩戴红罂粟花，英国黑人新闻播音员查伦·怀特被人用不雅语言攻击，人们还让她"滚回老家"。时任工党领袖的杰里米·科尔宾曾身穿一件防水连帽夹克参加战争纪念仪式，因穿着不够得体（他戴了红罂粟花）而被指责"不尊重"阵亡将士。新闻播音员乔恩·斯诺也遭到了批评，他将保守派痴迷于佩戴红罂粟领章的行为称作"罂粟花法西斯主义"。[44]

人们可能会像作家约翰·威尔逊在大约30年前那样，将这些案例视作"保守正确"（conservative correctness）的实例，[45] 或是像分析师亚历克斯·诺拉斯特在2016年所做的那样，将它们归为"爱国正确"（patriotic correctness）。[46] 以社会正义为导向的年轻人常被指责为过度敏感的"玻璃心"，无法应对现实生活中的挑战，但他们的敏感往往集中表现在尽量减少对边缘群体的伤害这一方面。这体现了一种道德感。那些反对"政治正确"的人往往同样敏感，但他们通常关注的是如何维护那些已经得到当权者支持的传统。认为年轻人无法承受"现实生活"逆境的观点也站不住脚。"现实生活"到底是什么？之所以有人要求使用善言善语，是因为我们可以借此让这个世界变得轻松一些。我们应该控制自我，让彼此免受侮辱。认为"政治正确的语言是有害的，因为人们必须能够应对不顾及他人的残酷言论"，就好比在说："必须允许我成为种族主义者，否则人们将无法应对种族主义。"如果我们能消除生活中一些可消除的伤害，就能保存更多的能量来解决更难解决的问题。

现代礼仪

在上幼儿园的第一年，我们开始接受礼仪教育。老师郑重其事地宣布了一系列令人费解的规则。她告诉我们，与家人一同吃饭时，手肘不得上桌，要礼貌地说"请递给我盐，好吗？"，甚至在离席之前，还需征得同意。（在我家，大家吃饭时都习惯把手肘搁在桌子上，十分钟内风卷残云地吃完，然后各自忙各自的事去。）老师还叮嘱我们，在没听清或不明白时要说"请再说一遍好吗？"而不是"你说什么？"。女生要学会行屈膝礼，男生要学会鞠躬。然而，这些繁文缛节对我来说都显得有些专横。即使当时只有四岁，我也能感受到这些烦琐而无理的纪律束缚，内心不免生出几分抵触。

这种令人费解的"举止礼貌"的要求一直伴随着我成长，直到中学时期仍如影随形。一位中学老师曾告诫我，往学校操场上吐橘子籽儿的举动不是"淑女"所为。进入大学后，有一次我和一位朋友在街头漫步，因为没有走在外侧保护我这个"弱女子"免受车流或水坑的侵扰，我的朋友竟遭到了陌生人的指责。

礼仪是特定文化背景下人们可接受的社会行为的准则，尽管有时显得矫揉造作且难以理解，却在维系社会和谐中扮演着举足轻重的角色。它们常被用来巩固社会等级制度，但同样也能激发对他人的关怀与尊重。政治正确的言行规范可被视为一种特殊的礼仪，这种类比对于我们探索鼓励某些言论、谴责其他言论的初衷与潜能大有裨益。

礼仪的意义在于引导我们与他人相处,以期达到各种预期的效果。有些礼仪注重卫生与安全。例如,如厕时关门、进家门前先脱鞋、不用便后用来清洁身体的手取食和打招呼。这些都可谓实用的礼仪。一些礼仪则更侧重于对他人的体谅与关怀,例如为过往行人留门或在公共交通工具上主动让座。这些准则具有道德目的:它们提醒我们要设身处地地为他人着想。

还有一类礼仪则是以强化特定社会规范为目的的象征性行为。这类礼仪往往与性别、种族和阶级等社会阶层化体系紧密相连,因此往往会强化令人不安的等级制度,加深不平等。在英美文化中,礼貌的言谈往往要求你在称呼群体时使用"女士们、先生们",在与个人交谈时使用"先生""女士""夫人""小姐"等称谓来强调被称呼者的性别。正式场合的着装也夸大了性别的差异:在西方,日常穿着的中性的牛仔裤和T恤衫被西装、领带或华丽的礼服所取代。屈膝礼和鞠躬礼更是彰显了性别与阶级的特征。在许多情况下,从事低薪服务工作的人员(如服务员、售货员)被要求以"先生"或"女士"来称呼他们服务的对象,同时表现出顺从。"优质客户服务"的理念往往要求低薪员工对客户彬彬有礼——往往是过分的彬彬有礼——却不图任何回报。透露自己的工资或询问别人的工资往往被视为无礼之举(有时甚至被合同明令禁止),因为这会让员工认识到薪酬差距,核实自己是否得到公平报酬。

举止得体的男人或男孩被誉为"绅士",他们以骑士般的风度对待女性,如为她们扶门,主动承担体力繁重或令人却步的任务,天冷时递上自己的夹克或毛衣以表关怀,送她们回家,慷慨付账,甚至送上鲜花。[47]"淑女"们饮酒有度,保持着良好的男女交往尺度,穿着整洁迷人但不失端庄,不过于聒噪或大声喧哗,远离粗俗之语,不暴饮暴食,也不会草率或匆忙行事。换言之,彬彬有礼的男性以对待孩子或病人的温柔与细致来呵护身边的女性;温文尔雅的女性则将自己装扮得既体面、矜持又不张扬,宛如精美的装饰品一般。礼仪成为塑造性别角色的重要因素。正如女权主义哲学家玛丽莲·弗赖伊所言:

> 开门这一举动,看似是一种体贴的服务,但实际上这种帮助往往流于形式。无论这个动作是否有实际意义,男性都会这么做,我们由此便能窥见一二。即使是体弱的男性和身负重担的男性也会为健康的女性开门。他们会急切地,甚至显得有些笨拙地抢在前面去开门……但是没有人帮女性清洗(他的)脏衣服;没有人帮女性在凌晨4点完成报告;没有人帮女性调解亲戚或孩子之间的纠纷。[48]

在英国最近的一项调查中,72%的受访者认为现今社会的礼貌程度正逐渐下滑。[49]其中,最令受访者不满的是那些吝于使用"请"和"谢谢"的人,许多人将此归咎于学校和家长。[50]显然,这反映了一种代沟。年轻人承认，他们经常做出一些老年人眼中的不礼貌行为。例如，29%的人不遵守排队秩序，53%的人在别人打喷嚏时不会送上"上帝保佑你"的祝福，更有84%的人认为使用"请"和"谢谢"以及为别人扶门这些传统礼节已经过时。[51]这似乎印证了老年人常挂在嘴边的话：年轻人既无礼又不体贴。

然而，事实远比这复杂。年轻人在摒弃某些旧有礼节的同时，也创造并接纳了新的礼仪形式。说脏话就是一个颇有趣味的例子。一般来说，年长的人更讨厌别人说脏话：在55岁以上的人群中，有45%的人对电视节目中的脏话感到反感；相较之下，18岁至34岁的人群则更习惯于说脏话，而且对脏话的抵触情绪较低。[52]1996年以后出生的人群中，有近半数坦言他们经常使用冒犯性言辞，而在55岁至64岁的人群中，这一比例仅为12%。[53]

思考冒犯性语言的根源至关重要。虽然在日常生活中，许多人喜欢把这类词挂在嘴边，但另一个更为严重的带有歧视含义的词，我们永远都不会脱口而出。[1]此外一个针对东亚人的蔑称[2]依然被视为不可触碰的雷区。同样，"黑鬼"（nigger）一词

---

[1] 作者指的是 faggot 一词，或者简称为 fag。这是一个对同性恋较为歧视的称呼，属于要避免使用的词。——译者注
[2] 作者指的是具有强烈辱华意味的 ching chong 一词，源自"清朝"一词带的福建或广东口音。——译者注

如今也成为不可言说的敏感词。我们关注的不是语言文雅与否，而是避免使用那些旨在伤害受压迫群体的言辞。从道德层面来看，这是理所当然的事情。然而，让人困惑的是，为何连一些普通的粗鄙之语也会遭到禁止？事实上，这些词汇不仅为我们的语言增添了色彩，还能起到语言强化剂的作用，赋予我们更丰富的情感表达空间。比如，"我快累死了"所传达的疲惫感远超"我好累"。这些词汇并没有特指的侮辱人群，像"狗屎"这样的辱骂可以针对任何人。但相比之下，另一些词则具有明确的针对性，充斥着对同性恋者和黑人的暴力与排斥。正如美国作家罗克珊·盖伊所言：

> 不要对女性使用你不会对男性使用的侮辱性语言。你可以用"混蛋""白痴"或"蠢货"，但不要用"婊子""妓女"或"荡妇"。如果你叫某人"蠢货"，那么你只是在批评她的停车技术。但如果你骂她"婊子"，就是在贬低她的性别。[54]

"政治正确"的要求并不是什么噱头，也不是为制造生活障碍而设置的烦琐规定；相反，它是对第二类礼仪（那些鼓励我们体贴他人的礼仪）的延伸，是一种对不公正现象极为敏感的社交礼仪。与旨在维护社会地位等级制度的第三类礼仪不同（幸好这类礼仪已逐渐淡出人们的视野），这种新的行为准则主要是为了促进我们相互尊重、和谐共处。"政治正确"是由那些希望通过改变我们对待彼此的一些规则来颠覆权力场的人制定的一套习俗。

这套新礼仪最基本的原则之一是，在称呼个人和群体时，应该尊重他们的意愿，不要使用他们不希望你使用的方式来称呼他们。在与他人交往时，应使用他们指定的姓名和代词[1]。违背这一原则不仅显得古怪，而且充满恶意。（更糟糕的是，违背他人意愿强行为其命名、将其分类的行为，实际上是殖民主义的典型表现。）在与群体交往时，应使用该群体成员创造的词语，避免使用他们认为具有伤害性的言辞。

然而，实际情况并非总是如此简单明了。关于哪些词汇最为恰当仍存在争议，而且这种争议的焦点每隔几年就会发生变化。例如，关于究竟是使用"残疾人"（disabled person）还是"残障人士"（person with a disability）就引发了激烈的辩论，残疾活动家们对这两种观点都提出了令人信服的论据。我们应该欣然接受围绕这些术语产生的摩擦和动态变化，因为这正是我们反对陈规旧俗、防范独裁主义的方式。

---

[1] 此处作者提到的代词（pronoun），是指他人在提到某人时所用的除了名字之外的代词，如"he/him"（他）、"she/her"（她）。某人在开启聊天或讲座前陈述自己的代词（常见的表达有"Hi, my pronouns are she/her.""Hi, my name is ..., I use him pronouns."等），可以清楚地表明自己的性别身份，从而免去对方因名字或外貌而误判其性别身份的尴尬。——编者注

新禁忌

去年夏天，一位白人朋友告诉我，她所在的中学曾在20世纪90年代表现出强烈的种族主义。她举例说，学校经常使用P字词（源自"巴基斯坦"一词的种族主义蔑称）。她没有使用"P字词"这种委婉表达，而是直接说出了整个单词。这让我感到非常不悦。这个词曾给我的家人和我伴侣的家人带来伤害。在我们家，这绝对是一个禁忌词。在我所描述的新礼仪中，"不可说"（unutterable）的词汇这个概念是一个颇具争议却又十分重要的特征。

蔑称是那些用于羞辱、侮辱、恐吓、贬低他人或表达仇恨情绪的有害的词语或表达。[55]它们不仅表达蔑视，还倾向于将所提及的群体同质化、非人化。哲学界涌现了大量关于这类复杂语言实体的文献，但在此我们仅需探讨它们的一些基本特性。[56]

在其使用语境中，蔑称是广为人知约定俗成的术语，也就是说，大多数人都能充分理解这些词汇的传统含义以及它们所传达的负面信息。这就意味着，我们不能孤立地研究这些蔑称的使用，而应将其视为系统的一部分来理解，正是这个系统赋予了它们特定的意义，并使其具备伤害性。

蔑称利用并激活了一系列有害的背景假设，进而强化了这些假设。就像它们经常利用的刻板印象一样，每当这些词汇被提及，都会加深某种特定的世界观。例如，称某人为"荡妇"

2. "政治正确"是否已然变调？ 73

便体现了父权思想,即女性的性行为有"正确"和"错误"之分。如果脱离了这种意识形态背景,"荡妇"一词就失去了意义;而处于这种背景下,该词便承载了一系列有害的假设和限制,并因不断被提及而得到强化。哲学家朱迪斯·巴特勒认为:

> 如果不自引,种族主义言论就不具备种族主义性质;正是基于我们先前对其威力的了解,我们现在才意识到它的冒犯性,并警惕它在未来的出现。[57]

哲学家对使用术语和提及术语进行了明确区分:有时我们是在使用某个词汇,但有时我们只是在谈论这个词。例如,当我说"种族主义是有害的"时,我就是在使用"种族主义"这个词;而当我说"如果你会拼'种族主义'这个词,就能在拼字游戏中拿到10分"时,我仅仅是提及这个词。直觉告诉我们,提及蔑称的危害远不及使用蔑称。例如,"有些人管女人叫'荡妇'"的表述,其伤害性远小于"有些女人就是荡妇"。

听到有人提及N字词,其伤害性并不如听到有人使用这个词那么强烈,当然,最好还是不要听到这个词。即使是在出版物中使用这个词也会引发问题。如果我们在此处将N字词完整地写出来,那么有声读物的朗读者就必须将其读出来,听众也不得不听到这个词。甚至在印刷品上出现这个词也可能造成伤害。科学研究表明，当我们在阅读时，即使只是快速浏览和默读，我们的声带也会轻微颤动，就像在无声地念出单词一样。[58]这意味着写出一个特定的词汇会迫使读者进入一种与他们念出这个词时相似的生理状态，如果本可以使用一个广为人知的委婉语却仍然使用了这个特定词，这种情况就尤为令人不安。

采用"N字词"这种委婉表达来替代它所指的蔑称，不仅是为了避免使用有害的言语，也是为了展现一种鲜明的立场。它彰显了对某个特定词汇及其背后体系的否定，同时也在对话中巧妙地插入了一个停顿，让听者意识到说话人回避了某个特定词语，并迫使听者接受这种否定，促使人们反思并抵制那些赋予该词意义的潜在背景和偏见。

有时，受影响的边缘化群体成员也能以轻松且不带恶意的方式使用这些蔑称，甚至在一定程度上重新定义它们。例如，用来指代同性恋者的"酷儿"（queer）一词曾是一个蔑称，而非表达自我认同的术语，但是现在，人们几乎都是以积极的方式来使用它。美国作家塔那西斯·科茨指出，在这些情况下，使用该词的人的身份至关重要，因为其他人并无权利随意使用这些词汇。[59]尽管一些书籍、电视节目和电影为了真实反映其所描绘的世界而使用了蔑称，但许多评论家指出，在一些情况下，本可以通过其他更具思想性和信息量的方式来展现反黑人种族主义的恐怖，但N字词因其带来的冲击而被过度使用。罗克珊·盖伊指出："N字词当然不是像许多人认为的那样，仅靠嘻哈音乐和说唱歌手就能维持生命力。白人也一直为这个词注入生命力和活力。"[60]她承认，在适当的情境下使用这个词可以有效地传达出种族主义的力量，但她也观察到，在《被解救的姜戈》这部片长近三个小时的电影中，这个词的出现次数达到了惊人的110次。换言之，在这部对白并不密集的影片中，平均每三分钟就会出现两个N字词。盖伊将《被解救的姜戈》描述为白人试图从奴隶制的恐怖中获得救赎的一种方式。也许有些白人也有类似的想法，他们总是在讲述一件可以证明他们反种族主义资格的轶事时，不厌其烦地提到这个词。把这样一个可怕的词挂在嘴边是一种自我鞭挞，同时也是一种自我安慰，因为自己不是会使用这个词的人。然而，并不是每个人都需要通过使用蔑称来铭记其恶劣性质。

哲学家勒妮·乔根森·博林格指出，提及蔑称仍有可能表现出冒犯性态度，"从单纯的麻木不仁到以说令人不快的话为乐，再到无视怂恿使用贬损性蔑称这一风险"[61]。不管一个人的态度或话语的背景如何，蔑称仍然可能带来伤害。心理学家已经证明，即使只是提及蔑称，也可能激活隐性偏见，导致蔑称的目标群体成员面临刻板印象的威胁。[62]

蔑称危害性极大，很容易引发恐惧和不适，以至于即使某些没有被明确用作蔑称的词语，或只是听起来像蔑称的词语，也可能被用作狗哨（见第3章），或造成意想不到的伤害。一位朋友曾在一次演讲中使用了"chink in one's armour"这个习语

（意指弱点或致命缺陷，但chink现在常被用作蔑称[1]），她一边说，一边抬头看了看全班同学，发现唯一与她有眼神交流的是一名中国学生，而他的脸上闪过一丝痛苦的表情。虽然她使用这个词并非要表现蔑视，但在那一刻，两者在学生心中却紧密相连——学生听到了蔑称——因此，她决定以后再也不使用这个短语了。

某些词汇虽然不包含侮辱性的意味，但它们依然能引发人们的不安。以denigrate（诋毁）为例，该词意为贬低或轻视某人或某物。其词源中，de来自拉丁语，表示"远离"或"完全"，而nigrate则与N字词同根，都可追溯到拉丁语中的"黑色"一词。从字面意义上来看，denigrate指的是抹黑事物或使之暗淡。在日常语境中，denigrate常用来描述对某人或某事的侮辱、辱骂或其他形式的负面评价。当我们用denigrate这个词来表达负面含义时，无形中强化了黑暗或黑色的东西与邪恶之间所谓显而易见的关联。然而，需要明确的是，对黑暗的邪恶引申并非源自种族，而是来自对黑夜的合理恐惧。但现在，denigrate所承载的负面意义与N字词已相差无几。

2017年，英国小报《每日邮报》刊登了梅根与哈里的订婚照片，并配以标题"是的，他们幸福地相爱了。但为什么我对

---

[1] chink一词被用作种族歧视蔑称时具有强烈的贬低、侮辱华人的含义，原意"裂缝"被引申指代中国人或亚裔相对于西方人细长的眼形。——编者注

这张订婚照有一丝隐隐的担忧呢？"[63]。哲学家利亚姆·布赖特因此在推特上调侃道：

> 《每日邮报》的标题应该改成"我对梅根的隐隐担忧——她是不是太在意吝啬的细节了？我们在尼日尔度假时，一边喝着内格罗尼酒，一边讨论她性格上的这个污点"。[64][1]

禁忌语并非新时代的产物，而是许多文化的重要组成部分。它们通常与性、身体部位和功能（屎、尿）以及超自然现象（该死、上帝、地狱）等敏感话题有关。在讨论死亡和疾病时，通常也需要使用委婉语（例如，说某人"作古"了）。关于这些词语的使用和语境，有正式和非正式的严格规定。例如，英国明确规定了哪些词汇可以在晚上九点前的广播时间使用。[2]在许多社交场合中，说脏话或讨论性、排泄物或死亡细节都是不恰当的。

---

[1] 《每日邮报》的标题"Yes, They're Joyfully in Love. So Why Do I Have a Niggling Worry About This Engagement Picture？"中的niggling（隐隐）一词的发音与N字词相似，暗讽梅根具有黑人血统。布赖特的推特文"My Niggling Worries about Meghan Merkel – Is She Too Hung Up on Niggardly Details? We discuss this black mark on her character over negronis while holidaying in Niger"中的niggling（隐隐）、niggardly（吝啬的）、negronis（内格罗尼酒）和Niger（尼日尔）亦是如此。——译者注
[2] 因为儿童可能会收听晚上九点之前的节目，所以晚上九点常被视作电台节目类型的分水岭。——译者注

人们认为，规范禁忌词语的目的是避免谈论涉及神圣、令人厌恶或私密的话题。禁止使用这些词语有助于维护更广泛的社会规范，也就是说，如果人们感觉说"屎"很奇怪，那就有助于确保他们继续将排便视为一种需要以正确、卫生的方式进行的肮脏活动，并将性视为一种受规则约束的私人活动。

要求人们避免使用N字词并非无足轻重的文字游戏，而是更广泛的社会禁令的一部分，旨在将反黑人种族主义纳入社会禁忌的范畴。P字词与针对南亚人的种族主义之间的关系、F字词与同性恋恐惧症之间的关系、C字词与反东亚种族主义之间的关系也是如此。不允许说这个词，就是在提醒你存在一系列与言论和行为相关的道德约束。因此，当某人发现某个词变得越来越不可接受时，他的第一反应应该是试图理解相关的道德问题。

最后一点有助于回应那些指责"政治正确"仅为"美德信号"的观点。那些呼吁谨慎用语的人有时会被指责过于在意塑造正义的形象，而非推动"实质性"变革。但首先，公开践行美德并非如人们所言般可怕。（这一点值得另辟一章！）它可以展示变革性、团结性行为的可能性，并可能提振人们的士气，让抗议运动变得更加有益。[65]其次，这不是"单纯"的语言问题。语言对于构建我们所处的道德环境至关重要，而解放性的语言与行动是相互交织的。

一个都不能少

在我撰写此书的时刻,跨性别者正在为能够获得安全且有尊严的社会地位而斗争。这并非因为他们渴望将自己和顺性别者划清界限,而是因为顺性别者(其中包括许多自诩为"女权主义者"的英国人以及一些知名公众人物)为了排斥跨性别者而刻意强调自己的顺性别身份。当他们因跨性别者的身份遭受了非人化的对待,他们别无选择,只能以跨性别者的身份作出回应。正如汉娜·阿伦特在讨论犹太人问题时所言:"如果一个人因身为犹太人而受到攻击,那么他必须以犹太人的身份捍卫自己,而不是以德国人、世界公民或人权维护者的身份。"[66]

受压迫群体并非主动选择他们的身份标签。如果不是白人认为构建和提升"白人"概念对他们有利,有色人种便不会感受到这种身份的存在。一些抨击"政治正确"的人声称,他们反对的是过度聚焦种族、性别等社会身份的"身份政治",认为它在不同群体间制造了隔阂,加剧了社会的分裂。然而,这种观点实际上是因果倒置。正如詹姆斯·鲍德温所写:

> 美国变得白人化——自称为"定居者"的人变得白人化——是因为他们需要否认黑人的存在,并为征服黑人的行为寻找借口……我们——在抵达这片土地之前我们并不叫黑人,是奴隶贸易给我们贴上了黑人的标签——已经为

白人社会的领导危机付出了长期的代价。即使在最艰难的时刻，我们也坚强地生存了下来，并战胜了困境。如果我们没有顽强生存并取得胜利，那么就不会有今天的美国黑人。[67]

尽管如此，我们仍然必须警惕，过于孤立地关注社会身份会使我们的运动变得支离破碎、力量薄弱。首先，仅关注个人层面的"压迫"无法解释人们生活在多重混合身份中的现实经验。而且，大多数边缘化群体之间其实存在许多共同点。最重要的是，他们更有可能陷入贫困、缺乏安全感且没有发言权的境地。彼此分裂对我们任何人都没有好处，这正中了那些乐于看到我们怨恨彼此，而非针对权力中心的人的下怀。（右翼分子非常乐意助长这种分裂。想想，他们为了促进对白人和性别的忠诚、阻止更广泛的阶级团结，精心培养了被操纵的"白人工人阶级"或"白人工人阶级男人和男孩"，将其打造成边缘化身份。）我们必须谨慎地将我们的身份视为相关不公正行为的组成部分，而非孤立的利益或被用于助长分裂的机会。

最后，我们需要深思熟虑，该如何帮助彼此采取这些以正义为导向的新方式；当人们无法达到要求时，我们又应如何回应。"政治正确"必须是动态的、能够接受批评的。这是保护它免受教条主义侵蚀的关键。但其对变革的开放性也意味着人们可能会感到自己被抛下了，尤其是那些时间和资源有限的人。

这让我感到担忧，因为我们需要的是真正包容的运动，需要为学习和宽恕创造空间。变革令人生畏，有时我们能看到它的好处，但有时我们却感到迷茫、衰老、尴尬、被评判或怀疑。我们必须避免陷入吹毛求疵的泥潭，以至于忽视了语言本应服务的人群。

3 狗哨隐患何在？

> 长久以来，我们一直在自欺欺人，自诩身处一个宽容大度的社会，在这样的社会里，种族主义不是一种压迫制度，而仅仅是粗鲁之人的偏执观念。但事实上，我们只是更加巧妙地掩饰了自己的偏见。我们的社会中种族主义依然盛行，只是明面上的种族主义者寥寥无几。
>
> ——加里·杨格，《卫报》（2018年1月26日）

2020年10月，英国天空电视台历史频道推介了一档新节目《木工挑战赛》(*The Chop*)。节目中，木工们需要完成一系列木工挑战，以角逐"英国顶级木工"的称号。在宣传片里，一位名叫达伦·拉姆斯登的体格魁梧的白人男子自称"木工大师"。拉姆斯登的脸上、头皮乃至脖颈都布满文身，而某些细心的观众注意到了其中三个特殊的文身：他的脸颊上用颇具特色的德国书法字体文了"88";额头上文着"23/16";头皮上则文着"14"。殊不知,这几个数字都是白人至上主义者的标志。由于 H 是拉丁字母表中的第八个字母,所以"88"代表两个以 H 开头的单词,即纳粹口号"希特勒万岁!"(Heil Hitler);同样,"23/16"代表字母组合 W/P,即"白权至上"(white power);而"14"则象征着白人至上主义的"14词真言",即"我们应该保护我们民族的存亡和给白人孩子的未来"(We must secure the existence of our people and a future for white children.)[1]。

细心的观众心中警铃大作,开始向电视台投诉。当天空电视台质问拉姆斯登时,他却否认了这些关联,辩称1988年是他父亲去世的年份。然而,就在那周晚些时候,一份报纸揭露了真相,他的父亲不仅健在,还欣然接受了媒体采访。最终,天空电视台不得不删除了力挺拉姆斯登的推文,并停播了整档节目。[2]

"木工大师"拉姆斯登是一名新纳粹分子(至少他在刺下那些文身的时候如此),他对自己的种族主义信仰坚贞不渝,甚至将它们永远铭刻在自己的肌肤之上,公然向全世界展示。与纳粹党徽"卐"不同(至少在他身体的外露部位并未出现这个符号),前文提及的那些相对隐晦的数字与字母组合并不容易被大众识别出是种族主义口号,除非你拥有敏锐的洞察力和丰富的知识储备,否则很难发现其中的端倪。这些秘密符号,仅有少数臭味相投之人才能够心领神会。

种族主义如同有害细菌一般,在阴暗潮湿的角落里肆意滋

"杠"出美丽新世界

生、蔓延。在许多情况下，仇恨言论受法律约束，公然宣扬种族主义更会为社会所排斥，严重损害个人的声誉，因此不适合出现在《木工挑战赛》之类的电视节目中。宣誓效忠种族主义的人迫切需要一种隐秘的方式来传递他们的种族主义信仰，既能与狐群狗党互通有无（同时也可以时不时通过炫耀这些符号来恐吓他们仇恨的对象），又能避免引起外界的广泛注意。用数字来隐藏种族主义口号，就能够找借口否认它所代表的意义。

虽然政治正确的措辞有助于抵制压迫性言论的蔓延，但大多数种族主义的表达方式并不是我们惯常谴责的那些意义昭然若揭的词汇和短语。隐晦的种族主义言论实则更为常见。随着时间的推移，人们对种族主义的认识逐渐加深，那些心怀偏见的人开始学会更加巧妙地伪装自己的真实意图，利用各种手段来掩饰自己的种族主义倾向，避免"说漏嘴"[3]。如果我们仅仅关注那些不加掩饰的种族主义行为，就如同斩草不除根。揭露间接的种族主义才是将整株杂草连根拔起，并将其置于阳光之下，使其彻底枯萎消亡。

合理推诿

"合理推诿"（plausible deniability）指的是以难以直接证明的方式对某种意图进行编码，以便在必要时能够轻松否认。这种手法常被那些担心自身言论可能引发道德争议的人所采用。

为了避免遭人谴责，说话者会事先给自己留好退路。

一种常见的合理推诿就是"玩笑而已"。发表压迫性言论的目的是赢得他人的认可与肯定，但如果说话者误判了同伴的反应，并被指责说了不可接受的话，他们便会以"玩笑"为由进行辩解。在这种情况下，说话者并不否认言论本身可能存在的压迫性，而是否认自己有任何恶意的意图，坚称自己只是在开玩笑。这种策略巧妙地让听众陷入被动，因为他们可能会因没有察觉到这是个玩笑，或者缺乏幽默感而遭到质疑。我的一位同事将使用这种手法的人戏称为"薛定谔的偏执狂"[4]。与纳粹党徽或邦联旗[1]等明显的种族主义符号不同，拉姆斯登头面部的字母和数字文身的含义较为隐晦。没有人能够证明这些符号具有种族主义意味。他可以矢口否认它们与任何有害意图有关联，而且这种否认听起来颇具说服力。因文身的意义含糊，文身者就能将解读的责任部分地转嫁给听众或观众。见多识广的人或许能识破这种否认，但他们却很难说服其他人相信这些符号的潜在危害性。

这种对自身信仰或身份的编码方式并非总是出于恶意。边缘化群体常常会发展出一些独特的身份标识和沟通方式，以避免引起可能怀有敌意的外来者的注意。例如，1892年，在《温

---

[1] 邦联旗是南北战争时期美国南部联盟的旗帜，被视作南方种族主义情绪的象征。——译者注

夫人的扇子》的首演之夜，王尔德就建议他的同性恋朋友们在衣襟上别上绿色康乃馨，后来这成为男性同性恋者之间相互识别的标志（这种微妙的识别方式必不可少，因为在当时的英国，同性恋会被判处长达十年的监禁）。[5]再比如，20世纪70年代，美国男性同性恋者使用的"手帕暗语"，即通过在右侧或左侧口袋系上特定颜色的手帕来暗示自己的性取向，这种方式只有圈内人士才懂。[6]

言外之意

要想了解人们在不直接表达种族主义的情况下巧妙地流露出种族主义的各种方式，就必须认识到间接言语的普遍性、实用性及其社会接受度。我们每天都会说一些言外之意与字面意思大相径庭的话语。例如，约会结束时的一句"你想进来喝杯咖啡吗？"往往是对性关系的试探。在陌生的城市中向路人询问"这附近有药店吗？"实际上是在寻求药店的方位。而在酒吧里告诉某人"我等会儿要去见男朋友"，则可能是一种委婉的拒绝。[7]

要理解间接言语就需要熟悉言语发生的特定语境。大多数人都能轻松、准确地做到这一点。然而，如果一个人对语言或文化不够熟悉，或是缺乏会话能力，那么他或许只能捕捉到言语的字面意思，而无法洞悉其背后的真实意图。因此，当你询问"这附近有药店吗?"时,可能会得到这样的回答:"哦,有的,有好几家呢,我们这里的医疗基础设施很不错。"对方看起来回答了这个问题,却没有答在点子上。同样,如果在约会结束时,有人提出"你想进来喝杯咖啡吗?",而对方回答"我其实不喜欢咖啡",提议者很可能会认为这是一个玩笑,或者自己的意思被误解了。[1]

间接言语在道德上并无不妥,而且常常是出于礼貌和交际的考虑。在许多文化中,人们说话拐弯抹角,是为了避免显得粗鄙或咄咄逼人。我父亲的祖国伊朗就以其复杂的礼仪著称,其中就包括要求人们大量使用间接言语的"塔洛夫"(taarof)礼仪体系。根据塔洛夫,你必须拒绝任何款待,而主人则必须将你的拒绝视为仅仅是出于礼貌,并继续坚持邀请。经过几轮邀请和拒绝,双方可能最终是通过微妙的细节来揣摩对方的真实意愿。或许他们确实是出于真心想与你分享食物,倘若你拒绝,他们可能会感到被冒犯;又或者,你可能真的需要吃点东西了。在其他文化中,为了避免尴尬或窘迫,人们也会使用间接言语。例如,"喝咖啡"的邀请因含糊不清,拒绝起来比较容易,从而避免了直接拒绝明显的邀请所带来的尴尬。此外,间接言语还为合理推诿留出了余地。例如,如果你用"我对你没有那种兴

---

[1] 当然,这也可能是相当直接的拒绝,双方都清楚邀请(和拒绝)喝咖啡的潜台词。——原注

趣"来回绝"喝咖啡"的邀请,对方就可以选择用"我不是那个意思!我只是想再聊一聊"来进行反驳(无论是出于真心还是假意)。

对于那些在公共场合表达压迫性观点的人来说,间接言语的重要性日益凸显,因为公开的压迫行为更容易遭到谴责、法律制裁,或导致名誉受损。被贴上种族主义者的标签就是被打上了社会烙印,即使那些明目张胆的种族主义者也不愿被贴上这样的标签。

现在,在美国和英国,人们普遍认为,种族平等已经实现,大多数人早已摒弃种族主义观念(我们将在第5章详细讨论这个问题)。许多人都声称自己"无肤色歧视"(colour-blind),这也是为什么"所有的命都重要"是对"黑人的命也重要"运动的常见回应,这同时对"我们全都已经克服了种族主义"这一说法提出了令人尴尬的挑战。在这个假定种族平等的新世界里,大多数人更关心的是避免被他人视为或描述为种族主义者。避免被打上这种耻辱的烙印往往比避免成为真正的种族主义者更重要。正如加里·杨格所言,其结果就是,我们生活在一个充满种族主义,但"明面上的种族主义者寥寥无几"的社会之中。[8]

一般来说,只要遵守一些基本的启发法,就能躲过种族主义指控。例如,避免使用明显的种族主义者蔑称;不要重复明显的种族主义刻板印象;不要支持明显带有歧视的政策;不要声称白人比其他群体优越;不要表示支持历史上的种族主义政

2. 狗哨隐患何在? | 89

策,如奴隶制、种族灭绝或种族隔离。[9]不触碰这个低得可怜的底线并不难,即使被公开贴上种族主义标签的代价越来越高,人们也很容易通过发展语言伪装的形式来适应环境的变化。他们学会了以尽量难以被打上种族主义烙印的方式来表达种族主义。这涉及谨慎措辞,并需密切关注同伴的反应。正如罗克珊·盖伊在《不良女性主义的告白》中所述:

> 何时何地可以对何人表现出种族主义,这背后有一个复杂的矩阵。公共场合与私下场合,人们的行为方式大相径庭。有些事情只能在朋友间津津乐道,其他场合则必须三缄其口,仅敢在心中默念……对于这套行为准则,大多数人其实心知肚明。[10]

2017年英国的一项研究显示,74%的受访者声称自己对其他种族的人"没有任何偏见",这一比例在过去35年中基本保持不变。[11]然而,这项调查的一些细节却为我们揭示了更深层的现象。在回答"某些种族或族裔群体是否天生智商较低?"这个问题时,只有18%的受访者表示认同。然而,当问题被改写为"某些种族或族裔群体是否天生更加勤奋?"时,认同者的比例却升至44%。对于这两个密切相关且均能在一定程度上反映受访者种族主义倾向的问题,受访者的回答差异显著,其原因不难理解。长久以来,智力问题一直是种族主义争论中一个引人注目、备受争议的热点,因此公然对某一族群的认知能力进行贬低被视为令人不齿的行径。大多数受访者都能识别出这是对其种族主义态度的试探,并倾向于以非种族主义者的自我定位来回应。相比之下,"更加勤奋"这一特质似乎与种族主义并无直接关联,因而受访者更倾向于认同不同种族间存在先天性的,也即遗传性的差异。问题的措辞稍加变动,受访者的真实想法与自我期许之间的差异便显露无遗。

这为信息的传递提供了一种策略:我们可以将一些信息巧妙地编码,使得这些信息对某些人心照不宣,而对其他人则隐晦难明。这样的手法既提供了推诿的余地,又使得传达者在表达时游刃有余。同时,它还能巧妙地掩饰那些令人不悦的内容,从而在无形中触发听众的偏见,而无须他们公开承认这些偏见。间接言语为政客们提供了一定的道德回旋余地。他们可以借此机会大肆宣扬前人播下的种族主义政策,以此博取广泛支持。他们在传递信息时必须精心措辞,既要确保种族主义的内容得以有效传播,又要避免触发那种会引起公众非议的明显种族主义联想,从而防止损害自我形象或招致社会指责。尽管如此,他们的言辞依然要能够让听众明确地感受到他们对维护特定等级制度的坚定承诺。

狗哨

随着年岁的增长，我们对周围世界的敏感度逐渐衰退。我们的皮肤失去弹性、新陈代谢放缓、骨骼变得脆弱，同时，听力也逐渐下降，通常高频听力最先受损，这就是所谓"老年性耳聋"。事实上，听力衰退的迹象很早就开始显现：大多数人到了25岁，便已经无法捕捉到年轻人所能听到的最高频声音。有人利用这一现实情况，在不希望年轻人逗留的区域安装高频"超声波"发射器，作为驱赶游荡者的手段，因为只有年轻人才能听到那刺耳的啸叫声。青少年自己也利用这一点，在手机上设置高音警报，以便在课堂上偷偷使用手机，而老师由于听不到这种高频声音，所以无法察觉。[12]

狗的听觉更为敏锐，它们能听到的声音频率甚至高于年轻人。这也是烟花的声音令它们感到不安的部分原因：我们在爆炸声中听到的高频呼啸声，在它们耳中是震耳欲聋的骚乱声。1876年，英国科学家弗朗西斯·高尔顿发明了一种特殊的口哨，其中心频率约为39千赫，这个频率的声音对人类来说是不可闻的，因为我们的听力上限约为17千赫，但狗和猫却可以清晰地听到。这意味着它可以用来训练或管教家养动物，且不会干扰到周边人群，因此，狗哨（有时也被称为"高尔顿哨"）至今仍是狗主人和牧羊人常用的一种便宜的工具。

将高尔顿与狗哨联系在一起是恰当的，因为"狗哨"一词在后续演变中成为种族主义言论的代名词，而高尔顿本人有时也被视为优生学的奠基者，这一学科主张通过淘汰所谓"劣等"人群来"优化"人类基因库。高尔顿坚信，智力完全取决于遗传，这一观点源于他对近400年来撰写过有影响力著作的约600位"伟人"的研究，他发现这些伟人之间存在着错综复杂的血缘关系。（然而，这位粗心的科学家遗漏了一个更显而易见的原因，即大多数"伟人"出自同一个社会阶层。显然，高尔顿未曾意识到，他和他的伟人堂兄查尔斯·达尔文都是在富裕、显赫的家庭中长大的。）高尔顿的研究进一步演变为对人类的度量和分类，旨在甄别哪些人适宜繁衍后代，哪些人则应当被禁止生育。这一思想对种族纯洁性的观念产生了深远影响，甚至为德国纳粹主义的崛起，还有美国反异族通婚及反对异族之间发生性关系的法律提供了思想基础。

如今，狗哨在宠物店中依然可见，但更多时候，我们会在政治演讲中听到这个词。政治狗哨可以视为对高尔顿发明的象征性延续。与高频口哨一样，它们利用了选择性可听性原理，表面上看似普通的陈述，实则编码了特定的政治信息，只有那些准备以特定方式解读其含义的人才能领会。因此，狗哨是一种间接言语。

20世纪80年代，狗哨这一概念首次进入政治话语。当时《华盛顿邮报》的民调主任观察到，在调查投票意向时，"问题的措辞稍作变动，便可能带来截然不同的反馈……研究人员称之为'狗哨效应'：受访者在问题中捕捉到了研究人员未曾察觉的信息"[13]。理解狗哨并不需要什么特殊的技巧或密码本，它们会激活本就存在的联想，这些联想有些明显，有些则较为隐晦。因此，尽管设计和发出狗哨的人通常清楚自己的意图并试图以此操纵听众，但接收到这些信息的人往往并没有意识到，某些特定的联想正在被悄然触发。或者，在某些情况下，他们意识到这些间接的含义，并据此作出有意识的反应。与此同时，那些没有这种联想的人可能完全忽视其中隐藏的信息。

政治演讲中最常见的狗哨之一就是"工薪家庭"[14]的提法。政客们，尤其是那些希望赢得保守派选民支持的政客，经常使用这个词。[15]他们在谈论"工薪家庭"时，实际上是在传递着多层次的信息。首先，"家庭"一词巧妙地引导听众意识到政客对于传统、自然的异性恋家庭这一社会单位的关注和重视。这不仅吸引了那些可能反对同性婚姻、堕胎及打破刻板性别角色的社会保守派选民，同时，"家庭价值观"一词也含蓄地指代了"基督教价值观"，这样的措辞既传达了信息，又不会使非基督徒感到疏离。

其次，"勤劳"一词背后蕴含着对福利接受者的某种贬低。福利领取者常被描绘成不思进取、逃避劳动的人。此外，人们往往将福利与有色人种联系在一起。例如，在美国，"福利女王"这一称呼常因种族主义刻板印象被认为是黑人；而在英国，移民则常被误认为非法地依赖国家福利生活。（在这两种情况下，结构性种族主义都是导致有色人种更可能依赖福利的重要因素。）重申对"工薪家庭"的承诺，是政客们表明他们将对那些依赖国家福利的人，尤其是被认为不配享受白人和土著应得资源的有色人种，采取强硬态度的一种手段。借此现有联系，政客可以借助一个看似无害且富有积极意义的词组，巧妙地传达出社会保守主义、反福利主义、种族主义和仇外的立场。

声称政府应为"工薪家庭"谋福利的观点很难辩驳，而且由于这个短语的深层含义隐藏在表象之下，所以很难反映说话人的真实意图。这就是一个典型的狗哨：一个表面上表达一件事，但对于了解语境的人来说，却蕴含着另一层意思的短语。表面意思和真实意思之间的差异，使得狗哨具有内在的合理推诿。如果有人确实听出了其中的种族主义潜台词，你可以坚称他们听到的东西并不存在：他们只是"过度解读""曲解了你的意思"或"过于偏执多疑"。

2014年，共和党政治家保罗·瑞安在电台节目《美国早晨》中讨论了一份关于贫困问题的新报告。他提出，为接受福利的人引入工作要求将有助于解决困扰"内城"男性的"深层次文化问题"。[16]他因此被指控为种族主义者（相当正确）。"内城"（inner city）是历史最悠久的种族主义狗哨之一。与它的同义词"都市"（urban）一样，它被用来间接指代贫穷的黑人，让人联想到危险、暴力和犯罪，在媒体和政治表述中，这些行为一直与黑人男性联系在一起。同样，特朗普称拜登是"激进全球主义者的仆人"[17]，意在暗示拜登是某种全球经济阴谋中的棋子，而这是常见的反犹太主义隐喻。

识别这些狗哨对于识破吹狗哨者的意图、挫败他们操纵我们的政治观点和决策的企图而言至关重要。另一个耳熟能详的狗哨是在提到奥巴马时使用他的全名"巴拉克·侯赛因·奥巴马"。[18]从表面上看，这种做法似乎并无恶意，毕竟，这确实是他的名字。然而，我们通常不会使用中间名，除非人们以这种方式自我介绍。如果他的中间名是约翰或沃克等常见名字，就不太可能有人关心是否提及了他的全名。"侯赛因"（حسين）这个名字在什叶派穆斯林中最为常用，这个狗哨体现了伊斯兰恐惧症。对许多美国人来说，这个名字与萨达姆·侯赛因的联系最为紧密，因此容易激活与这个"邪恶轴心"国家冷酷无情的独裁者相关的联想。它本应该强调奥巴马（一个在世俗家庭中长大的基督徒）与伊斯兰教之间的某种联系，却被那些希望听众将伊斯兰教与种族主义刻板印象联系在一起的人所利用，以唤起危险、残暴、疏远和恐怖主义的联想。

狗哨并不会明确传递其隐含的信息，而是依赖于读者或听众对使用语境的熟悉程度，以此引起对其中深层含义的解读。我们通常需要在字里行间捕捉这些暗示。例如，如果我说国际银行是全球资本主义体系的一部分，这本身并不构成反犹太言论。但是，如果某位政治候选人在竞选时说"你是想被国际银行统治，还是希望政治能为普通人谋福利？"，而他的竞选对手恰好是犹太人且并未提出任何与银行相关的重大政策，我会认为这就是反犹太主义的狗哨，暗指犹太人秘密操控全球金融体系的种族主义思想。同样，"无儿无女"（childless）在多数情境只是对个体的人际关系的客观描述。[1]然而，如果一名同性恋候选人或女性候选人被其竞争对手称为"无儿无女"，我会认为这是一种意在激活同性恋恐惧症或性别歧视的狗哨。

狗哨在社交媒体上发挥着举足轻重的作用，并承载着多重功能。首先，它能帮助用户避免内容被平台删除。使用狗哨而不是直接采用明显令人反感的措辞，用户就可以巧妙地绕过旨在发现和删除明显有害内容的算法。其次，狗哨还能让人们"找到'志同道合'的群体"，尤其是当他们使用社交媒体的主要目的是与狐朋狗党讨论种族主义、性别歧视、跨性别恐惧症或其他压迫性话题时。用户通常会将这些狗哨置于社交媒体的"个人简介"，以便潜在关注者能够轻易发现。例如，那些在简介中加入"性别批判"（gender critical）一词的用户，通常会利用自己的账户制作或分享跨性别恐惧症的内容。而那些主要热衷于民族主义形式的种族主义者，则可能会在自己的个人简介中加入一面特定的旗帜。[19]在英国，如果有人在非国际体育赛事直播的背景下，在自己社交媒体的用户名或个人简介中加入代表英格兰的白底红十字旗，那么他们往往会利用社交媒体宣扬民族

---

[1] 尽管有些人喜欢用更积极的词汇——"丁克"（child-free）。——原注

主义（但这一规律并不适用于所有旗帜，就像文字一样，需结合更广泛的政治语境进行理解）。

政治学家塔利·门德尔伯格曾做过实验，研究狗哨对政治信仰的影响。[20]她研究了政治广告对参与者的种族主义和政治倾向的影响，并发现明显带有种族主义色彩的广告对信仰并无显著影响，因为人们能够识别出其中的种族主义并与之保持距离，从而抵消其影响，而含蓄的种族主义广告却往往会使参与者的观点更具种族主义色彩，并使他们的政策倾向进一步右倾化。隐性种族主义之所以有效，是因为它能够激活听众或观众已有的偏见，同时又不违背他们自认为非种族主义者的信念。

这一实证结果已被其他研究人员复制，[21]这对于那些希望打破政治狗哨的操纵效应的人来说具有重要意义。虽然这些狗哨因其内在的合理推诿而在道德上具有隐蔽性，但如果能够让那些接触到它们的人认识到它们与明显的种族主义之间的联系，了解它们试图以不正当手段影响政治话语的意图，那么就有希望将种族主义的狗哨彻底揭露出来并加以谴责。

遮羞布

间接的种族主义或许具有深远的影响，然而，某些情境下公开表达种族主义反而能带来更大的政治利益。此时就需要采取另一种策略，为赤裸裸的种族主义言论提供通行证，同时又不必冒着被贴上种族主义者标签的风险。借助哲学家珍妮弗·索尔称为种族主义"遮羞布"(figleaf)的技巧可以实现这一策略。[22] 遮羞布是指在公开发表种族主义言论时,采用另一些措辞来转移人们对冒犯性内容的注意力,或削弱其攻击性,就像伊甸园中的夏娃和亚当在偷吃禁果之后用无花果叶遮盖私处一样。遮羞布被用于否定、弱化或复杂化种族主义言论,打断常规的逻辑推理,使听者感到困惑,从而降低他们的反驳能力。但正如无花果叶对私处的遮盖效果有限一样,对话中的遮羞布并不能完全隐藏种族主义言论的实质,却足以让这些言论在社会层面上被接受。讽刺的是,就像遮在私处的无花果叶反而使其更加引人注目一样,对话中的遮羞布也常常让人们更加关注那些本应被其掩盖的有害观点。因此,一旦你洞悉了这种掩饰手法,就很容易识破其中的种族主义言论。

为种族主义提供遮羞布的行为极为常见,在日常对话和政治演讲中存在多种不同的表现形式。索尔描述的最基本也是最常见的是"否认"遮羞布(denial figleaf),即在发表种族主义言论前声明"我不是种族主义者,但是……"。记得我十几岁的时候,一位朋友在抱怨她的老板时对我说:"你知道我的,我不是种族主义者,但你就是不能相信中国人。"我当时惊愕不已,不知该如何指出她话语中的种族主义色彩,尽管她矢口否认。这就是遮羞布的成功之处。

另一种常见的遮羞布是"友谊断言"遮羞布("friendship

assertion" figleaf）。它基于一种似是而非的观点，即如果一个人有某个种族的朋友，那么他就不可能对该种族的其他人抱有种族主义态度。这种策略通常通过声明"我有很多黑人/犹太人朋友……"来反驳种族主义指控。例如，2019年，弗吉尼亚州州长拉尔夫·诺瑟姆因东弗吉尼亚医学院年鉴中的一张照片而引发众怒。照片中他化着黑脸妆，站在一个身着三K党兜帽和长袍的人旁边。诺瑟姆的一位儿时好友在回应公众的愤怒时辩解说："他是世界上最不可能持有种族主义的人。我们的黑人朋友和白人朋友一样多。"[23]这位朋友同时运用了否认遮羞布和友谊断言遮羞布这两种策略。

我的父亲在学校当了几十年的教师，常常遇到使用友情断言遮羞布的情况。在教员室里，他的同事们会（使用不太礼貌的词语）公开发表针对有色人种和移民的种族主义言论。我父亲通常选择沉默地喝茶，而他的同事们有时会轻描淡写地说上一句"哦，马特[1]，你知道我们不是指你；你和其他人不一样，你没问题"来安慰他。他们似乎认为，只要对我父亲没有敌意，就能在某种程度上免受对"其他人"的种族主义指控。这种套路屡见不鲜，而且往往会导致被"豁免"的有色人种与种族主义勾结。（有时，这种勾结是如此诱人，甚至让这些被"豁免"

---

[1] 我父亲的真名叫马苏德，但他厌倦了人们对马苏德这个名字的错误发音，也烦透了人们在听到这个名字之后不断询问"你从哪里来"，于是把自己的名字改成了马特。——原注

的人误以为自己应该被特别对待,而其他同胞理应受到种族歧视。)我父亲觉得自己没有办法既为自己和他人发声,又不被视为过于敏感或可笑。更重要的是,他还觉得有必要对同事友好和礼貌。他不想再给自己惹麻烦。在这样的背景下,有色人种的抱怨显然不会得到认真对待。尽管他并非有意如此,而且在这种情况下也别无选择,但他的沉默最终还是助长了他们的种族主义情绪。如果遭到其他人的指责,他们肯定会说:"好吧,马特当时就在场,他从来没有对此表示过不满。"

友谊断言遮羞布的另一诡诈之处在于,利用了有色人种来阐述制度性种族主义的问题。英国政府便深谙此道。近年来,一些堪称严苛的庇护政策都是由内政大臣赛义德·贾维德、普丽蒂·帕特尔和苏拉·布雷弗曼制定的,他们都是有色人种及移民的后代。在谈到寻求庇护者时,贾维德曾发誓要"竭尽所能确保庇护申请通常不会成功"[24];帕特尔带头制定了一项政策,将那些试图拯救在海上遇困的寻求庇护者的人定罪,并建议强制要求所有新入境者佩戴电子脚踝监控器;布雷弗曼则表示,寻求庇护者正在"入侵"英格兰南海岸,并坦言将寻求庇护者驱逐到卢旺达是"我的梦想,我的执念"[25]。2020年,黑人议员凯米·巴德诺赫在议会中宣称,在英国学校中将白人特权作为无可争议的事实进行教学是违法的,但同时,支持"黑人的命也重要"运动或讨论从警方撤资也属违法行为。[26]英国政府的策略是通过让有色人种成为其最明显的种族主义政策的代言人，从而规避种族主义的指责。在这些实例中，有色人种本身无意间就成为政府的遮羞布。然而，这并不意味着他们仅仅是种族主义的传声筒（事实上，上述所有人似乎都是此类政策的热心设计者和拥护者），而意味着让他们来宣扬在白人员工中普遍存在的观点是经过精心选择的。

第三种遮羞布则依赖于第2章中提到的使用与提及的区别。在大多数种族主义案例中，人们会直接使用种族主义言论，而在运用"提及遮羞布"策略时，人们通过提及而非直接使用这些言论来传达种族主义观点。这样，他们就可以在自己的观点和所传达的种族主义观点之间设置一定的距离。回想一下特朗普常用的手法，他倾向于通过"很多人都在说……""每个人都在谈论……""我听说……""很多人告诉我"等短语，将自己的种族主义归咎于其他未明确指出的人。[27]

提及遮羞布的影响力不容小觑。尽管说话者并未明确表明自己支持所提到的种族主义观点，但他们通过重复这些内容，尤其是在覆盖大量受众的平台上，实际上以类似于表达支持的方式传播了这种观点。同时，这也为他们提供了推诿的空间（"我不是说我这么想，我只是在转述别人的观点！"）。提及遮羞布在日常对话中屡见不鲜，说话者常常利用从报纸、电视、广播、社交媒体或公众人物那里获取的信息来掩饰自己的真实观点。例如，他们可能会说："你怎么看待这些乘船过来的移民？前几天奈杰尔·法拉奇在早餐时段的电视节目上说，他们都是在假装需要庇护。"

遮羞布之所以效果显著，其中一个原因是，当我们思考压迫行为时，往往更关注说话者的意图，而不是言论对他人产生的实际影响。如果将种族主义视为少数恶人的特质，那么只要有人能够说服我们他们并非恶人或没有伤人的意图，那么将他们称为种族主义者似乎就太无礼了。此外，意图是主观的。他人可以对我的意图作出假设或推测，而我也总是可以选择否认他们的指控，并让指责者显得无理取闹。因此，种族主义遮羞布会带来混乱和不确定性，使听者对自己产生怀疑，从而为识别种族主义言论设置了额外障碍。

遮羞布引发的不确定性也让我们在揭露种族主义时无从下手。正如索尔所说，遮羞布的存在"消除了反对种族主义这种原本令人不适的义务"[28]。在情况如此不明朗的背景下，保持沉默并不会受到指责，因此沉默变得更容易被接受。这就是遮羞布最危险的地方：与狗哨不同，它将种族主义摆在明面上却相对地不易受到质疑。一旦打破发表种族主义言论的禁忌，公众对话的基调就会随之改变。如果我们犹豫不决或未能及时提出异议，那么这种言论的可接受度就会进一步提高。[29]其他人将有恃无恐，可能会觉得没有必要再拐弯抹角地表达观点。最终，种族主义将变得越来越容易被社会所接受。

他人所想

　　狗哨和遮羞布已成为当代政治话语中不可或缺的元素，但公开的种族主义也在卷土重来，唐纳德·特朗普、鲍里斯·约翰逊、纳伦德拉·莫迪、雷杰普·塔伊普·埃尔多安、罗德里戈·杜特尔特、雅伊尔·博索纳罗、维克托·欧尔班、诺贝特·霍费尔和本雅明·内塔尼亚胡等近期或现任政治领导人的"直言不讳"加重了这一形势。这两种趋势是相互关联的，这些政治人物常借助间接的种族主义作为其掌权后推行明显的种族主义政策的跳板。狗哨和遮羞布为肆无忌惮的压迫性政治决策扫清了道路。倘若我们能够洞察并遏制前者，或许就更有机会避免后者的发生。法律学者伊恩·哈尼·洛佩斯的见解十分中肯："我们已经学会从愤怒的偏执狂的唾沫星子中辨识出种族主义。现在，我们还必须学会从老谋深算的蛊惑者所鼓吹的种族诉求中识破种族主义。"[30]

　　那么，究竟是先有公开的种族主义领袖，还是先有对他们的观点产生共鸣的选民呢？事实上，这两者相辅相成，而新闻媒体玩世不恭的态度进一步促成了这两股力量的勾结。最近，人们对赤裸裸的种族主义的接受程度发生了变化，这提醒我们，仇恨的观点很少会自行消亡，它们会潜伏下来，等待着心怀叵测的政客和不择手段的记者的煽动。在过去的几年里，我一次又一次地听到人们谈论前文提到的政治领导人，还有像乔丹·彼得森和奈杰尔·法拉奇这样的人，他们只是道出了每个人的心声。

在当今世界，尽管我们公开抵制种族主义，但它依然在我们的私人生活中潜滋暗长。有些政客或在公共场合肆无忌惮地宣扬种族主义，或用遮羞布巧妙掩饰，或通过隐晦的狗哨和暗示来表达，他们反而被视为最坦诚之人。这些人被视为勇士，因为他们敢于摆脱"政治正确"的枷锁，敢于直言不讳，说出许多人内心所想但不敢公开表达的观点。相比之下，那些像大多数训练有素的公众人物那样，口若悬河地用掷地有声的语言公开驳斥种族主义的政客，则可能被指责为只是为了塑造自己的形象而披上平等的外衣；若他们是有色人种，则更容易被扣上"打种族牌"的帽子。

种族主义公众人物利用的是渗透在我们社会基石中的种族主义，而这些种族主义通常被掩盖在披着礼貌外衣的言辞下。将更多的种族主义公之于众，可以减轻一些羞耻感。但同时，这种方式也突破了可接受的界限，使种族主义正常化、合法化、合理化，并进一步扎根。

政治观点的可接受范围有时被称为"奥弗顿之窗"（Overton window）或"话语窗口"。[31]为使某一立场在政治上可行，必须逐步将其纳入奥弗顿之窗的范围内。政治评论家乔舒亚·特雷维尼奥提出了一个理论，认为一个观点要成为主流需经历多个阶段：起初不可想象的事物变得激进，最终变得可接受、合理并足够流行,直至可以被写入政策。[32]仅在过去十年中,新的种族主义形式就已经从不可想象变得流行,并在上述某些领导人的引领下成为政策。(特朗普的边境墙和禁穆令就是明显的例证。)

那么,反种族主义者如何才能在这样的困境中获胜?我们必须比他们更直接,才能在"我只是在说实话"的游戏中击败他们。我们必须更善于捕捉并跟踪狗哨,识破遮羞布,并揭示事物的真实面目。面对他们"令人耳目一新的坦率"言论,我们必须直截了当地宣布这是种族主义言论,并就此直言不讳地提出事实依据:关于经济压迫,关于分而治之,关于媒体如何稳定现状。

正如本章先前所说,实验表明,一旦狗哨被揭露,就不再那么有效了。遮羞布也是如此,它在抓住听者的弱点,让他们无所适从,从而无法反对显而易见的种族主义方面,效果最好。然而,一旦你识破了狗哨或遮羞布的真面目,它们操纵你的政治观点的力量就会被抵消。因此,我们的任务就是尽可能大声地揭露这些策略。

4 说"男人是垃圾"算性别歧视吗?

> "为何男人会感觉受到女人的威胁?"我问我的一位男性朋友……他说:"害怕被女人嘲笑。因为这会动摇他们的世界观。"之后,我又问了一些女性学生……"为何女人会感觉受到男人的威胁?"她们坦言:"因为害怕被杀害。"
>
> ——玛格丽特·阿特伍德,《第二位的话》(2011年)

2019年6月,游戏外设公司雷蛇旗下的巴西籍签约主播加布里埃拉·卡图佐在推特上回击性骚扰时曾反驳说,"这就是男人是垃圾的原因"[1]。为此,雷蛇选择与她解约。尽管众多粉丝表达了对她的支持,但她也因这句言辞遭受了激烈的批评,甚至收到死亡威胁。大约在同一时间,脸书也判定"男人是垃圾"属于仇恨言论并开始定期删除相关帖子。[2]在卡图佐发表上述言论几个月后,马克·扎克伯格试图解释脸书的政策:

性别是一个受保护的范畴。所以，当你思考这个问题的时候，试着在脑海中代入一下，如果换成"穆斯林是垃圾"会怎样？你肯定不会希望这种言论在平台上出现……因此，你可以从另一个角度来看待这个问题，那就是，"好吧，也许对于历史上处于弱势或被压迫的群体，我们应该采取不同的政策"。你可能会说，好吧，或许我们不应该说"女人是垃圾"，但说"男人是垃圾"或许是可以接受的。

我们已经作出了决策，认为我们不应该去评判哪个群体处于弱势或受到压迫，即使不考虑别的原因，这种评判在不同国家也可能有极大的差异。[3]

尽管没有人提议脸书应该去"评判哪个群体处于弱势或受到压迫"（至少我们不希望如此），但是正如我们在第1章中所探讨的，要辨识哪些社会身份与历史压迫相关，哪些则与特权紧密相连，其实并非难事。事实上，"男人是垃圾"是少数全球普遍认可的观点之一。尽管它会因为与其他社会身份（如性别、阶级、种族、国籍）的相互作用而发生改变，导致其确切的性质和程度各不相同，但无论如何变化，总是同一个群体不满被人嘲笑，而另一个群体则因生命安全受到威胁而感到恐惧。

即使如此，"男人是垃圾"也只是一种泛化的总结，而传统观念通常认为，对任何群体进行一概而论的评价都是不公平的。

扎克伯格也指出,"穆斯林是垃圾"这样的言论显然是不可接受的。"女人开车技术差"或"穷人是懒汉"的说法也是如此。显然,任何有良知的人都会反对泛化的定论。但问题是,我们又该如何分辨哪些是合理的,哪些又是不合理的呢?

#男人是垃圾#的诞生

加布里埃拉·卡图佐在推特上的激烈言辞引用了一则老生常谈的抱怨。几年前,"男人是垃圾"这一表述就已开始流行,当时南非女性纷纷在社交媒体上发声,谴责男性的暴力行径。尤其是两起案件,更是成为压垮人们忍耐极限的最后一根稻草。2017年4月,桑迪尔·曼索刺死前女友卡拉博·莫库纳,并放火烧尸,企图掩盖自己的罪行。在法庭上,他描述了谋杀过程:"我把轮胎套在她身上,点燃了火……我在她身上淋上汽油,然后就走开了。"[4]莫库纳遇害后仅一个月,蹒跚学步的女童考特妮·彼得斯被一个名叫莫蒂默·桑德斯的男子下毒、强奸并杀害。[5]就如四年前南非运动员奥斯卡·皮斯托留斯在比勒陀利亚枪杀模特女友瑞瓦·斯蒂坎普的案件一样,这两起残暴的谋杀案件引发了全国的关注。一系列触目惊心的数据被公之于众。数据显示,在南非,平均每四小时就有一名女性遭到谋杀,而在50%的案件中,凶手是受害者的亲密伴侣。[6]

在媒体报道曼索谋杀案的一个月后,#男人是垃圾#迅速成为南非最热门的推特话题标签。[7]不久之后，这个话题就引起了全球的关注。几年间，每隔几分钟就有人在推特上发布带有#男人是垃圾#标签的推文，通常还会附上详细描述男性冷漠、残忍或暴力行为的文字。这个标签将这些事件汇集在一起，形成了一个在线声援群体，为反对传统意义上男性气概的人们提供了有力的证据。这句话不仅是对那些受到伤害的人的慰藉，也是与有类似经历的人建立联系的一种方式，更是一种小小的反抗行为。虽然"男人是垃圾"往往被当作一种调侃或玩笑的指责，但它同样也是一种道德谴责。[1]

这个标签在赢得广泛支持的同时，也招致了大量反对的声音，铺天盖地的反对之声是其成为极具分析价值的议题的一个重要原因。[8]在某些层面上，人们对这个标签所引发的性别对立的不满，甚至超过了对它所指代的暴力行为本身的愤慨。因此，我们需要对这个标签进行审慎而深入的思考。虽然很难否认男性在某些方面确实存在问题，但我们必须清楚地认识到这些问题的本质所在。

---

[1] "垃圾"（trash）是美式英语用词，英式英语中表达为rubbish。然而，trash可以表示不值得尊重的人，而rubbish仅指没有价值的东西，因此rubbish的形容词释义在表达谴责时的力度远不及trash。——原注

垃圾行为的证据

在过去的38年中,美国共发生了117起大规模枪击事件,平均每年约发生3起。[9]其中,男性单独作案的数量达到113起(约占总数的97%)。(仅有3起为女性单独作案。)约有86%的男性枪手有过虐待伴侣或孩子的前科,且半数袭击专门针对女性。[10]这些数字触目惊心,但从某种程度上来说,美国在枪支暴力方面呈现出一种全球罕见的现象。这主要源于其枪支法律和枪支文化,这两者共同作用,使得大规模杀戮成为一种令人胆寒的常态。〔女权主义学者乌马·纳拉扬指出,尽管美国人常常将印度的索奁焚妻作为极端性别暴力的代表案例,并将其归咎于印度文化,但这些人鲜少意识到,美国的家庭暴力问题的致命性远超印度的索奁焚妻,这同样可以被视为一种"文化造成的死亡"(death by culture)。[11]〕然而,即使在枪支数量并未超过人口数量的国家,统计数据也同样令人感到不安。[12]

在英国,被谋杀的女性中有一半死于其伴侣或前伴侣之手(而男性受害者中这一比例仅为3%),相当于每周都有两名女性因此丧生。[13]在我撰写和编辑这本书的两年期间,英国已有300多名女性惨遭杀害,其中92%的凶手是男性,约一半是受害者的现任或前任伴侣下的毒手。尽管我们每个人都有被谋杀的风险,但从统计数据来看,女性最需要警惕的是与她们有过恋爱关系的男性。这迫使我们认知失调,将恋人视为潜在的杀手。

此外，那些试图离开施虐伴侣的女性，在她们努力挣脱束缚的过程中，遭遇谋杀的风险比任何时候都要高。[14]脱身并非如人们常说的那般简单。

让我们回头来看这个标签的发源地南非的情况，认为此类男性只是少数"害群之马"的观点显然站不住脚：2015年的一项研究显示，在接受调查的2600名南非男性中，56%的人承认在过去一年内至少殴打或强奸过一名女性。[15]研究男性的态度可以为我们找到导致这些行为的原因提供一些线索。澳大利亚最近的一份调查问卷结果显示，三分之一的年轻男性认为对强奸的指控仅仅是女性对性行为的后悔表现，五分之一的男性认为家庭暴力是在压力下的正常反应，而近三分之一的男性甚至认为强奸的发生是因为男性无法控制自己的性需求。[16]

破坏性行为当然不仅仅局限于谋杀和强奸。在不那么极端的情况下，各种奇特的限制性行为也层出不穷。几年前，我的朋友马特告诉我，他就读的天主教学校有一个匪夷所思的习俗。每天早上，学校都会安排一位老师进行布道，并带领全校师生进行集体祈祷。在这个过程中，老师和女生都会虔诚地低头闭眼。相较之下，男生的表现则更为复杂。他们来自笃信宗教的家庭，定期参加教堂礼拜是入学的先决条件。但他们也认为，闭眼祈祷是娘娘腔的表现，是软弱或甚至是同性恋的标志。如何平衡这些相互冲突的压力呢？男孩们会在祈祷时睁一只眼，闭一只眼。每一个人，每一个早晨，皆是如此。独眼祈祷的好处是，他们可以互相监督。这确实是一幅荒诞而有趣的画面，直到你开始琢磨，在那些最初闭上双眼祈祷的男孩身上发生了什么。

男性气概的特点是显示权力和支配地位，同时压制软弱或脆弱性。它要求信徒践行和展现勇气、自信、独立和体力，并常常赞扬侵略、暴力和夸张的（异性恋）性欲表现。同时，它对不符合顺性别和异性恋规范的行为持有敌意，并对那些威胁到男性至上地位或拒绝优先考虑男性情感或身体需求的女性实施惩罚。在英国，仅有3%的成年人将男性气概与仁慈或关爱联系在一起，仅有1%的成年人将其与尊重、支持和诚实相联系。[17]超过半数的年轻男性认为，即使在需要情感支持的时候，他们也不能寻求帮助；三分之二的人觉得自己不得不表现出极度男性化的行为。

遵从男性气概的压力甚至比单眼祈祷开始得还要早。小男孩仍然很有可能会直接或间接地被告知，应该避免流露出悲伤、痛苦、同情或爱意。这些观念渗透在生活的各个角落。例如，2021年，一位家长在推特上发帖称："就在昨天，我儿子在校门口回头向我挥手告别时，一位男老师当众对他的举动嗤之以鼻。今天，我儿子告诉我，他以后再也不想挥手告别了。事情就是这样开始的。"[18]

男性更少流泪，而他们一旦落泪，往往就会受到更为苛刻的评判。在最近的一项实验中，参与者被要求观看一段视频，内容是一名员工在工作场所受到批评时的反应，随后需要对该员工的能力和领导力进行评分。结果显示，参与者对流泪的女性员工的评价并未因其哭泣而受到影响，[1]然而泪流满面的男性却被认为能力较差、领导力不足，相较于同一演员未哭泣的视频，其评分明显偏低。[19]男性之所以较少哭泣，是因为他们会因哭泣而受到惩罚，因而学会了压抑外露的情绪。现代男性哭泣的频率通常是他们父辈的两倍，这一事实表明，真正起限制作用的是社会而非生物学因素；而男性气概对男性情感表达的宽容度正在逐渐提升。[20]

打破这些有害的规范可能是一项艰巨的任务，因为挑战男性气概本身就可能引发垃圾行为。研究表明，如果在一段关系中，女性的收入开始超过男性，男性为了维护自己岌岌可危的优势地位，更有可能表现出不忠，并减少对家务的贡献。[21]同样，在不同社会经济群体中，失业的男性更有可能对其女性伴侣施加暴力。[22]在另一项研究中，研究人员要求参与者填写一份调查问卷，让他们阅读一系列形容词（如"争强好胜"或"善良"）并选择最能描述其性格的词汇。之后，他们会收到关于他们答案的反馈。然而，这种所谓"反馈"实际上是虚构的：研究人员随机选择一些参与者，根据他们的答案告知他们更具阳刚之

---

[1] 需要强调的是，女性的工作能力往往一开始就受到不公正的低估（见第6章）。女性能够不因哭泣而受到责难，是建立在一个更广泛、更深刻的社会惩罚体系之上的必然结果（见第1章）。——原注

气,另一些人则被告知他们更女性化。在后续调查中,那些性别认同受到反馈威胁的男性(即那些被告知自己女性特质更明显的男性)更倾向于支持战争、男性至上和同性恋恐惧症。[23]而女性被告知她们更具男性气质后,她们的态度并未发生变化。

当男性无法满足男性气概所强加的要求时,其后果可能对所有相关人员来说都是毁灭性的。以42岁的史蒂文·苏佩尔为例。2008年3月,他因挪用公款和洗钱罪而面临审判。案发五个月前,他因从自己工作的艾奥瓦州银行盗窃了50万美元而被解雇,并面临长期监禁的风险。为了支撑起家庭,他的妻子谢里尔不得不重返教师岗位,独自抚养四个年幼的孩子。然而,在审判前,苏佩尔却选择了极端的行为。3月23日早上6点31分,他拨打了一个简短的911报警电话,要求警方立即前往他的住所。五分钟后,他猛踩油门,驾车冲向家附近高速公路上的一根水泥柱。汽车瞬间燃起大火,苏佩尔被火焰吞噬。当警察赶到他的家中时,发现了谢里尔和孩子们的尸体,他们的头部和身体遭受了棒球棒的猛烈击打。[24]苏佩尔在遗书中表示,自己对即将面临的刑事指控感到极度难堪,对让谢里尔独自承担抚养孩子的重任感到深深担忧(此时她已经承担了好几个月的重任)。他写道:"基于这些原因,你可以明白为什么这对我和我的家人来说显然是最好的选择。"他试图让读者同意,"显然"妻子和孩子的死亡是一种解脱,他有义务为妻小作出应该死亡的"选择"。

这起案件虽然看似极端，但实际上苏佩尔并非孤例。犯罪学家将他们称作"灭门者"（family annihilator），其所犯的罪行是"逆伦"（familicide），即杀害全家后又自杀。在美国，平均每周都会发生一起这样的逆伦惨案。[25]这些灭门者几乎都是事业有成、刚刚经历过重大压力的中年白人男子。[26]在别人眼中他们大多是慈爱的丈夫和父亲，但他们的心理健康问题却往往被忽视。[27]（事实上，约三分之二的人有家庭暴力史，这一点应引起我们的高度关注。[28]）哲学家凯特·曼恩将灭门者的行为描述为"理所当然的羞耻感"的体现。[29]这些男人在经历了诸如通奸、破产、刑事调查等事件之后——无论从哪个角度看，都是生活中的难关——感到恐惧和耻辱。他们选择通过破坏家庭来消除这种羞耻感，这是一种带有强烈性别色彩的行使权利的方式。作家凯瑟琳·斯基普将灭门者描述为具有"自恋的骑士精神"——他们说服自己，他们的行为是仁慈的，毁灭那些他们无法再抚养的人是他们作为"抚养者"的性别角色的延伸，他们试图通过这种方式来避免进一步的失败。

男性气概的伤害范围极广，一端是屠杀最亲近的人的极端暴力行为，另一端则表现为一系列不理智、顽固且不合作的态度和行为。研究发现，男性往往将回收利用、携带可重复使用的购物袋等环保行为与女性特质和同性恋联系在一起，因此他们较少参与这些环保活动。[30]同样，研究表明，为了维持自己的男性气概，男性会采取乱扔垃圾、偏好开车而非步行或乘坐公共交通工具，以及食用大量红肉等行动。[31]感觉受到威胁时，男性甚至可能通过订购和食用肉类的方式寻求防御。[32]男性与肉类之间的联系在不同的文化和语言中均有体现。在日本，被认为缺乏阳刚之气的男性有时会被戏称为"食草男"。此外，2012年对全球20种具有性别名词分类系统的语言（如泰语、法语和印地语）的研究发现，与肉类相关的词汇是"阳性"词语（即法语中那些以le开头的词）的可能性明显更大。[33]男性气概对环境造成了实际损害，因此被指责为"有毒"并非空穴来风。[1]

另一个常被用来形容男性气概的贬义词是"脆弱"。男性气概充斥着它竭力想要掩饰的不安全感、恐惧和脆弱；它几乎没有任何抵御侵犯或接受挑战的能力，即使是面对轻微的违规行为，也常常会引发敌意或暴力。正如贝尔·胡克斯所言：

> 父权制要求所有男性在精神上进行自我摧残，扼杀自己的情感。如果一个人无法在情感上成功地削弱自己，那么他只能指望父权制下的男性群体通过权力仪式来攻击他的自尊。[34]

男性不仅会伤害和杀害女性，同样也会伤害和杀害其他男

---

[1] 西方环保人士认为，肉类产业尤其是牛肉产业，是产生温室气体的主要因素之一。作者由此认为食用大量红肉的男性对环境造成了实际损害。——编者注

4. 说"男人是垃圾"算性别歧视吗？　117

性和他们自己。在全球范围内，80%的凶杀案受害者是男性，而凶手中的男性比例高达95%，[35]75%的自杀者也是男性。[36]如果这些痛苦、暴力和杀戮还不能引起我们深刻的道德关切，那么我不知道还有什么值得我们关注。我们可以说大规模枪击是问题，谋杀亲密伴侣是问题，强奸文化是问题，家庭暴力是问题，自杀是问题，但或许，我们更应该退一步，承认男性气概本身就存在严重问题。

性别与男性气概

人们听到"男人是垃圾"这样的言论时之所以会感到不安，原因之一是他们把"男人"理解为生理性别（sex）的指代物，而这种生理性别是固定不变的，因此男人永远只能是垃圾。然而，如果把这句口号理解为对社会性别（gender）的泛化，那么它就会更有力量。

生理性别是一个社会建构的范畴，指的是染色体、荷尔蒙、性腺、生殖器以及青春期带来的第二性征（如臀部变宽、面部毛发浓密、肩膀宽大和乳房增大）的一系列生理差异。然而，这些因素都不能作为判断性别的坚实基础。对于大多数人来说，他们从未有过了解自己染色体组成的需要，更遑论去探究他人的染色体了。生殖器的形态通常被视为个人隐私，除非与某人建立了深厚的亲密关系，否则这一信息并不易被获知。而且，生殖器的形态并非严格地对应于二元性别观念。因此，我们只能根据脂肪分布、骨骼结构和体毛等特征来判断性别。但这些特征本身存在着广泛的个体差异，且易受饮食、锻炼和美容等多种因素的影响，而这些因素又可能受到社会性别的塑造。换句话说，尽管生理性别在生理-社会性别系统中常被视作最直接的要素，但实际上它的内涵要复杂得多，而且经常受到社会性别的影响。

社会性别指的是将个体自我表现的角色、行为和方式分为两类，然后规定某些群体必须遵循特定的模式，而其他群体则禁止采取这些模式。与生理性别一样，社会性别也是一种社会建构的产物，也就是说，它是由生活在社会中的人类共同塑造的。这并不意味着社会性别不真实（例如，租赁协议即便是人为制定的，你仍需履行支付房租的义务！），而是指它并非源自我们身体的生物学特征或任何更深层次的自然法则。更为恰当的理解是，社会性别是一种拥有两套不同剧本的终生表演。在婴儿时期，根据生殖器的不同，个体便被分配了特定的角色脚本。随后，在经验丰富的表演者的指导下，孩子们开始排练并逐渐掌握这些角色所需的技巧和规则，直到最终能够不自觉地遵守并执行这些规则。这是由那些已经被教化的人传授给下一代人的行为。

当我们宣称"男人是垃圾"时，我们指的是那些社会性别为男性，并因此遵循"男性气概"剧本的人群。这样的说法并

4. 说"男人是垃圾"算性别歧视吗？ | 119

非指具有特定遗传基因、性腺、荷尔蒙、生殖器或第二性征的人是垃圾，这种观点既不公正，也显得荒谬，因为没有充分的证据表明我们在复杂社会中的行为完全由生物学因素决定，即使我们身体的某些基本功能确实由生物学决定。[37]相反，我们谈论的是人们遵循、强化和管理的文化。

这就引出了一些重要的注意事项和难题。首先，如果男性的行为方式受到他们从小接受的严格的文化熏陶，并且如果男性不遵循这些规范就会面临惩罚，那么我们又能在多大程度上责备他们呢？然而，如果另一种选择是谴责这种文化，原谅它所助长的个人暴力和自私行为，这似乎既无法令人满意，也不太可能带来实质性的改变。男性气概社会学家安德烈娅·瓦林对此提出了批评，她认为"有毒"的男性气概意味着男性在不知不觉中受到了一种有害力量而非他们集体复制的一套行为模式的影响。[38]（同样的批评也适用于中文中的同义词"直男癌"。）"有毒"的男性气概也暗示着存在一种"健康"的男性气概，但这似乎是不可能的，甚至是自相矛盾的。社会性别本身就是一种划分和等级制度。想方设法让它变得更容易被接受，却忽略了更深层次的道德问题。（由此可以推断，女性特质也是一种具有破坏性的文化。我较少关注它的危害，因为女性特质往往只对女性造成巨大伤害，而男性气概则会伤害我们所有人。）

男性气概既是一种集体现象，也存在于个人层面。将男性气概的危害完全归咎于个体是不正确的。然而，如果认为个人并不肩负责任或是拥有推动变革的能力，也是不正确的。毕竟，是那些男性个体在家中施行暴力，殴打、欺凌、强奸甚至杀害他们的伴侣；是他们告诉自己的儿子要忍住泪水，也错过了向孩子们展示男性和女性都可以给予安慰和温柔的重要时机；是他们嘲笑朋友表达情感或展现自我关怀；在与其他男性共享的私密空间里，当有人发表针对女性或其他边缘群体的非人化言论时，是他们选择了沉默。每一个微小的反抗行为都有可能激励其他男性站出来，去挑战男性气概造成的有害期望。

其次，男性的身份并非孤立存在。不同文化背景下的男性特质存在共性，但也存在背景差异。男性气概会受到诸如跨性别者、同性恋、种族化群体、残疾人以及贫困者等其他身份的影响而减弱。举例来说，在大多数社会中，女性普遍面临信任缺失的问题，而男性则往往能够免受质疑或责任追究，这就助长了男性的性暴力。然而，这种宽容并非没有限制，它更容易为富有的白人男人和男孩所享有。相比之下，有色人种男人和男孩则更容易被怀疑具有暴力倾向，尤其是在白人妇女和女孩成为（真实或假定的）受害者时。

男性气概对男性许下了宏伟的承诺——你将受到尊重、女人将对你关怀备至等，但正如白人性并非惠及所有白人，而是更偏向于少数白人一样，这些承诺对于某些男性比对于其他男性而言更容易实现。事实上，绝大多数男性都处于贫穷且无权无势的状态。他们的男性"特权"因其他受压迫的身份或不幸的境遇变得几乎毫无价值。他们生活在承诺无法兑现的现实中，无力应对自己的失望情绪，这可能会导致他们表现出更加卑劣的支配欲，而这种支配欲往往以女性为对象。从更广泛的角度来看，基于性别的特权不仅仅取决于一个人是男性还是女性，更在于一个人能够在多大程度上满足女性特质或男性气概的理想标准。非二元性别者、非常规性别者、同性恋者和许多跨性别者，由于不符合这些标准，会自动受到社会的惩罚。然而，同样的命运也降临在那些不够"男性化"的顺性别男性和不够"女性化"的顺性别女性身上。这些理想标准往往还掺杂着种族主义的色彩，因此有色人种也经常会面临特定的惩罚。

并非所有男人？不仅仅是男人？

当然，并非所有男人都是垃圾。那些犯下灭门案或大规模枪击案的男性只是极少数。尽管其他有害行为在男性群体中可能更加普遍，但依然存在一些能够基本抵制这些行为的男性，他们的努力应该得到认可，哪怕只是为了鼓励其他人也这样做。此外，鉴于"男人是垃圾"是对一个社会群体的泛化贬损，它是否也像许多社交媒体版主所说的那样，属于仇恨言论？

取缔仇恨言论的道德基础在于其伤害性。然而，在父权制体系中，"男人是垃圾"这样的言论似乎难以汇聚成足够的力量或获得普遍认可从而对男性群体造成实质性的伤害。此外，该言论的目的是打击仇恨；它打击的目标是男性气概文化，这种文化的危害（包括对男性自身的危害）是严重且极具结构性的。公开批评男性气概甚至可能会破坏其稳定，对于那些试图逃避或抵制男性气概压力和惩罚的男性来说，这样的批评有可能成为解放的力量。

除此之外，"男人是垃圾"所批判的行为——充满权力欲、态度强势以及缺乏同理心——往往并不会阻碍男性的发展，反而有可能成为他们获取利益的助力。这与"女人不理智"的言论形成了鲜明对比，后者不仅助长了毫无根据的刻板印象，而且限制了女性的生活。《财富》杂志近期开展的一项研究分析了数百份职场反馈，发现女性收到的负面评论远多于男性，而且经常被贴上"不理智""专横"和"粗鲁"等标签，这些词在对男性的反馈中几乎从未出现。[39]（与之最接近的用以描述男性的词汇是"咄咄逼人"，但针对他们的建议都是希望他们变得更加咄咄逼人。）这种认为女性不理智的刻板印象不仅阻碍了她们在职场中的发展，还导致她们在与医生、执法人员和对话者产生争论时无法得到应有的重视。很难想象"男人是垃圾"这样的言论会以同样的方式限制男性对自身利益的追求。

"并非所有男人"是对"男人是垃圾"这一说法最常见的反驳，也是对更普遍的性别歧视言论最常见的反驳。（人们往往不会声称"男人不是垃圾"。相反，他们会指出"并非所有男人都是垃圾"。人们普遍认为相当一部分男人是垃圾。）"并非所有男人"的辩驳会把焦点转移到那些行为无虞的男性身上,而不是那些存在问题的男性身上。这样的做法会令讨论偏离正轨并冲淡最初的不满情绪,而这有时恰恰正是他们的意图所在。女权主义讽刺网站Reductress的撰稿人凯特·扎索基在一条推特上写道:"昨晚,当我走在回公寓的路上时,一个男人突然下车,跟在我身后大喊大叫……但随后我想起了'并非所有男人都是垃圾'这句话,顿时就感到平静与安全。"40

对于偏离正轨这个话题,我们可以将其与家庭暴力进行重要的比较。每当我参加有关家庭暴力的活动时,总会有男性站出来发声,强调男性同样可能是受害者。他们的观点无疑是正确的,而且考虑到男性为了维护自己的男性气概可能会选择少报或隐瞒自己的受害经历,因此实际问题的严重性可能远超我们的想象。(无论性别如何,家庭暴力的受害者都可能因为害怕被报复、感到绝望、对施暴者产生矛盾情绪、背负经济压力、担心不被信任等各种原因而选择不报案。)然而,即使考虑到这一点,家庭暴力也仍然是一种压倒性的性别现象,因为女性几乎总是受害者,而男性几乎总是施暴者。[41]在男人和男孩遭受家庭暴力的案件中,施暴者通常也是男性。这并不意味着我们不应该认真对待男人和男孩遭受的家庭暴力问题。但如果只有在讨论妇女和女孩遭受的暴力时,男性才会提出这个问题,那么这看起来更像是一种转移注意力的策略,而非真正致力于保护其他男性和男孩的建设性举措,也不是把这两类问题放在一起并发现共同解决之道的方法。

尽管我们可以尝试说服自己采用"有些男人是垃圾"这样的表述承认并非所有男人都是垃圾，但实际上，这种表述的效果并不理想。首先，它无法完全传达"男人是垃圾"这一表述所蕴含的深意或意图。当然，有些人，无论男女，是垃圾，这是显而易见的。然而，关键在于，男性气概中的某些特质可能增加了其垃圾行为的可能性。"男人是垃圾"很具体：它指出了男性气概与垃圾行为之间的某种特定关联。其次，"男人是垃圾"并不仅仅是对男性的一种描述。它也是一种语言行为，表达了说话者内心的愤怒和挫败感，这些情绪往往难以通过其他途径得到释放。当人们引用这一表述时，他们实际上是在与那些曾经使用过这一表述的人站在一起，将性别歧视的种种表现汇集在一起，强调其普遍性。在回应性骚扰或暴力事件时，使用"男人是垃圾"这样的表述还可以在一种有利的文化中将责任明确归咎于男性的行为，从而避免受害者有罪论。这句话不仅体现了对男性的不满和谴责，更是表达了激励男性改善现状的决心。

任何对削弱"男人是垃圾"这一言论的试探都令人遗憾，因为这种尖锐的讽刺是刻意为之。回到本章的题词，我们不难发现，"男人是垃圾"有时也成为一种嘲笑男性的手段。鉴于男性掌握着巨大的权力，找到嘲讽他们的方式至关重要。此外，正义需要挑衅的助力；正如弗雷德里克·道格拉斯所言："没有要求，权力绝不会让步。它从未让步，也永远不会让步……暴君的极限是由受压迫者的忍耐力所决定的。"[42]因此,"男人是垃圾"代表了受男性气概伤害的人们的忍耐极限,它应被视作一种对正义的呼声,而不仅仅是一句言辞。加布里埃拉·卡图佐之所以喊出"男人是垃圾"的口号,正是源于她对所遭遇的性骚扰的不满与愤怒。那些将此言论斥为仇恨言论,或反驳称"并非所有男人都是垃圾"的人,显然未能领会其真正含义。当提到"男人是垃圾"时,人们实际上是在将性骚扰与男性气概联系起来。这不是仇恨的宣泄,而是一种深刻的揭露。(相比之下,"女人是垃圾"无疑是一种仇恨的表达,因为女人因作为女性的一员而受到压迫。)

在喊出"男人是垃圾"的同时,我们也必须承认,不仅男性在固守和维护对男性气概的有害期望,甚至有许多女性也对其表示支持。文化是集体塑造的产物,许多女性期望男性能够恪守标准男性气概的有害理念,并协助监管男性行为,在他们未能达标时予以惩罚。这样的女性不在少数。例如,53%的白人女性将选票投给了自称"摸女性下体"的特朗普,她们的投票行为不仅违背了自己的最大利益,也损害了其他白人女性和有色人种的利益。[43]性别背叛者的心理状态错综复杂。那些为父权制摇旗呐喊的女性采用了一种在边缘化群体中常见的应对策略:面对压迫,她们调整自己的偏好以迎合伤害她们的制度要求,因为这是一种短期内更为安全且不那么容易令人感到失望的策略。有时,接受自己被降级的地位并坚称这是最佳选择似乎更为容易,也更有认同感。然而,尽管一些女性支持男性气概及其背后的制度,她们仍然比男性更容易因此受到伤害。正如哲学家洛娜·芬利森所言:"相较于后父权制世界的人而言,父权制对男性和女性都更为不利",但"相较于男性而言,父权制对女性更为不利"。[44]由于这种不对称性,向那些自私自利、维系父权制的男性提出要求,而非向那些生活受到制约、最终放任自己做出屈从姿态的女性提出要求,似乎更为公平合理。

然而,"男人是垃圾"之所以能够成为可接受的言论,还有另一个重要原因,这个原因与语言的运作方式有关。为了理解这一点,我们需要深入探讨有关泛化的哲学思考。

从语言哲学中汲取智慧

泛化是人类交流中一种至关重要的语言捷径,指的是将对世界的个别观察转化为适用于许多不同情况的普遍陈述。泛化对于日常对话而言不可或缺,我们常常使用这类陈述。记得在我蹒跚学步时,我注意到树叶是绿色的。很可能,我正是在父母指着植物或树上的片片绿叶,并告诉我这是"绿色"的过程中,逐渐领悟了绿色的概念,直到我的大脑能够将这种视觉信息与听觉表征相对应。我形成了一个泛化的观念:所有的叶子都是绿色的。

然而,随着秋天的到来,我很快意识到这个泛化观念并不准确。紫叶山毛榉和鲜红的鸡爪槭挑战了我原本认为所有叶子都应该是绿色的信念。尽管如此，大多数叶子的绿色仍然是树叶本质特征的重要组成部分。因此，植物的绿色属性依然重要，而一个相对弱化的泛化陈述依然是恰当的：叶子是绿色的。

这两种泛化都描述了叶子的同一属性，但第一种我们称之为"量化陈述"（quantified statement），因为它明确指出了绿色叶子的数量，即所有叶子。（其他量化陈述的例子包括："98%的叶子是绿色的""没有一片叶子是绿色的"或"大多数叶子是绿色的"。）而第二种我们称之为"泛型泛化"（generic generalisation），因为它并未具体说明必须有多少叶子是绿色的，而是将我们的注意力引向绿色这一值得关注的属性。

根据语言的一般用法，"男人是垃圾"并不等同于"所有男人都是垃圾"。这两种陈述有着本质的区别。后者是一种量化陈述，因为它给出了男人的数量——所有男人——而且只要有一个男人不是垃圾，这个陈述就不成立。然而，"男人是垃圾"这一陈述没有明确指出必须有多少男人表现出垃圾行为，这句陈述才能被认定为真，它并没有明确指出确切的数字。这就是"泛型泛化"。我们倾向于使用"泛型"（generics）命题引起人们对某些模式的注意，这些模式可能并不总适用，但对说话者和听话者却具有特别重要的意义。

因此，泛型命题是泛化的一种，虽然使其为真所需的案例数量并未明确说明，但它们所表达的相关性却至关重要。即使在低发生率的情况下，它们也常常被认为是真实的，尤其是在描述危险或值得注意的事物时。[45]我们可以以一个受到普遍认可的陈述"蜱虫携带莱姆病"为例。大多数人都认同该陈述为真，尽管只有大约1%的蜱虫携带病毒，但我们接受这一泛化，因为它有助于提醒我们小心蜱虫。（想象一下，如果有人反驳说"不是所有蜱虫都携带病毒"，这听起来是多么荒谬。）泛化可以通过这种方式起到警告的作用。"男人是垃圾"就是我在独自夜行或林区慢跑时应该牢记的警告。对于男人，就像蜱虫一样，你很难判断具体哪一个才是危险的。英国喜剧演员乔·韦尔斯在推特上以幽默的方式阐述了这一点："电视节目创意——#不是所有蛇都有毒#向那些说'并非所有男人都是垃圾'的男人介绍各种蛇。不是所有蛇都有毒。"[46]

因此，与包含"所有"和"没有"这些普遍型的量化命题不同，泛型命题的真实条件对其所处的语境和意图传递的信息极为敏感。泛型命题在日常用语中频繁出现，因为它们为人们提供了简洁、易记的社会生活指南；而量化命题则可能不那么好用，需要更复杂、更确切的数字认知。事实上，已有研究表明，两岁的幼儿就已经能够理解某些泛型命题了。人们常常通过直接的模式和联想，如"狗狗汪汪叫""马路很危险""叶子是绿色的"，用这些泛型命题来教孩子认识世界。[47]

泛型命题具有某些独特属性，这些属性凸显了其对语境的深刻依赖。大多数人会毫不犹豫地接受"鸭子会下蛋"的陈述，尽管在仔细思考之后，他们会意识到这一说法并不适用于所有鸭子，比如公鸭就不会下蛋，但他们不会接受"鸭子是母的"这一泛型命题，尽管事实上只有母鸭才会下蛋。[48]第一个陈述听起来真实且富有信息量；而第二个则显得错误且无用。然而，这两个陈述都适用于同样的那一半鸭子。这提醒我们语境的重要性。第一个陈述传达了鸭子在生殖方面与其他许多动物的关键差异，为我们提供了重要的信息。而作为经验丰富的语言使用者，我们能够凭直觉捕捉到这就是该陈述所要传达的信息。然而，第二个陈述由于缺乏同样广泛的语境背景，容易引发误解或令人感觉它是错误的。

泛型命题是极其宝贵的工具，它们传达了现实世界中的真实模式，同时又为这些模式的例外情况预留了空间。它们允许我们说"黑人面临警察暴力"和"跨性别女性的健康需求没有得到充分满足"。并非所有黑人或所有跨性别女性都如此，但泛型命题能够妥善处理这种情况。哲学家凯瑟琳·里奇认为，这种属性使得泛型命题特别适合描述世界的结构性特征：

> 种族、性别和其他社会泛型命题之所以有用，是因为它们准确地描绘了不公正的系统性模式。对结构性压迫的恰当描述需要捕捉到它的广泛性、普遍性和系统性。与明显的量化命题不同，泛型命题以某种方式捕捉到了普遍存在的结构性模式。[49]

"男人是垃圾"是一种泛型泛化。这并不意味着所有男人都是垃圾，而是意味着垃圾特性与男性的身份相关，值得注意和反思。正如我们所见，有充分的证据支持这种相关性，这让我们有理由对男性保持警惕。这句话还具备挑衅、道德谴责和反抗的作用。

　　然而，泛型命题只是一种语言工具，和任何工具一样，它们也可能被滥用。这些滥用值得关注，因为与其他类型的泛化相比，泛型命题更容易被误用，因为它们很难被驳倒，而且它们的含义也可能既微妙又违反直觉（如上文中关于鸭子的例子）。这就意味着它们可以被用来发表能够操纵或促进误解的言论。由于即使在案例数量极少（如蜱虫）或未明确指定（如男性）的情况下，泛型命题也可能被视为真，这就为创造一些传达有问题的刻板印象且难以挑战的泛型命题留下了空间，例如"男孩不玩洋娃娃"或"黑人男性是罪犯"[1]。尽管在美国，黑人男性入狱的概率是白人男性的六倍，而且大多数男孩确实不玩洋娃娃，但如果不考虑这些泛型命题使用的具体语境，我们就无法对其进行正确评估。我们必须提出两个问题：首先，为什么要使用这个泛型命题？或者换句话说：说话者旨在实现何种言语行为？"黑人男性是罪犯"助长了反黑人种族主义，而"男孩不玩洋娃娃"的目的

---

[1] 另一个例子是"女性有子宫"。虽然许多女性都有子宫，但有一些却没有。这种泛型命题最有可能被用来排斥跨性别女性。——原注

则是告诫和羞辱那些玩洋娃娃的男孩。其次，如果某个泛型命题确实具有一定的真实性，那么它的模式又为何会成立？黑人男性之所以入狱比例过高，是经济、立法和司法系统中存在的系统性种族主义所致；而男孩不玩洋娃娃则是因为他们这样做会受到来自社会的羞辱。我们应该通过询问相应的参照系来抵制这些泛化命题和其他类似的偏见性言论。

有趣的是，对"男人是垃圾"这一说法最不满的人，往往是在男孩或男人做出愚蠢、自私或有害行为时，使用类似泛型泛化"男孩就是男孩"的人。从字面上看，"男孩就是男孩"是一种毫无意义的循环论证。但它实则又是一种言语行为，常被用作辩解的借口，大意是"男孩天性愚蠢、自私或具有破坏力，而且他们控制不住自己"，暗示这些行为特征是男人和男孩的生物属性。然而，我们必须坚决驳斥这种不科学的论断，认识到所谓垃圾行为其实是社会因素作用的产物，而非进化的必然结果。只有承认男性气概是一种偶然且可变的特征，我们才能意识到，事态完全有可能朝着不同的方向发展。

清理垃圾

在扎克伯格就话题标签#男人是垃圾#发表声明一年后，脸书的立场就发生了转变，开始承认并非所有冒犯性言论都同等恶劣。因此，他们重新设计了算法，将轻蔑评论可能造成的不同程度伤害考虑在内。[50]"男人是垃圾"不再被视为与"同性恋令人作呕"或"女人是荡妇"等言论具有相同的严重性。脸书将后两种压迫性言论以及其他类似言论归为"恶劣到不能再恶劣"的言论。(他们本可以使用"压迫性言论",但技术人员总是喜欢创新。)在言论严重性光谱的另一端,则是那些不太可能造成实际伤害且人们对其存在问题的共识较弱的次级紧要言论。这一类言论又叫什么?"男人是垃圾象限"。或许,这正是事态向正确方向发展的迹象。

不是所有人都能接受本章的论点,但对于那些自称并非垃圾并怨恨泛化的男性而言,有一个问题值得深思:你们正在采取何种行动来阻止周围的男性败坏你们的名声?你们是否在教导儿子对他人的需求保持敏感?(更甚至,你们是否真的在承担育儿的责任?)你们是否对生活中遇到的男性展现出足够的同情?听到贬低女性的言论时,即使周围的人都笑着将其视作无害的更衣室闲谈,你们是否会站出来加以谴责?

在1983年的一场演讲中,女权主义理论家兼活动家安德丽娅·德沃金曾哀叹,男性几乎从未直面并挑战过同性的不当行为。她已经厌倦了听男性抱怨女权主义者歪曲了他们:

> 我要告诉你们的是,别向我诉苦。去说给那些制作色情内容的人听,说给那些皮条客听,说给那些战争贩子听,说给那些为强奸辩护的人听,说给那些为强奸欢呼的人听,

> 说给那些支持强奸的思想家听……对我说这些没用。我只是一个女人，对此我无能为力。是那些男人自以为能代表你们。他们站在公众面前，声称他们代表你们的声音。如果他们不能，那么你们最好让他们知道。[51]

虽然对于男性气概所带来的伤害无法给出简单的答案，但是时常提出的惩戒式"解决方案"只会加剧问题的严重性。对伤害过他人的人施加伤害，显然是让伤害升级的方式。这种解决方案恰恰出自男性气概准则：如果有人越界，那就让他们吃苦，直到他们改正为止。同时，我也不认为有些人的建议，即男性应"去接受心理治疗"，就是恰当或有效的回应。网络上流行的各种类似调侃（例如，"男人宁愿竞选总统也不愿接受心理治疗"或"男人宁愿在厕所里蹲上三小时也不愿面对心理医生"[52]），以及大量相关的专栏文章，[53]似乎都没有意识到，只有少数人才能负担得起心理治疗的费用。这是一个比性别更具决定性的障碍。此外，尽管心理治疗可能对个体有所帮助，但它对于大规模社会问题的改善作用有限。最重要的是，将男性气概问题个体化，转移了我们对更全面解决方案的关注，在这种方案中，男性（而不是治疗师或女性）将肩负起为彼此及其生活中的其他人提供关怀的责任。

我仍然怀抱希望，相信男性的努力能够从内部改变这种文化。只要男性准备好了，我们其他人就将与他们并肩作战，共同消除伤害。正如贝尔·胡克斯所言：我们必须"认识到父权制是一种同时得到女性和男性支持的制度，尽管男性从中获得了更多利益。瓦解和改变父权制文化是男性和女性必须共同承担的责任"[54]。

在这个"铁腕"领袖崛起、其暴力和哗众取宠的行为危及我们所有人的时代，"男人是垃圾"是一种挑战，激励我们去构想一个更加健全的世界。垃圾行为并非男性的天生宿命，认识到其偶然性，我们就有理由保持乐观。毕竟，男孩不必永远是男孩。

5 所有的命都重要吗？

> 种族主义最恶劣的影响……就是分散注意力。它令你无法开展工作，迫使你不得不一遍又一遍地解释自己存在的理由。有人质疑你没有自己的语言时，你不得不耗费二十年的光阴来证明它的确存在。有人质疑你头骨的形状时，你不得不求助于科学家来证实它与常人无异。有人断言你缺乏艺术天赋时，你不得不努力挖掘并展示自己的艺术才能。有人宣称历史上并不存在你的国家时，你不得不拼命挖掘历史遗迹，证明它并非虚无。然而，这些辩解和证明都是多余的，因为无论你如何努力，总会有新的质疑和断言不断出现。
>
> ——托尼·莫里森，《人文观》（1975年）[1]

2020年6月，一对白人夫妇在发现他们的婚礼摄影师莎基拉·罗谢尔于社交媒体上声援"黑人的命也重要"运动之后，选择了解除与她的合同。这对夫妇解释说：

我们无法接受一个在与自己毫无关系的问题上如此直言不讳的人，也无法信赖一个不相信"所有的命都重要"的人……如果你参加我们的婚礼，我们会觉得非常不自在，而且，我们也认为你的情绪不够稳定，难以承担我们托付的重任。[2]

摄影师在回复中告知他们，已支付的定金无法退还，不过，她不会私自留用这笔钱，而是会将其全额捐赠给一家支持"黑人的命也重要"理念的组织。她表示："希望你们能在这一生中不断成长。同时，我也要感谢你们对'黑人的命也重要'运动的捐赠。"

大约在同一时间，特朗普称"黑人的命也重要"是"仇恨的象征"。[3]而在英国，英超各支球队纷纷将球衣背后的球员名字替换为"黑人的命也重要"，此举引发了英国下议院议员本·布拉德利的评论。他表示：

尽管他们追求的目标非常积极且值得称赞，但他们选择支持"黑人的命也重要"，实际上会加剧并进一步固化社会的分裂。迫使每个人以肤色来定义自己的身份并不是一个好兆头！[4]

当我们高呼"黑人的命也重要"时，我们真正想要传达的是何种信息？为何"所有的命都重要"这句反驳显得如此具有误导性和伤害性？在这些反对的声音中，有多少是源于对反黑人种族主义的无知，又有多少是出于恶意的破坏？为"黑人的命也重要"这样一个显而易见的基本道德立场进行辩护，或许会被视为一种妥协，一如托尼·莫里森所警告的那样。然而，围绕这一口号及其他类似口号存在着相当多的误解，尽管其中不乏大量人为制造的混淆，但鉴于其重要性，我们不能对此置之不理。本章旨在为这些讨论带来更清晰的理解，并帮助我们跳出现有的讨论框架，迈向更深入的思考。

何为"黑命攸关"

"黑人的命也重要"（BLM，简称"黑命攸关"）运动源自2013年兴起的热门话题标签"我们的命都是命"。当时，年仅17岁的黑人青年特雷文·马丁拿着糖果和饮料从佛罗里达州的一家街角小店回家时被白人协警乔治·齐默尔曼枪杀，然而，法庭却宣判齐默尔曼的谋杀罪名不成立。一年后，18岁的迈克尔·布朗在踏入大学校园的前两天，被警察当街杀害。"黑人的命也重要"这句口号再次在网络上被广泛传播，成为由帕特斯·库勒斯、艾丽西亚·加尔萨和阿佑·托梅蒂这三位黑人女性创立的一个规模庞大、组织分散且无等级制度的活动家网络的象征。然而，在随后的六年里，这个口号所引发的争议远超以其名义所采取的任何实际行动。它似乎始终无法摆脱位于政治荣誉边缘的命运。

2020年,"黑命攸关"作为一项政治诉求跻身主流。此前,肯塔基州的三名警察枪杀了在家中熟睡的布伦娜·泰勒,而仅隔两个月,明尼苏达州的警察德里克·肖万就将膝盖压在乔治·弗洛伊德的气管上,致其窒息身亡。当时正处于疫情的高峰期,所有人的生活都遭受了冲击。人们被迫留在家中,紧盯着新闻动态,这种高度的关注、共鸣和静默为"黑命攸关"运动提供了肥沃的土壤,使其成功赢得了先前持敌对或冷漠态度的人们的支持。新型冠状病毒感染和死亡病例中的种族差异,使得种族主义对职业接触、住房和健康等方面的影响变得不容忽视。那年夏天,人们无视社交距离的规定,抗议活动如潮水般席卷了各大城市的街头巷尾。民意调查显示,大多数美国人都支持"黑人的命也重要"的口号,其中包括86%的非裔美国人和60%的白人。[5]一时间,"黑人的命也重要"运动无处不在,无论是个人、机构还是企业,都纷纷表态自己站在历史正确的一边。

该口号的不断扩散引发了铺天盖地的误解。很难说这其中有多少是真正自然的困惑,因为白人至上主义者精心策划了一系列行动来诋毁这场运动。他们四处分发带有"黑人的命也重要"话题标签以及"见白人就杀"或"所有白人都是纳粹"等口号的贴纸,并在社交媒体上大肆传播。[6]一些右翼人士,如"特

4. 所有的命都重要吗? | 139

朗普的好学生"组织的创始人瑞安·福尼尔和保守派宣传组织"美国转折点"成员坎迪斯·欧文斯，散播不实言论，宣称捐给"黑命攸关"运动的资金最终都流入了民主党的口袋。[7]这些混淆视听的行径给"黑命攸关"运动笼罩上一层疑云，就像尽管确凿的证据和（非行业资助的）科学家们的共识均支持人类活动导致全球变暖的观点，但受行业资助的科学家（被指责为"贩卖疑惑的商人"[8]）在该问题上仍在制造不信任和不确定的氛围一样。截至2020年9月，美国有87%的黑人成年人表示支持"黑命攸关"运动，但白人对此的支持率却已跌至不足一半，仅为45%。[9]

"黑人的命也重要"这一口号简洁地表达了以下两个主张：（1）黑人的生命被系统性地看轻；（2）黑人的生命理应受到重视。主张（1）是哲学家所谓摹状陈述，它的目的是描述现实状况，其真实性可以通过观察现实并确认该陈述的准确性来判定。而主张（2）则是我们所说的规范陈述，它的目的是作出价值判断，即告诉我们应该如何，而非仅仅描述事情的实际状态。它提出了一则道德宣言：看轻黑人的生命是错误的。道德声明不能仅通过观察来验证，而必须经过深入的论证。

有人可能会认为，"黑人的命也重要"这一口号同时承载了摹状陈述与规范陈述两重属性，而这种双重性质容易引发误解，这也可能是导致铺天盖地的反对声音的原因之一。然而，这纯属无稽之谈，因为我们一直就是这样使用语言的。例如在英国，有一则著名的广告标语:"养狗是一生的承诺,而不只是圣诞节的消遣。"这句口号可以追溯到1978年,当时英国国家犬类保护联盟(现称"狗狗信托基金")借由这句口号阻止人们在圣诞节期间冲动购买小狗,而后又在新鲜感消失之后忽视或遗弃它们的行为。[1] 口号深入人心,理解起来毫不费力,也未引起任何争议。它显然同时传递了两层含义:一是狗被当作了一次性的圣诞礼物(摹状),二是狗应被视为长期的伙伴(规范)。只有这两点都成立,这句口号才具备实际意义。没有人会反问:"那猫呢?"或者"难道你不认为我们的文化中存在更为普遍的随意遗弃问题吗?"

生命的重要性体现在何处?或许可以从不同的角度回答这个问题,但是在我看来,一些基本准则显而易见。生命重要的人首先应该享有自由。他们不应沦为奴隶,不应身陷囹圄,无须为自身或至亲的生命安全担惊受怕;也不该因为贫困或不安而无力主宰自己的命运。其次,他们应当享有充分且稳定的基本生活保障,包括食物、水源、卫生条件、足够的住房、医疗服务、教育机会以及社区的支持。最后,他们应该受到公正对待:他们不应被歪曲的事实或谎言所伤,也不应被剥削,他们应被视作独立的个体,而非其所属群体的刻板印象的代表;在

---

[1] 新型冠状病毒肺炎疫情期间,一些评论家指出,随着养狗人数的激增,这一口号或应更新为:"养狗是一生承诺,而不只是隔离期间的消遣。"——原注

他们所生活的社会中，他们的利益应当得到体现。

每个人享有这些因素的程度各不相同，但显而易见的是，有些人的生命相较于其他人而言更为重要，而有些人的生命受重视的程度远低于我们大多数人认为的可接受水平。贝尔·胡克斯非常清楚地指出了这一点：

> 在课堂上，学生们时常告诉我，种族主义已不再影响我们的生活，种族差异也已不复存在，"我们都只是人而已"。几分钟后，我就会给他们做一项小测试。我问他们，假设他们即将离世，如果可以选择以白人男性、白人女性、黑人女性或黑人男性的身份转世，他们会如何选择。每次测试的结果都如出一辙：不论性别或种族背景如何，绝大多数人都会选择白人身份，而且更多时候会选择白人男性。选择黑人女性的人数最少。当我要求学生解释他们的选择时，他们就会（从性别和阶级的角度出发）对基于种族的特权展开复杂的分析。[10]

黑人身份是一个强有力的预测因素，预示着一个人的生命价值很可能会被低估。黑人的生命无足轻重是不争的历史事实。欧洲人将黑人贬为劣等群体，这种观念为殖民化行为铺平了道路。在18世纪所谓启蒙时代，尽管平等主义的新思想开始在欧洲占据主导地位，但在经济利益的驱使下，殖民主义仍需对那些身处资源被掠夺地区的人们实施压迫。如果将这些人视为与自己平等的存在，便难以对他们进行掳掠、奴役和折磨，直至令他们屈服。然而，为了获取免费劳动力，利润动机却要求人们无视这一道德界限。因此，欧洲的白人构建了一套种族等级理论，将自己置于阶级之巅，而把非洲人置于最底层，这种做法正是为了让那些自诩道德高尚的人能够接受榨取资源与掳掠和奴役人类的行为。种族成为一种贬低某些人的重要性的手段。正如黑人物理学家昌达·普雷斯科德-温斯坦在《无序的宇宙》一书中所言：

> 这是为了证明（白人）欧洲人的优越感、掩饰他们对异族的恐惧，以及他们不愿承认自己所信仰的神明对世界的愿景可以远比那些来自亚洲小半岛且冷酷无情的白人所统治的世界更为广阔，而精心编造的一整套说辞。[11]

在后民权时代，种族主义依然深植于人们的观念、制度之中，甚至以更为隐蔽和间接的方式渗透进种族主义法律和政策里。米歇尔·亚历山大在《新种族隔离主义》一书中指出，种族主义并未消亡，它只是改头换面后以依旧有害的形式继续存在：

> 我们不再直接以种族划分等级，而是借刑事司法系统

4. 所有的命都重要吗？ | 143

之手，给有色人种贴上"罪犯"的标签，然后对他们施以我们理应摒弃的种种手段。如今，以过去对待非裔美国人的歧视方式对待罪犯，完全被法律所允许。一旦被扣上"罪犯"的帽子，那些陈旧的歧视手段——就业歧视、住房歧视、剥夺选举权、教育机会不公、拒发食品券等公共福利，以及不得入选陪审团——突然就披上了合法的外衣。[12]

历史性反黑人种族主义对社会、经济和心理的影响仍在延续，并与新型种族主义相互交织，使得人们很难区分历史遗留的压迫性伤害与当代歧视形式所造成的伤害。然而，种种差异清晰且令人震惊。在英国，黑人女性在分娩时的死亡率是白人女性的四倍，[13]黑人婴儿的死亡率则是白人婴儿的两倍。[14]黑人的失业率是白人的两倍，[15]近半数的黑人家庭生活在贫困线以下。[16]黑人被警察拦截和搜查的概率是白人的十倍，[17]被逮捕的概率则是白人的四倍。[18]尽管黑人在英国总人口中仅占3%，却占拘留期间死亡人数的8%。[19]

在美国，黑人无缘无故被逮捕的概率是白人的五倍，监禁率也是白人的五倍。[20]实验结果表明，平民和警察都更倾向于误伤手无寸铁的黑人，而非携带武器的白人。[21]此外，数据显示，在未携带武器的情况下，黑人被警察枪击的可能性是白人的两倍。[22]白人警察使用枪支的频率高于黑人警察，而且更倾向于在黑人居民占比较高的社区使用枪支。[23]

要全面认识反黑人种族主义的广泛性和严峻性，我们还必须将目光投向全球北方以外的地区。目前，约有3.83亿非洲人生活在"极端贫困"中，他们每天依靠不足1.9美元的收入勉强度日（甚至无法度日）。[1]24据预测，未来几十年，撒哈拉以南非洲地区的这一数字还将持续攀升。25尽管在全球南方，可预防或可治疗疾病导致的死亡占人类死亡总数的90%，但全球卫生研究资源中却仅有10%用于解决这些问题。其中，大多数死亡均发生在撒哈拉以南非洲。这些严峻的现实源自长期的压迫，殖民主义带来的不平等被固化在全球经济体制中，而这种体制以全球北方国家和机构的利益为先，却牺牲了非洲人和其他全球南方国家人民的利益。

鉴于这些差异，在试图逃离贫困、冲突和环境破坏的过程中丧生的年均5000名移民中，近一半是非洲人也就不足为奇了。26申请英国庇护的人中，约有40%是来自全球南方的黑人，而他们中的很多人最终难逃被拘留和驱逐出境的命运。27这些残酷的现实与黑人性紧密相连。极端贫困已被种族化。试想一下，如果全球有4亿白人世世代代忍饥挨饿，而世界对此却视而不见，不采取任何有意义的干预措施，那是多么令人难以置信的场景。

---

[1] 作者撰文时参照的是2015年版贫困线。2022年版贫困线已由1.9美元调整为2.15美元。——编者注

简言之，黑人的生命并不重要。人们认为他们的生命廉价、可有可无，甚至可以被忽略。黑人所经历的苦难和死亡，虽然令人痛心，但在很多人眼中却是无法避免的。正因如此，黑人在囚犯、被警察枪杀者，以及因可预防和可治疗疾病而挣扎在饥饿边缘、寿命短暂的人群中都占据了过高的比例。在全球范围内，黑人比任何其他群体都更有可能被剥夺自由、难以获得基本生活必需品以及遭受他人的不公正对待。正如朱迪斯·巴特勒所言："'黑人的命也重要'这句口号之所以振聋发聩，就在于它道出了一个再明显不过的事实，而这个显而易见的事实却迟迟未能在历史上得到践行。"[28]

黑命攸关：一些被误导的反应

从困惑糊涂的自由主义者到肆无忌惮的顽固盲从者，"黑人的命也重要"这一口号引发了一系列令人担忧的回应。这些回应中，有的源自真正的误解，有的则是故意为之，企图转移公众注意力。前文提到，这一口号包含两个观点：（1）黑人的生命被系统性地看轻；（2）黑人的生命理应受到重视。对此口号持否定态度的人，至少对其中一个观点持有异议。

在决定如何与反对该口号的人展开对话，甚至是否要与其对话时，我们首先需要明确他们反对的具体内容以及反对的原因。常见的回应可以归纳为以下几种：

"无肤色歧视"派：我们应该超越种族界限。种族主义固然恶劣，但如今已不多见；与过去相比，现在的状况已经大为改善。因此，采用一个不会引发混淆的口号有助于将焦点从身份这一造成分裂的因素上转移开。

"那又怎么说"派：其他人的生命就不重要吗？白人的生命就不重要吗？警察的生命呢？

"白人至上主义"派："黑人的命也重要"这一口号现在无处不在，正是白人性命岌岌可危的标志。

表1：对"黑人的命也重要"口号的不同回应与其组成部分有何联系？

常见回应人群	黑人的命是否重要？（摹状问题）	黑人的命应该重要吗？（规范问题）
"反种族主义"派	×	√
"无肤色歧视"派	√	√
"那又怎么说"派	?	?
"白人至上主义"派	?	×

表1清晰地展示了各种立场与"黑人的命也重要"这一反种族主义口号各组成部分之间的联系。主张"无肤色歧视"的人虽然认同人人都应受到平等对待的原则，但认为这一目标已近乎实现。"那又怎么说"论者则会抛出各种其他问题，混淆视听，以此为其他多种观点提供掩护。至于白人至上主义者，他们则

根本不希望看到一个重视黑人生命的世界。值得注意的是，这些立场中的任何一方都可能借用"所有的命都重要"这一说法来进行反驳。

无肤色歧视

每一位反种族主义者都憧憬着1963年8月马丁·路德·金在华盛顿特区林肯纪念堂前所描述的世界："我梦想有一天，我的四个孩子将在一个不是以他们的肤色，而是以他们的品格优劣来评价他们的国度里生活。"[29]就目前的情况来看，种族问题确实至关重要。种族或许是一个荒诞且毫无依据的分类体系，但它深刻影响着当代社会的结构和全球经济的运行。种族问题的终结尚需时日，否认它的存在并不会加速其消亡的进程。

然而，许多人认为种族主义已经不复存在，我们已步入"后种族主义"时代。"无肤色歧视"（colour blindness）观念认为，种族不再是重要的社会分类，因为尽管种族主义仍是问题，但它仅限于个别蓄意的恶行，已不再对个人的人生选择或生活经历起决定性作用。这种观念的支持者能轻易接受特朗普是种族主义者，却很难相信他们的朋友"卡伦"可能也是种族主义者。他们主张，继续将种族视作决定个人命运的因素会延续种族分裂，使我们愈发远离马丁·路德·金的梦想。美国保守派首席大法官约翰·罗伯茨曾言："要想停止基于种族的歧视，就必须摒弃基于种族的区分。"[30]这话听起来无可置疑，但要真正实现平等对待，就必须彻底改革资源分配。即使如此，有色人种仍会因历史遗留的不公而处于不利地位，这一点不容忽视。

无肤色歧视主张停止干预，让人们能够凭借自身条件取得成功，因此有时也被称作"自由放任式的种族主义"（laissez-faire racism）。这种观点似乎认为，如果有些人取得了更好的成就，那是因为他们具备进取心；而如果有些人未能取得成功，则是因为他们既懒惰又愚蠢。因此，没有必要打"种族牌"！倘若某些社会群体的表现始终优于其他群体，那么或许种族科学和文化等级制度终究有其存在的合理之处。

对于一些人而言，《民权法案》的颁布标志着后种族主义时代的开启。对于另一些人来说，美国历史上第一位黑人总统的当选则是一个具有决定性意义的时刻。毕竟，一个种族主义国家又怎么可能选举黑人来担任最高领导职务呢？尽管英国没有类似的"标志性"事件，但人们同样普遍相信我们现在已迈入后种族主义社会。与美国相比，英国人普遍认为本国的反黑人种族主义现象更为温和。在谈及反黑人种族主义时，英国人更倾向于引用美国的例子，如种植园奴隶制度和《吉姆·克劳法》等，以及被美国警察杀害的迈克尔·布朗、布伦娜·泰勒和乔治·弗洛伊德等人的名字。相比之下，被英国警察杀害的拉尚·查尔斯、马克·达根和奥拉塞尼·刘易斯等人的名字，却鲜被提及。

尽管枪支泛滥的现象确实加剧了美国种族主义的风险，但认为英国（乃至整个欧洲）种族主义问题较轻的观点根本站不住脚。首先，反黑人种族主义起源于欧洲，英国通过殖民地的外包种植园奴隶制来攫取财富，虽然这一切并非发生在其本土，但这并不像某些人认为的那样在道德层面有所区别。加里·杨格曾提醒英国读者："我们的民权运动发生在牙买加、加纳、印度等地。"[31] 此外，地中海已成为世界上死亡人数最多的偷渡路线，而受害者清一色都是黑人或棕色人种，这就使得任何声称当代欧洲种族主义较为温和的说法都显得荒谬不经。

白人最普遍的看法是，当前我们正处于后种族主义时代，尽管偶尔会出现一些害群之马。2015年的一项民意调查显示，仅有10%的黑人受访者认为美国司法系统能够不分种族地平等对待每个人，而持此看法的白人受访者却接近半数。[32] 2016年皮尤研究中心的一项调查发现，8%的黑人和38%的白人认为"美国已经为实现黑人与白人的平等权利作出了必要改变"，而43%的黑人和11%的白人则认为"美国不会为实现黑人与白人的平等权利作出任何改变"。[33] 在英国，认为英国"几乎不存在"或完全不存在种族主义的白人的数量是黑人的三倍，[34] 而认为警察存在机构性种族主义的黑人的数量则是白人的两倍。[35]

许多对"黑人的命也重要"运动持异议的人声称，他们之所以这样做是为了坚守无肤色歧视之类的理念。这种批评有时会被重新包装成对策略的担忧，理由是这场运动被视为具有暴力性、极端或不受欢迎性，因此对其自身并无益处。事实上，

2020年93%的"黑命攸关"抗议活动并未对人身或财产造成伤害——考虑到参与人数众多且行动分散，这一数据尤为令人惊讶。[36]（尽管如此，美国还是部署了4万名士兵与警察共同维持抗议活动的秩序，这与6个月后白人至上主义者冲击国会山时薄弱的警力形成了鲜明对比。）

我并不认为反抗必须始终采取非暴力手段。历史告诉我们，运用多种策略往往更易取得成功。正如弗朗茨·法农所言，暴力可以成为一股"净化力量"，将人们"从绝望与无所作为中解放出来，赋予他们勇气并重塑他们的自尊"。[37] 我也不认为破坏财产就等同于"暴力"，或是认为其在道德上必然错误；相反，在许多情境下，这是一种高效且具有象征意义的行动方式。环保主义者安德烈亚斯·马尔姆也在《如何炸毁一条管道：学习在战火纷飞的世界中战斗》一书中指出，将民权运动的成功归功于非暴力策略是一种谬论。事实上，美国政府之所以向非暴力抗议者的诉求屈服，是因为害怕民众会支持同时发生的更激进的运动。[38] 然而，许多人——尤其是既得利益者——却倾向于采取破坏性最小的策略，推崇使用游说和请愿等既定程序。他们更偏爱对当前权力和物质资源分配方式挑战较小的口号与方法。一群黑人在城市中游行会令他们感到不安，这种反应与将黑人走在街上自动视为威胁的种族主义极为类似。

这些人或许并不视自己为无肤色歧视者，但他们却归属于马丁·路德·金所提及的更广泛的"白人温和派"，对黑人抗议

4. 所有的命都重要吗？ | 151

者所采取的方式提出批评。1963年,马丁·路德·金有力地反驳这些批评:

> 我几乎可以得出一个令人遗憾的结论:在黑人争取自由的道路上,最大的阻碍并来自非白人公民议会或三K党,而是白人温和派。他们更执着于维护"秩序",却对公平视而不见;他们宁愿选择紧张气息较为淡薄的消极和平,也不愿追求拥有正义的积极和平;他们口口声声说"我赞同你们追求的目标,但无法认同你们直接行动的方式";他们专横地认为自己可以为其他人的自由设定时间表。[39]

那又怎么说

"那又怎么说"是一种对话策略,人们借此回避正在讨论的主题,或避免直接反驳已提出的观点,转而提出"但是X又如何呢?"这样的问题,其中X通常指另一个直观上相关的话题。当某人无法想出恰当的回应或反驳时,这种策略能轻易地转移对话的焦点。此外,它还可以被策略性地用来将注意力从令人不适的主题或指责上引开。

"那又怎么说"有两种尤为常见的变体。包容性变体通常被一些人用于一系列道德上令人难以接受的问题,并以此对你进行连番轰炸,其目的是论证:如果你关注某一问题,就应当同样重视其他多个问题。这往往会让你感到疲于应对。社交媒体用户想必对这种策略并不陌生。例如，有人发帖称"如果我们能给护士应得的加薪该多好啊"，随即评论区便会出现类似"那护工呢？再说了，有些教师的收入还比不上护士呢"这样的回复。

排他性变体描述的是某人通过暗示表达的这样一种观点：如果你没有同时谴责其他问题，那么你也就无法理直气壮地谴责当前正在讨论的问题。言下之意就是，你若只关注当前问题而忽略其他，就显得虚伪。其他尚未被提及或解决的问题，成了你无法将当前问题纳入关注范围的正当理由。这种策略似乎旨在让你感到束手无策，进而承认世间坏事层出不穷，试图改变其中任何一件都毫无意义。

这两种变体都削弱了为实现社会正义而作的努力。从表面上看，"那又怎么说"似乎与政治立场无关，但实际上，它特别擅长转移人们对针对现状的挑战的关注，因此也是巩固主流政治意识形态的有效手段。当一个人批评某一不公现象时，往往会被要求关注或同时考虑其他不公现象，否则就容忍所有不公现象。这样一来，最初的问题就得不到解决，他的挑战也无法触动现有体制，而他的对手则可能因对世界弊病的看法更为全面而显得尤为高尚。

对于"黑人的命也重要"的回应往往采用的是"那又怎么说"的逻辑谬误。"所有的命都重要"就是包容性变体的体现；而以世界上存在无数其他不公为由，拒绝声援"黑命攸关"运动，则属于排他性变体的范畴，其潜台词无非是："世上坏事那

4. 所有的命都重要吗？ | 153

么多，担心这个干吗？"

"那又怎么说"其实并非全然是逻辑谬误，而且往往言之有理。因此，弄清一个人提及其他道德问题时的真实意图十分重要。假设我指出英国对待寻求庇护者的方式骇人听闻且应受质疑，而有人回应说意大利和希腊的行为同样残忍。在这种情况下，关键是要判断我的对话者是在试图转移话题，还是在通过（例如）揭示英国的不人道行为并非孤立事件，而是21世纪欧洲殖民主义更广泛模式的一部分，来引导我找到扩展和加强批判的方法。同样，如果我支持一项反种族主义事业，但在被要求谴责另一种形式的反种族主义时却予以拒绝，那么我也应该对自己的立场负责。团结固然重要，我们也应该努力保持道德上的一致性，但是要求一个人在讨论或处理某个问题的过程中，同时关注和应对无数其他问题，尤其是那些他们可能不太有资格评论的问题，是不切实际的。这样做只会导致无所作为。

当我们发表诸如"黑人的命也重要"之类的道德声明时，并非在宣称"这是唯一紧要的问题"，而是在表达"在当前背景下，这个问题在道德层面尤为令人忧虑"。坚持某种基于特定情境的道德关注层级至关重要，否则就无法在相应的时间框架内就这些关注点采取行动。例如，假如我在海边阅读反种族主义文章时有人溺水，那么当务之急就是救助落水者，尽管我的道德教育同样重要。将溺水者安全救上岸并不能反映出我对其他问题的承诺。

白人至上主义

2020年夏天,乔治·弗洛伊德遇害仅数月后,一群英国球迷斥资制作了一条印有"白人的命也重要"字样的横幅。在曼彻斯特举行的一场足球比赛上,就在球员们为声援"黑人的命也重要"运动而单膝跪地之后,这些球迷竟借助飞机在球场上空打出了这条横幅。[40] 2017年,在弗吉尼亚州夏洛茨维尔举行的"团结右翼"集会上,除了"白人的命也重要"外,白人至上主义者还高喊出"你们休想取代我们!"和"犹太人休想取代我们!"等口号。

有人可能会根据我之前提出的逻辑认为,既然"黑命攸关"并不意味着只有黑人的生命才重要,那么"白人的命也重要"也不意味着只有白人的生命才重要,因此这种说法似乎并无不妥。然而,这些表述所处的背景至关重要。我们周围有大量真实案例表明,黑人的生命并没有得到重视。这正是"黑命攸关"所指的背景,也是其意义的来源。相比之下,白人的生命已经因其白人性受到了重视。白人收入更高,[41] 失业率最低。[42] 在英国,白人的被捕率仅为黑人的六分之一。[43] 以"英国白人"姓名为标题的求职申请,明显比以有色人种姓名为标题的求职申请更容易获得雇主的青睐,即使两者的内容完全相同。[44] 尽管白人的生活可能因其他因素而面临困境,但拥有白人身份本身就是一种优势。[45]

4. 所有的命都重要吗?

不管证据如何，许多白人仍然坚信，为反对反黑人种族主义所作的努力已经矫枉过正，以至于现在白人反而成了受歧视的对象。美国心理学家迈克尔·诺顿和塞缪尔·萨默斯在2011年进行的一项研究显示，白人往往认为减少反黑人偏见就意味着增加了反白人偏见。[46]他们发现，无论是黑人还是白人都认为，20世纪50年代至21世纪，反黑人偏见有所减少，但白人认为这种减少的幅度要大得多。与此同时，黑人认为反白人偏见微乎其微，并且在过去几十年中一直如此。但白人坚信，反白人偏见的上升幅度几乎与反黑人偏见的下降幅度相当。诺顿和萨默斯对这两种趋势进行了研究，发现从统计学角度来看，它们确实呈负相关：接受调查的人确实认为，反黑人偏见的下降直接导致了反白人偏见的相应上升。因此，他们得出结论，白人认为种族主义是一场零和博弈。

以零和博弈的心态来看待世界，往往会倾向于支撑现行体制的"非政治化"的"中立"做法。美国前司法部长杰夫·塞申斯在批评即将上任的最高法院大法官索尼娅·索托马约尔对堕胎、控枪及废除死刑的支持时曾说："对一方表示同情，总是意味着对另一方存有偏见。"[47]这种以简释繁的世界观出人意料地普遍。例如，打击种族主义的努力就往往被解读为夺走白人权利的行为。尽管这种担忧有些言过其实，但也并非空穴来风：正义需要重新分配，这就意味着需要从一部分人手中拿走一些东西，再给予另一部分人。我们看到，白人在求职时拥有与生俱来的优势，相比有色人种，他们更有可能获得职位。[48]如果改用配额制或匿名申请制，这种优势就会被削弱，有色人种所面临的劣势也会减少。[49]这样一来，职位更有可能落到最胜任的申请者手中，无论其种族（或任何其他不相关的社会身份）如何。这对所有人来说都是好消息，因为我们都将因他人胜任其岗位而受益。然而，这些措施可能会略微降低白人申请者被录用的机会，这可能会让人觉得对他们不公平，但实际上，他们只是失去了一种本不该拥有且未通过努力就获得的优势。同样，如果一个人因为朋友在炸薯条店工作而一直享有超大份的薯条，那么当他从另一位服务员那里只得到一份"标准"分量的薯条时，他可能会感到失望。但这并不表示存在不公；相反，分量上的差异恰恰凸显了他之前所拥有的优势有多大（同时也可能会让人质疑其他人是否就应满足于分量这么少的薯条）。

在美国，配额制度和平权法案往往会激怒那些不能从中受益的群体，尽管这些政策的初衷是为了改变这些人已经拥有了不公平优势这一经验事实。因此，反种族主义措施实际上旨在进行歧视，因为某些歧视在道德上是站得住脚的。伊布拉姆·X.肯迪在《如何成为一名反种族主义者》一书中指出了这一点：

> 问题的关键在于，明确这种歧视究竟是在促进公平，还是在加剧不公平。如果歧视是在促进公平，那么它就是

4. 所有的命都重要吗？　157

反种族主义的；反之，如果歧视在加剧不公平，那么它就是种族主义的。长期帮助一个代表性过高的种族群体获得财富和权力从而进一步加剧社会不公，与暂时帮助代表性不足的种族群体获得相对财富和权力来挑战不公，直到实现公平，这两者之间存在着本质的区别。[50]

正如我们在前一节所见，"那又怎么说"可用于稳固占主导地位的政治立场。那些鼓吹白人至上主义观点的人频繁地利用这一策略，最常见的就是要求我们解决"白人工人阶级又该怎么办？"的问题。然而，在讨论经济边缘化问题时，并没有充分的理由在"工人阶级"前加上"白人"二字。所有工人阶级都遭遇了边缘化，如果他们恰好属于有色人种，边缘化的情况就会更加严重。加上"白人"二字，就暗含了其他用意。

政客们频繁提及"白人工人阶级"或"白人工人阶级男性"，旨在鼓励这些群体将自身的困境与白人性及男性气概而非贫困联系起来。这样做的目的是将白人群体的不满情绪转移到阶级以外的身份标签上，鼓励他们将自己的白人性视作通往更美好未来的保障。这种策略助长了白人男性间权宜却毫无根据的团结，让贫穷的白人男性产生了一种他们无法完全拥有的权力感。他们可以毫无畏惧地在街头闲逛，无须担心种族或性别歧视的困扰——这可不是一件小事——然而，这却无法解决他们经济上的困境。他们的境况并不比有色人种工人阶级或白人女性更糟糕，但社会曾给予他们更美好的承诺，而当这些承诺化为泡影时，不满和怨恨便油然而生。

"黑人的命也重要"既是对"白人理应比其他人拥有更多"这一观点的威胁，也是对工人阶级本已难以获得的有限资源的威胁。如果能让他们为白人性和男性气概而愤怒，那只能强化现状；相反，如果他们因阶级而愤怒，就会对导致他们贫穷的制度构成直接威胁。

那些为上述球赛横幅事件辩护的人声称，"黑人的命也重要"意味着只有黑人的生命才重要。按照他们的逻辑，我们不得不假设他们也认为"白人的命也重要"意味着只有白人的生命才重要。这等同于一种支持白人至上主义的声明。在空中展示写有"白人的命也重要"的横幅所暴露出的问题，比无知要严重得多。

"白人的命也重要"和"白权至上"这样的说法，与"黑人的命也重要"和"黑人权力"不能相提并论。这不是双重标准，而是承认这些言论的背景有着天壤之别。（试着比较一下"女孩力量"与"男权"之间直接且显著的差异。）白人性即意味着权力，权力往往掌握在白人手中。因此，"白人的命也重要"的说法实际上是多余的，因为"白人"这个词本身就已经蕴含了重要性。

为何并非"所有的命都重要"?

许多支持"所有的命都重要"这一反驳观点的人认为,"黑人的命也重要"这一口号会制造不适当的分裂,甚至是种族主义。(在这方面,过去的半个世纪里这种情况并未发生太大改变;20世纪60年代和70年代的"黑人权力"运动同样遭受了类似的指责。)心理学家基翁·韦斯特及其同事的研究显示,那些拥护"所有的命都重要"观点的人通常并非政治右翼分子,也没有明确的种族主义观念。然而,他们更有可能持有隐性的种族主义观念,而且他们对歧视的定义较为狭隘。也就是说,他们倾向于认同以下观点:"反黑人种族主义的核心在于其恶意性,即只有当一个人心存恶意时,其行为才能被视为种族主义。"[51]

尽管"所有的命都重要"这一口号有时会被视作比"黑命攸关"更具包容性的选择,但它其实既空洞又有害。若将其视作摹状陈述,显然与事实不符;若将其看作规范陈述,又显得毫无价值。毕竟,所有生命都应该是重要的。但在2013年之前,根本没有人提过这个口号。它是对"黑命攸关"的回应,一旦脱离这个语境,就毫无意义。如果将"黑命攸关"理解为致力于应对反黑人种族主义的暴力和残忍行径,那么,大喊"所有的命都重要"充其量只能说是切题,甚至可能被视为故意阻挠。此外,这一口号也运用了"那又怎么说"策略。它消解了原始诉求的针对性,模糊了"黑命攸关"试图凸显的问题,同时缩小了可用于解决黑人生命不受重视这一紧迫问题的讨论空间。用朱迪斯·巴特勒的话来说:"如果我们过于仓促地采用'所有的命都重要'这一普适性口号,就会忽视一个基本事实,即黑人群体尚未被真正纳入'所有生命'的范畴之中。"[52]

我们有充分的理由相信,其中至少有一部分"误解"是蓄意的。语言哲学家指出,成功的对话交流不仅需要对话者相互配合,识别对话目的并作出相应的贡献,还需要对话者秉持善意,即尽量对他人的话语作出最合理的解读。因此,当有人说"黑人的命也重要"时,听众应该自问:"我对这个社会中的黑人及其生命受重视的程度了解多少?""为何有人会特意强调黑人的生命?""如果我在此刻表示我珍视所有生命,会给别人留下怎样的印象?"事实上,这些对话规范在与"黑人的命也重要"相关的交流中屡屡失效,这表明有人在故意阻挠,或者普遍存在语言混淆的现象。

一些人误解的根源在于,他们将这一口号与"其他一些生命不重要"的言论错误地画上等号,因此认为"所有的命都重要"是正确的回应。[53]然而,哲学家杰茜卡·凯泽提出了另一种补充视角来解读这种误解。她认为,部分困惑在于我们该如何理解"黑人的命也重要"这一口号所回应的问题。[54]一些哲学家也指出,每一段对话都围绕着一系列未曾言明但通常不言而喻的目标而展开,这些目标可以被视作问题。[55]

人们如何回应取决于他们认为自己正在讨论的问题是什么。

如果一些人认为当前真正重要且亟待讨论的问题是"黑人的命重要吗？"，那么，对他们而言，"黑人的命也重要"就是一个合理的回应，而且并不意味着其他群体的生命就不重要。他们将"黑命攸关"解读为一种强调包容性的口号。然而，另一些人可能会认为当前讨论的问题是"哪些人的命重要？"。对于这部分人来说，听到街头高呼"黑人的命也重要"可能会让他们感到困惑或不安，因为在他们看来，"所有的命都重要"似乎才是更为合理的回应。他们将"黑命攸关"视为一种将黑人的生命凌驾于其他生命之上的排他性口号。这种对"黑命攸关"的误解往往源于种族公正的假设前提，因此，他们认为"黑人的命也重要"这一口号不必要地破坏了一个有效的体系，甚至可能使情况进一步恶化而非改善。

认为"黑命攸关"运动具有排他性的假设，也可能源于一种担忧，即在时间和资源稀缺的情况下，其他严重问题，如贫困和住房不足，应该得到优先考虑。虽然这可能是一种过度仁慈的理解，但确实有很多人将相互关联的不公正现象视为彼此独立且互斥的，这是一个严重的问题。打击反黑人种族主义，必然意味着要解决贫困、监禁、边境问题、健康不平等以及一系列其他问题。这些不公正现象对黑人和其他种族化群体影响最为深重，但它们也是范围广泛且错综复杂的问题。我们需要更有效地传达这些问题之间的联系和重要性，尤其是要打击利用分裂来谋取私利的人所进行的信息传递。

最后，值得注意的是，可以利用一种方式颠覆"所有的命都重要"这一口号。当有人以"所有的命都重要"更具包容性为由反驳"黑人的命也重要"时，我们应该追问他们真正重视的是哪些群体的生命。追问他们是否认为无证移民的命很重要，被监禁者的命很重要，无家可归者的命也很重要。通过这样的追问，迫使他们展露真正的意图。（我们将在第7章中再次探讨这一策略。）

为何误解频频？

将"黑人的命也重要"解读为"只有黑人的命才重要"的人，实际上暴露了自己对反对反黑人种族主义运动的先入之见。哲学家阿什利·阿特金斯一语中的：

> 事实上，人们在"黑人的命也重要"这一口号中感受到了一种潜在的暴力气息。在尚未清晰理解其真正内涵，甚至认为无须理解其真正内涵的情况下，他们就觉得这是一股分裂力量，会激发种族间的对立。因为对他们而言，这一口号的含义或可能蕴含的意义，都被他们自身焦虑的预感所束缚。[56]

反种族主义运动通常并非报复性行为：它们追求的是正义，

4. 所有的命都重要吗？ | 163

而非以牙还牙。然而,白人往往容易对暴力心生恐惧,因为他们在某种程度上意识到自己的特权就建立在暴力之上。对种族主义社会进行社会化的影响之一便是,我们无法想象所有群体能够和谐共处而无须任何一个群体忍受恐惧、贫困与忽视。因此,白人很容易认为对现有制度的任何破坏都会导致他们像黑人一样遭受恶劣对待。内疚和偏执是一个人为拥有超出自己应得份额而付出的心理代价,尤其是当超出部分源自令人憎恶的不当行为时(就像一个人对在工作中获得的超额报酬保持沉默,却总是害怕有一天雇主会要求他偿还不应得的部分一样)。也许正是这种被压抑的不安情绪,使得人们将"黑命攸关"视为一种暴力运动,因为人们认为解决反黑人种族主义的努力必然伴随着暴力,尽管有证据表明情况恰恰相反。正如詹姆斯·鲍德温在1961年所言:

> 无论南方人及美国其他地区的白人如何否认,或用何种合理化的理由来掩饰,他们都知道自己对黑人犯下的罪行。他们害怕这些罪行会反过来被施加在他们身上……驱使这些人走上街头的并不是仇恨,而是纯粹的恐惧。[57]

正是这种恐惧,使人们听不到"黑人的命也重要"口号中必然蕴含的"所有的命都应该重要"的呼声。只有当一个人对黑人正义持复杂态度时,这个口号才会变得复杂。1966年,民权活动家斯托克利·卡迈克尔在《纽约书评》上发文讨论白人如何对"黑人权力"这一口号感到恐惧并使其复杂化时,就指出了这一点:

> 对于那些没有将对"黑人权力"的疑问与美国白人的恐惧联系在一起的人来说,"黑人权力"的含义是清晰且明确的。我们应该从一个基本事实出发,即美国黑人面临着两个问题:他们既贫穷又是黑人。[58]

白人怀疑"黑命攸关"运动在某种意义上与他们有关,这种疑虑是正确的,因为种族主义始终与他们紧密相连。要想让黑人的生命得到重视,那些为阻碍黑人获得平等权益而建立并维护着的制度和结构就必须被彻底摧毁。这是白人的责任,他们需要主动纠正过去的错误,否则就只能看着这些错误被他人纠正。卡迈克尔对此进行了生动的阐述:

> 我认为,这个国家通过的每一项民权法案,都是为白人而非黑人服务的。以我自己为例,我是黑人。我知道这一点。我还知道,虽然我是黑人,但我也是一个人。因此,我有权进入任何公共场所。然而,白人却没有意识到这一点。每当我试图进入公共场所时,他们总会阻止我。因此,有人不得不写下一份法案来告诉白人:"他也是一个

人,不要再阻止他。"所以说,这些法案是为白人而非为我所写的。[59]

因此,"黑人的命也重要"所威胁的并非人们的安全,而是有利于某些群体的制度的稳定性。黑人和其他有色人种无法以一种有尊严的方式融入这种制度。仅仅通过减少警察暴力和增加黑人进入精英大学及担任重要职务的机会是远远不够的。我们必须摒弃那种将某些群体视为可剥削对象的制度基础。

超越"黑命攸关"

"黑人的命也重要"运动要想对种族主义和殖民主义发起强有力的挑战,就必须放眼全球。这意味着要将关注焦点放在全球南方人民的声音上,包括那些因贫困、动荡和环境破坏而离开故土的人们。种族主义并非某种不幸且独立的边缘化模式,并不能仅仅通过平权法案、隐性偏见训练和释放善意孤立地解决。种族主义强化了资本主义的基础。事实上,这两者并非两种独立的邪恶力量,它们长期狼狈为奸,相互勾结。早在1983年,黑人哲学家锡德里克·鲁宾逊就已将我们所处的社会制度描述为"种族资本主义"(racial capitalism)制度。[60]

"黑人的命也重要"不仅要挑战种族资本主义,还要对抗那些催生并维护它的权力结构,包括全球金融机构、政府、媒体、军队、警察（包括边境警察）、司法系统等。在这样的世界里，黑人的生命无法得到应有的重视。一些专门的干预措施即使可能会改善富裕国家部分黑人公民的生活状况，对于全球南方那些贫困潦倒的黑人移民和黑人群体来说也毫无助益。我们的反种族主义运动不能仅仅停留在对过去殖民主义的谴责上，还必须反对当前仍在肆虐的殖民主义行径。一个不争的事实就是，全球三分之二肤色较深的人口仍面临着更为严重的贫困、疾病、早逝以及气候危机等风险的威胁。

令人失望的是，在关于反黑人种族主义的讨论中，全球南方的黑人群体往往被忽视。事实上，在欧洲边境丧生的人群中，约有40%是来自非洲国家的黑人移民。在欧洲，很大一部分没有合法身份，在就业、医疗和住房等方面受到限制的群体是黑人。生活在极端贫困中的人群绝大多数是来自撒哈拉以南非洲国家的黑人。我曾听人争辩说，"黑命攸关"运动源于警察的暴力执法，并以此为核心议题。然而，边境警察也是警察，而人们常常因为饥饿、医疗需求、环境破坏等困境被迫涌向危险的边境地带。

"黑人的命也重要"运动绝不能仅限于关注黑人的生命。如果这场运动立足于"种族主义和殖民主义是不公正的，因此必须受到挑战"的理念，那么它自然与其他反对相关不公的斗争紧密相连。然而，这些联系往往不够强大，那些将"黑命攸关"推向主流对话的人，也未必能抓住这些机会，展现他们对相关事业的支持。

2020年，英国多所大学相继发表声明支持"黑命攸关"运动。我供职的大学明确表示："我们与为正义而战的人们站在一起，深信黑人的生命同样宝贵。"[61]然而，尽管部分高校确实为黑人师生提供了实质性支持，但多数声明只是象征性的表态，是在敏感时期作出回应或躲避批评的手段。2021年5月，以色列在东耶路撒冷驱逐巴勒斯坦家庭后，又对加沙地带展开轰炸。对此，我的学生们写信给学校高层，请求他们发表声明谴责以色列的暴行，支持巴勒斯坦人民争取正义的斗争。他们指出了这场"冲突"的不平衡：以色列军队装备精良、资金充足，且即使未对加沙进行轰炸，以色列政府也实施了种族隔离制度，占领巴勒斯坦的领土，并对以色列、约旦河西岸及加沙地带的巴勒斯坦人实施暴力镇压。[62]学生们引用了学校先前关于"黑命攸关"的声明，该声明曾承诺反对种族主义（"那又怎么说"策略可以很好地揭露道德上的矛盾之处）。然而，校长却回应称大学不应介入"政治活动或政治运动"，必须"保持中立"。这种回应令人费解，尤其是它实际上承认了学校之前关于"黑命攸关"的声明并未表达政治立场，而应被视为"中立"。这引发了人们对该声明真正意图的质疑。或许，校方所想与华盛顿特区市长穆里尔·鲍泽的想法如出一辙——她一面在通往白宫的道路上用黄色大字写下"黑人的命也重要"，一面又增加警务预算。[63]

"黑人的命也重要"的口号令诸多有权有势之人感到不安，

这正表明它正在发挥效力。然而,我们决不能满足于看到人们围绕一个口号的可接受度展开讨论,停滞不前。我们必须要问:要让黑人的生命得到重视,我们的客观世界究竟需要作出何种改变?而那些认真对待这一问题的人将会发现,自己的目光穿越了历史的纵深、国界的藩篱,直指经济的核心。

6 我们应该相信谁?

> 有时候,白人男子会泪流满面地向黑人男孩倾吐一切。因为他深知,这个黑人男孩绝不会背叛他,因为没有人会相信黑人男孩的证词。
>
> ——詹姆斯·鲍德温,《花花公子》(1985)

人体的每个细胞内部都包含极其微小的脱氧核糖核酸长链:这种双螺旋结构有个更为人所熟知的名字——DNA[1]。DNA分子由两条携带着特定遗传信息的长链相互缠绕而成。人类的这些遗传信息存储在23对(46条)染色体上。我们之所以能够了解到这一点,是因为只要配备一台功能强大的显微镜,就能观察人体细胞并在特定条件下计算出染色体的对数。得克萨斯州

---

[1] 成熟的红细胞及皮肤、头发和指甲中的角化细胞除外。——原注

生物学家西奥菲勒斯·佩因特是最早作出此类尝试的人之一。他在1921年宣布，人类细胞中存在24对（48条）染色体。[1]

染色体计数的工作繁复且精细（就好比试图在一锅翻滚的意大利面中数清每根面条）。在这种情况下，能够得出如此接近的结果是一项了不起的成就。然而，令人惊讶的是，随后的多位科学家在复制这一实验时，竟然都得到了与佩因特相同的错误结果。由于佩因特在生物学界的崇高地位，当其他科学家得出不同数量的染色体对时，他们往往会选择重新计数，直到结果与佩因特的发现相符为止。就这样，佩因特的错误影响从1921年一直延续到了1956年。在一个以实验可复制性为荣的领域中，尽管研究方法和技术在不断进步，但这位伟大的白人所犯的错误竟然在长达35年的时间里没有受到任何质疑。更匪夷所思的是，在这一时期出版的教科书中，所附的显微镜照片明明显示了正确的染色体数量（23对），但文字说明仍然标注了错误的数字（24对）。显然，人们无法想像像佩因特这样声名显赫的科学家会犯错。

艾丽丝·凯瑟琳·埃文斯面临的则是截然相反的问题。她出生于1881年，在宾夕法尼亚州的一个农场长大，最初接受的是教师培训，因为这是当时少数向女性开放的职业之一。此外，她还参加了免费的生物学课程的学习，并获得了细菌学学位。在美国农业部担任科研人员期间，埃文斯对流产布鲁氏杆菌进行了研究。这种细菌会导致动物患上重病并流产。埃文斯想知道这种细菌是否也会引发一种名为"波状热"[1]的人类疾病,并怀疑病牛乳是致病原因。她证实了这两种细菌确实相同,并提出如果在使用前将牛奶煮沸,就可以避免感染波状热。

埃文斯在回忆录中描述了自己的发现所引发的强烈反对。她指出,"我的论文几乎遭到了清一色的怀疑,人们通常会说,如果这些微生物密切相关,那么其他细菌学家应该早就注意到了"[2]。换句话说,如果这样一个重大发现是正确的,那么肯定早就有男性科学家发现了。著名科学家西奥博尔德·史密斯(维基百科称其为"美国第一位具有国际影响力的医学研究科学家")强烈反对她的研究结果。埃文斯写道:

> 科学家可能是最客观的研究者。不幸的是,他们也会受到社会制度的影响。我是这一领域的新手,而他被视为权威……他还不习惯对女性提出的科学观点展开思考。[3]

三年后,当其他几组可信的科学家(即男性)证实了她的发现时,她终于得到了平反。大约在同一时间,埃文斯染上了当时无法被治愈的波状热。在接下来的二十年里,她一直在与疼痛、发烧和出汗作斗争。[4]她的症状并未得到重视,许多人认为她的病是臆想出来的。(我们将在适当的时候再讨论对女性疾

---

[1] 即布鲁氏菌病。——原注

病的不信任问题。）她写道:"生病却被视为骗子,这几乎是一种令人难以忍受的境遇。"[5]1930年,美国通过了一项法律,要求对牛奶进行巴氏灭菌,从而有效地消灭了美国的波状热。

埃文斯是一位训练有素的细菌学家,她进行了细致的科学研究,并得出了一个非常可信的结果。然而,她的发现却遭到了质疑和猜忌。正如佩因特的同代人无法想象他会出错一样,埃文斯的科学界同行们也无法想象她能够得出正确的结论。我们很容易对某些人过于信任,而对另一些人信心不足。而划分这两类人群的方式绝非偶然。

谁才可信?

格温妮斯·帕特洛号召其所创办的生活方式品牌的顾客将玉蛋放入阴道,声称这样可以"增强阴道肌肉张力、恢复荷尔蒙平衡、全面提升女性活力"。然而,妇科医生却对此提出了警告。[6]密歇根州弗林特市的居民发现从水龙头流出的水变了色,他们嗅了嗅并立刻向市政官员投诉。然而,密歇根州的环境质量部门却坚称这些水可以安全饮用。雅伊尔·博索纳罗执政时期,巴西的外交部长埃内斯托·阿劳若将气候变化描述为左翼分子为"扼杀资本主义民主国家的经济增长"而精心策划的一场阴谋。[7]然而,97%的气候科学家一致认为,20世纪以来出现的全球变暖现象主要是由人类活动引起的。[8]在面对这些截然不同的观点时，我们有时可能清楚地知道应该相信谁，但问题是，究竟是什么因素让我们觉得某些人是可信的呢？

我们对他人所掌握的知识的信心，往往体现在我们对其"可信度"（credibility）的评估上。可信度是人类生活不可或缺的一部分。它建立在两个基础之上：深厚的知识储备和值得信赖的品格。一个人即使才华横溢，但若缺乏诚信，其言辞也难以令人信服。以比尔·克林顿为例，他曾坚称与莫妮卡·莱温斯基并无不当关系。他的才华和学识为人所称道，然而莱温斯基裙上的精液却无情地揭露了他的谎言。反之，一个人如果诚实无欺但能力平平，其可信度同样会受到质疑。《人鼠之间》这部作品中的莱尼便是一个典型的例子。他为人坦诚，对朋友乔治的言辞深信不疑，而乔治所言大多只是些安抚人心的谎言罢了。

可信度往往既稀缺，又充满竞争性，尤其在我们需要解决分歧的时候。科学家和医护人员告诉我们，接种疫苗能够降低罹患重病的风险，有助于形成群体免疫，而反疫苗者的播客却告诫我们，政府正试图在我们体内植入微型芯片。在这种情况下，我选择相信医学专家，因为我认为他们拥有更为丰富的专业知识，而且他们所在的行业已经建立了相应的机制来防范不诚实行为（如同行评审造假、篡改临床记录等）。法庭是最典型的例子。法官和陪审团必须在关于同一系列事件的不同报告之间作出选择。如果两名证人的陈述相互矛盾，我们必须推断其中至少有一人没说真话。这时，他们的可信度就成了决定性的因素。我们倾向于相信那些在过去已被证实诚实且消息正确的人，或者那些给我们留下消息灵通且值得信赖印象的人。

可信度之所以重要，是因为人类的大多数交流都由知识交流构成。当我向你询问时间或哪些公司的碳排放量最大时，我实际上是在向你请教知识。同样，当你解释污垢和车库的区别或向我吐露你所遭受的性侵犯经历时，你是在向我传递你的知识。如果我认为你具有可信度，便会毫无保留地相信你的言辞，并将这些信息融入我个人的知识体系。如果我对你的可信度产生怀疑，就会表面附和，内心却否定你的观点，甚至直接质疑。通过这种方式，我们不断地相互交流知识。作为一名大学讲师，我能否胜任自己的工作——教导学生、提出新观点——取决于我能否在专业领域树立权威，建立信誉。

事实上，无论怎么强调都不足以突出可信度的重要性。那些看起来值得信赖的人往往在生活中更容易取得成功。他们不仅更容易找到工作、在工作中获得尊重，而且在争论中也更占上风。他们在社交媒体上更容易积累粉丝，能够更广泛地影响他人的思想。警方和法院会给予他们应有的重视，同时，他们在政治和新闻等公共领域也更容易取得卓越成就。更为重要的是，当这些可信的人声称遭受不公正对待时，他们的声音也更容易被人们听到。

然而，我们很难确切地知道一个人的真实可信度，因此只能评估他们表面上的可信度。而且，我们往往会在进行这种评估时走捷径。例如，在阅读网络上的文章时，我无法核实每篇文章的真实性，但我可以根据出版物或作者的声誉作出初步判断。在与他人交往时，我们也会选择类似的捷径。我会相信药剂师关于某种药膏能缓解黄蜂蜇伤的建议，接受我喜欢的作者推荐的书单，也会认真对待穿着得体的姐妹对我外表的评价。然而，在这些情况下，我的判断并非总是准确的——毫无疑问，我经常高估某些人的可信度而低估另一些人的——但由于时间和精力的限制，我无法探究每个人真实的可信度，而且也并不总是能做到这一点。

确定谁了解什么、谁在说真话并非易事，而且我们常常在这方面犯错误。有时，我们也会破坏自己的可信度。以1907年出版的《儿童警世故事》中的主人公玛蒂尔达为例。她拨通伦敦消防热线，谎称自己家中失火。几周后，玛蒂尔达的家中真的着了大火。可是尽管她大声呼救，邻居们却置之不理，最终玛蒂尔达命丧火场。由于她曾经谎报火警，她报警求救的可信度很低。[9]那些不相信她的人未必有错。然而，即使某人的个人记录并不糟糕，我们也还是会基于对他们所属社会群体的刻板印象，赋予他们较低的可信度。

在黑暗中寻求可信度

1993年4月，黑人青年斯蒂芬·劳伦斯在伦敦东南部等公交车时遭到六名有种族主义暴力前科的白人男子的种族主义袭击。他肩膀和锁骨被刺两刀,导致肺部萎陷,四条大血管破裂。尽管他和朋友杜维恩·布鲁克斯拼命逃跑,但仅仅跑出130码(约120米)后,劳伦斯就因伤势过重倒在了人行道上。在救护车赶到之前,他已经因失血过多而离世。这起案件的处理过程令人痛心。1999年公布的一项调查得出了一个具有历史意义(但并不令人意外)的结论,即伦敦大都会警察局存在制度性种族主义。直到2012年,也就是劳伦斯离世近20年后,其中两名涉案男子才最终被认定犯有谋杀罪。

除了众多失误和故意疏忽外,警方还存在不重视杜维恩·布鲁克斯证词的问题。他不仅是这起种族主义袭击案件的目击证人,同时也是案件的受害人。一见到这名年轻的黑人男子,警方就立刻对他产生了怀疑,并报以不信任的态度。尽管他对于袭击者及其行踪的了解最为详尽,但在搜索事发区域时,警方甚至未曾请求他的协助。他们错误地将这次袭击定性为简单的斗殴,因此淡化了布鲁克斯同时作为暴力事件的受害者和其朋友死亡目击者的重要身份。在事发现场,无人询问他的遭遇,也无人关心他的安危。警方不仅对布鲁克斯充满怀疑,忽视他的情绪,还企图抹黑他的名誉。他们对布鲁克斯进行了监视,试图找到可以削弱其可信度的"污点"。[10] 最终的调查报告显示,布鲁克斯遭受了不公平的待遇,而这些不当行为也严重影响了案件的审理:

6. 我们应该相信谁? | 177

> 我们得出的结论是，布鲁克斯先生被贴上了"激动且具有敌意的年轻黑人"的刻板标签，警方认为既不必指望他提供任何帮助，也根本不需要进一步检查或了解他的状况和身份。我们认为，布鲁克斯先生的肤色和这种刻板印象是导致相关人员未能根据他的需要给予他应有尊重和关注的关键因素。[11]

哲学家米兰达·弗里克以杜维恩·布鲁克斯一案为例，说明边缘群体成员的可信度常常会被无端贬低。[12]一个人真实的知识储备或可信度再高，一旦被划归边缘群体，社会对其的信任度就会不公平地大打折扣。正如我在前文所述，判断可信度时走捷径是可以理解的。但问题在于，这些捷径往往依赖于刻板印象，而与边缘化群体有关的刻板印象往往认为他们智力有限、缺乏诚信、情绪化严重、无法保持客观立场，或者这些问题兼而有之。换句话说，在面对边缘群体时，人们采取的捷径往往会削弱他们的可信度。

弗里克用"证词不公正"（testimonial injustice）这一术语来指代这种可信度被系统削弱的特殊不公正现象。个人提供了他们对世界的描述——他们的证词——却屡遭无端质疑，或受不到应有的重视。这种不公正待遇导致他们无法真正成为自己本该归属的知识群体中的正式成员。

身为黑人青年的杜维恩·布鲁克斯遭遇了证词不公正。警方忽视了他作为目击证人和受害者挚友的身份，反而将他塑造成一个充满暴力和攻击性的黑人男子。因此，他既未被视作急需援助的受害者，也未被当作能为调查提供线索的关键证人。警方深受刻板印象影响，导致布鲁克斯陷入了弗里克所称的"可信度贬损"（credibility deficit）的困境：他的可信度被严重低估，远低于其应有的水平。

在对待公众人物的方式上，基于种族和性别的可信度贬损现象尤为明显。1987年，英国议会迎来了首批有色人种议员，其中唯一的女性是戴安娜·阿博特。她曾就读的文法学校和剑桥大学历史系均只有她一名黑人学生，如今她更是成为首位也是唯一一位黑人女性议员。[13]尽管她成功赢得了伦敦北哈克尼和斯托克纽因顿选区居民的支持，但在政界内部，却饱受冷遇。反对党将她的面孔大肆印在传单显著位置（暗指选民若投给对手，将会迎来一位黑人女性议员），而她自己所在的政党对她的参选态度冷淡，甚至将她视为尴尬的存在和累赘。当选后，阿博特并未获得任何政策简报或媒体培训，因为正如她所言，"他们宁愿看到我失败，也不希望我赢得任何可信度"。在她当选后不久的某次电视辩论中，主持人公然宣称工党无法赢得选举，"原因之一就在于有戴安娜·阿博特和像她这样的人存在"。[14]种族主义的狗哨声响彻云霄。

自阿博特踏入政坛的那一刻起，政客、公众和媒体就急不可耐地期待着她犯错，以验证他们心中根深蒂固的观念：她根

6. 我们应该相信谁？ | 179

本没有能力执政。他们不遗余力地嘲讽她,甚至利用厌黑女症的陈旧偏见,将她刻画成一个性欲旺盛且易怒的形象,企图以此迫使她露出破绽,加速她政治生涯的终结。[15]她的外貌不断受到无理的质疑。她甚至还遭到了强奸和死亡的威胁。尽管肩负着沉重的工作负担——除了日常政务外,她还要处理大量与种族问题有关的案件——但人们依然指责她懒惰无能。《星期日电讯报》甚至在一篇专栏文章中嘲讽道:"八卦专栏作家对她的臀部挑剔不已……事实上,她真正的过人之处恐怕只有心中那股巨大的怨恨了。"[16]这是指人们普遍指责她靠"打种族牌"上位。她在处理满含"婊子"和"黑鬼"等污言秽语的仇恨邮件时不得不忍受这种无端的指责。

阿博特坦言,持续不断的谩骂和缺乏支持让她开始质疑自己的职业选择。她公开展示了一些自己收到的邮件作为例证:"可悲、没用、又胖又黑的狗屎阿博特。就是一坨该被绞死的猪粪池黏液(如果他们能找到一棵足够大的树来承受这个肥婊子的体重的话)。"[17]保守党议员艾伦·皮尔曼因在一张猿猴涂口红的图片下发表"嘴唇不错,但口红抹多了"的评论而遭受纪律处分,该图的配文是"忘掉伦敦范儿,学学戴安娜·阿博特吧"。(他后来辩解说:"这算什么冒犯?人们该不会对什么都感到冒犯吧?"[18])

戴安娜·阿博特被刻意塑造成一个似乎与政治生活格格不入的愤怒的黑人女性形象。甚至就连她的一些同事也在助长这种偏见。2015年,政客杰丝·菲利普斯大肆宣扬她(非常白人中心化）的女权主义观点，甚至在《独立报》上吹嘘说，在一次争执中，她曾怒斥阿博特"滚开"并嘲讽她："你以为你他妈的是谁？"菲利普斯还补充说，"有人告诉我，他们早就想这么做了，但是我不明白他们为什么之前不这么做，因为这样的机会多的是"[19]。对于这一事件，阿博特感到十分困惑，她回应道："杰丝·菲利普斯议员从未叫我滚开。令人难以置信的是，她竟然把这件事当作了炫耀的资本。"[20]

2017年，阿博特当选议员已满三十载。在一次电台采访中，当被问及警务预算问题时，她一时失言，给出了一个低得离谱的数字，但她在笔记中翻到正确的一页后立刻纠正了自己的错误。这一刻，种族主义者们仿佛找到了他们期待已久的证据，以此来证明这位直言不讳、毫不妥协的黑人女性能力不配位。于是，她遭到社交媒体上的无情嘲讽和媒体的猛烈抨击。然而，那些对她冷嘲热讽的人却忽略了一个事实：接受这场发生失误的采访时，她已经在空腹状态下连续接受了五六场采访，而且她患有糖尿病，需要努力维持安全的血糖水平。在那个选举周期，针对女性议员的所有辱骂性帖子中，高达45%的内容是针对戴安娜·阿博特的，其中大部分都提到了她的性别和种族，甚至还有许多包含性暴力威胁的恶毒言论。[21]

尽管历经重重挑战，2017年，戴安娜·阿博特仍以高达75%的多数票稳坐伦敦选区的议员席位（她与第二名之间的票数差距，甚至超过了时任首相特雷莎·梅的总得票数）。作为英国在职时间最长的议员之一,阿博特在得票率方面一直稳居前3%。她是英国政坛最成功的政治家之一。然而,仍然有很多人认为她无法胜任这一职位。

戴安娜·阿博特为赢得人们重视而进行的斗争,是性别和种族影响个人可信度的典型例证(同样,美国政治家伊尔汗·奥马尔和拉希达·特莱布也经历过类似的困境)。我们现在还可以看到西奥菲勒斯·佩因特可信度超额(credibility excess),而艾丽丝·凯瑟琳·埃文斯面临可信度贬损的现象。

从根本上说,当你本应得到信任时,却屡遭质疑或不被信任,这种经历令人恼火。然而,这还不是最糟糕的情况。可信度贬损甚至可能会彻底毁掉一个人的人生。边境官员在接受培训时常被灌输一种偏见,即假定寻求庇护者是在故意捏造事实。更糟糕的是,语言障碍和对创伤记忆的压抑,都可能导致寻求庇护者在陈述时出现一些细微差异,而这些差异又极易被当作他们申请造假的确凿证据,进而导致他们面临拘留甚至驱逐的厄运。同样,对于那些被指控犯罪的人来说,可信度的高低往往直接决定了他们是否会身陷囹圄,刑期是长是短,甚至关乎生死。

遭到系统性的怀疑,实质上等于被剥夺了参与知识生产和交流这一核心人类活动的权利。当一个人的知识储备遭到贬低,其分享知识、提供信息、教导他人、进行辩论及纠正错误的努力都将遭到挫败。这样一来,他们就会愈发被边缘化。

刻板印象如何削弱可信度

要提升自身表面上的可信度，一个有效的途径就是贬低他人，尤其是那些对你的世界观构成威胁的人。过去几个世纪以来，人们持续不断地将边缘群体刻画为智力低下、不值得信赖的形象。有人可能会说，种族与性别的划分，正是为了污名化某些特定人群，从而更便于对他们进行剥削和利用。

1768年，被誉为现代生物分类学之父的卡尔·林奈（他创建的林奈系统由界、门、纲、目、科、属、种七个层级组成，至今仍以他的名字命名[1]）提出一套人类分类体系，将欧洲人描述为"温文尔雅""有创造力"并且"受法律约束"，而将非洲人描述为"狡诈、诡诈、懒惰、狡猾、好色、粗心大意……反复无常"，尤其在对非洲女性的描述中，更是将其描述为"不知羞耻"。[22]

19世纪的科学家们曾试图将这种基于种族的行为等级与头骨的形状和大小联系起来。然而，随着这种观点逐渐式微，他们又将注意力转向了智力测验，宣称不同种族之间存在智商差异。但是到20世纪中叶，科学界已经普遍达成共识：任何观察到的智力差异都能通过社会和经济因素加以解释。尽管如此，

---

[1] 人类在生物学上属于动物界、脊索动物门、哺乳纲、灵长目、人科、人属、智人种。——原注

每隔20年左右，总有白人学者发表新论文，声称找到了证明白人至上主义的所谓证据：基因差异导致黑人智力低下。[23]（值得注意的是，当英国的白人儿童学业表现不佳时，评论家们会立刻将其归咎于白人的教育需求被忽视或是贫穷的影响。[24]）这些论文大多出自心怀不满的右翼理论家之手，而且往往因引用低质量、有偏见的研究，无视背景因素，或存在策略性曲解，很容易便能被驳斥。尽管如此，关于智力差异的种族主义谬论的余烬却从未完全熄灭。

科学家们还曾一度热衷于证明，女性大脑相较于男性体积更小、更脆弱，且易受荷尔蒙波动的影响，这些因素使得女性易于撒谎并夸大其词。亚里士多德是这种观点的早期倡导者，早在公元前350年他便撰文指出，女性"（相比男性）更缺乏羞耻心和自尊心，其言辞更趋虚伪，行为更具欺诈性"[25]。这一论断在随后长达两千五百年的时间里一直被广泛传播和接受。1886年，英国医学会主席在对女性的智力问题表示担忧的同时，更忧虑教育女性可能会损害她们的性健康、生殖健康及适婚性，进而引发所谓"教育厌食症"（anorexia scholastica）。[26]

法国人类学家和心理学家古斯塔夫·勒庞是几位试图证实女性大脑小于男性且认知能力不如男性的科学家之一。他曾于1879年断言："许多女性的大脑在大小上更接近大猩猩的大脑，而非得到最完善发育的男性大脑……这种劣势显而易见，以至于无人能够质疑。"[27]然而，这些猜测最终被数学家艾丽丝·李所驳斥。艾丽丝是首批从伦敦大学毕业的女性之一。她设计了一个计算颅骨容量的公式,因为在当时,人们认为颅骨容量是衡量智力的指标。为了验证这个公式,她对一组女性学生、一组大学男教员及35位著名解剖学家进行了测试。结果发现,其中一位著名解剖学家的颅骨容量最小,而许多女性学生的颅骨容量甚至超过了那些著名科学家。这一发现使得许多原本坚信颅骨大小与智力之间存在关系的学者悄然放弃了这一假说。八年后,艾丽丝的导师、优生学家卡尔·皮尔逊更是撰写了一篇论文,坚决否定了颅骨容量与人类智力之间存在直接关联的观点。[28]

长期以来,月经也一直被用作解释女性认知能力低下的一个理由。第二次世界大战期间,医生甚至警告女飞行员应避免在她们的月经周期出现"失调"时执行飞行任务。(不过,许多女性声称自己的月经极不规律,从而得以在整个月经周期内继续驾驶飞机,以此规避这项规定。[29])同时,新招募的女飞行员的年龄也被限制在35岁及以下,"以避免女性在进入和经历更年期时的不理性行为"。然而,最新的科学研究已经证实,月经对女性的认知功能并没有任何负面影响。由内分泌学家布里吉特·莱纳斯领导的一项研究就是众多证实这一结论的研究之一。[30]然而,人们的疑虑仍未消除:2013年的一项调查显示,高达51%的英国人对女飞行员持怀疑态度。[31]

认为女性易受情感左右,而男性则更为理性的观念也依然普遍存在。在2019年的一项研究中,参与者需要对屏幕上快速闪

6. 我们应该相信谁? | 185

现的性别词汇（如"叔叔""兄弟"与"阿姨""姐妹"）及与思维（如"理性""逻辑"）和与感觉（如"情感""直觉"）相关的词汇作出快速判断。实验结果显示，人们更倾向于将"理性"这个概念与男性联系在一起，而将感情与女性联系在一起。[32]

男性的所谓卓越理性与能力，唯独在家庭领域显得不堪一击。人们普遍认为，男性天生就不擅长家务和照顾人，在性事上则显得冲动失度。我们时常听到这样的说法：男性的理性会被其"难以自控"的性欲所击败，使他们沦为"依赖下半身思考"的生物。在育儿与家务方面，男性的能力总是显得捉襟见肘。（有一类喜剧电影和电视节目就专门展示男性在尝试照顾孩子和操持基本家务时的窘态和无能。）

这种男性在特定领域能力不足的谬论，令男性得以摆脱性责任、照护工作和家务的羁绊，却不会影响他们在其他领域行使权力和承担责任。这种偏见为他们腾出了更多时间，让他们得以享受休闲生活或从事地位更高的有偿工作，而女性则不得不肩负起额外的无偿劳动与重重责任。

有色人种也存在类似的情况。一位在黎巴嫩工作的移民家政工作者曾告诉我，她所服务的家庭非常信任她，让她照顾他们年幼的孩子、准备餐食，但唯独不愿让她保管自己的护照。这种差异一直令她感到惊讶。她半开玩笑地说，"我完全可以在食物里下毒，毒死他们所有人"。显然，我们在选择信任对象及界定信任领域时，总是表现出一种不一致性。

对有色人种和女性的刻板印象主要集中在质疑他们不具备受推崇的技能来出任令人敬仰的角色，这绝非偶然。倘若他们不够聪明，那么他们是否适合担任有权力和影响力的职位自然就会受到质疑。而保护权力的最佳方式，莫过于将那些可能构成威胁的人描绘成从生理上就不适合掌权的人，从而剥夺他们获取权力的资格。

行动中的可信度惩罚

一旦我们开始留心观察，就会发现由刻板印象导致的可信度贬损现象无处不在。研究表明，在评判科研论文的质量时，如果得知文章作者是男性，人们往往会对相同的文本给予更高的评价。[33]无独有偶，在法庭上，陪审团通常认为男性专家证人比女性专家证人更值得信赖、更受喜爱，其证词也更为可信。[34]社交媒体上的帖子亦是如此：当受访者认为某条政治推文是由男性发布时，他们会倾向于认为这条推文的内容更具可信度。[35]同样，在查看简历时，如果简历顶部的名字被认为是男性或白人的名字，这份简历就会给招聘者留下更深刻的印象。[36]在2014年的一项研究中，研究人员开设了一门在线直播课程，发现当学生们认为教师是男性时，他们会认为这位教师相较于女性而言，表现得更为专业，知识更为渊博，且教学热情更高。[37]

口音也是决定可信度的重要因素。美国人往往将英国口音视作智慧的象征，而带有拉丁裔、中西部和纽约口音的人则被视作智商较低。[38] 与之类似，相较于英国和美国的地方口音，英国人更倾向于将英语标准发音或美国播音员式发音与更高的智商联系在一起。[39]（德语使用者也存在类似的偏见，地方口音会降低人们对个体能力的评估和就业竞争力。[40]）一项研究表明，当非英语母语者被要求复述一些琐事时，如果他们的外国口音较重，则会被视为更不可信。[41] 口音越重，可信度贬损就越显著。另一项研究则表明，在申请高级职位时，带有外国口音的求职者更易遭受歧视，人们往往认为他们更适合从事低级职位。[42] 口音通常被视作社会经济阶层和种族的"代言人"，而口音偏见往往是阶层歧视、种族主义或两者兼而有之的一种体现。

人们常将自信视为可信度的代名词。在一项心理学研究中，研究人员向242名学生提供了一份包含历史人物和事件的清单，并要求他们仅勾选自己听闻过的内容。清单中既有真实存在的事件和人物，也包含一些虚构的条目。勾选虚构事件和人物的行为将被视为过度自信的表现。随后，研究人员要求学生们互相评价各自的学业表现。结果显示，那些声称了解最多虚假信息的学生，却被同学们评为最聪明的学生。[43] 由此可见，当个体展现出自信时，我们更倾向于认为他们是可信的。[44]

从自信中解读出可信度，这种做法令人担忧，因为自信在很大程度上受性别因素的影响：男人和男孩往往倾向于过度自信，而女人和女孩则常常缺乏自信。这种趋势在许多场合中均有所体现。例如，女性通常只有在满足所有列出的条件时，才会考虑申请工作或晋升；而男性则只需满足大约一半的条件，便会勇于尝试。[45]相较于实际表现，男性学生通常会高估自己的考试成绩，而女性学生则倾向于低估自己的表现。如果受访者认同性别刻板印象，这种差异就更为显著。[46]这表明，男性的性别歧视观念越强烈，就越容易表现出过度自信。

如果这听起来像是女性在自我设限，而男性在自我提升，那么请深入了解这些自信差异产生的根源。女性不仅常常被认为能力欠缺，从而引发"冒名顶替综合征"（imposter syndrome）和自信匮乏，更在展现自信时面临社会的苛责。最近的一项元分析表明，当女性展露出自信和主导特质时，她们的受欢迎程度（和受雇机会）反而会降低。[47]耶鲁大学教授维多利亚·布雷斯科尔对这一现象展开了研究并发现，当参与者面对一位比同事更健谈的女性首席执行官时，相较于同等健谈的男性首席执行官，他们更倾向于认为这位女性的能力较弱，领导才能不足。然而，当得知这位女性首席执行官言谈少于他人时，参与者对她的能力反而作出了更高的评价。[48]综上所述，对女性而言，保持沉默才能获得他人重视，但如果不勇敢地自信表达，又可能被视为能力不足〔这正是压迫的特征"双重束缚"（double binds）的众多表现之一〕。

同样，心理学家马德琳·海尔曼也曾主持过一项研究，要求参与者对同一家公司两位虚构的助理副总裁，詹姆斯和安德

6. 我们应该相信谁？　　189

烈娅的能力进行评估。在研究的第一阶段，参与者阅读了两人完全相同且平平无奇的人事档案。尽管他们在受欢迎程度上不相上下，但86%的参与者认为詹姆斯工作能力更强。这并不令人意外：詹姆斯的情况是可信度超额，而安德烈娅面临的则是可信度贬损。这恰恰体现了性别歧视所带来的证词不公正。在研究的第二阶段，档案显示詹姆斯和安德烈娅都是公司业绩排名前5%的佼佼者。尽管两人的能力不相上下（毕竟他们出色的工作表现无可辩驳），但仍有83%的人认为詹姆斯比安德烈娅更讨喜。

女性参与者亦可能如男性般怀有这些偏见。[49]正如哲学家凯特·曼恩所言：

> 无论其性别如何，人们通常都会认为，在历来由男性主导的权力职位上，男性比女性更加胜任，除非有进一步的信息明确推翻这一假设。然而，一旦这种假设被推翻，女性便极易遭受排斥，尤其是被贴上"人际交往中的敌对者"的标签……被诟病为暗算他人、爱出风头、自私自利、生硬粗暴、喜爱操纵他人和不可信赖之人。[50]

其后果便是，身为女性，你要么才华横溢，要么讨人欢喜，但不可以两者兼备。人们往往先入为主地认为女性能力不如男性，一旦我们不得不承认她们的才干，就会对她们失去好感。

掌权者须具备实力，而贬损那些无可挑剔的才俊之士的可信度，就成为阻碍她们攀登高位的一种手段。这一趋势在有色人种女性中表现得更为突出。戴安娜·阿博特所遭受的攻击始终饱含敌意，意在警告黑人女性：政界不欢迎她们。

简而言之，与社会身份有关的一系列刻板印象从能力和可信度两个方面给我们每个人都贴上了标签。不出所料，自信的白人男性在这方面表现得尤为突出，这就导致了一些令人啼笑皆非的统计数据，比如在英国大公司担任领导职位的女性人数，竟然比名叫"约翰"的男性还要少。[1] 51

不信任的代价

在集体不信任女性的众多案例中，最恶劣的一个就是一条流传甚广的谬见：女性在强奸问题上会撒谎。直至2003年，费城的性犯罪调查部门还被人们戏称为"撒谎贱人组"，而2016年一份关于巴尔的摩市警察局的报告更是发现，性侵受害者的证词常常遭到"无端的怀疑"52。然而事实上，有数据表明，在强奸问题上，女性撒谎的概率并不比人们在其他任何犯罪问题上撒谎的概率高。根据英国最近17个月的数据，共有5651起因强

---

[1] 在英国，人们不太会给男孩起名为"约翰"（John）。这可能是因为John与"Dear John"（分手信）有关，也可能是因为john有"厕所"之意。——编者注

奸而起诉的案件，其中虚假指控仅有35起，这意味着虚假指控的比例低于1%。[53]这一数据是在强奸受害者常常遭受怀疑且低报案率导致起诉数量远低于实际强奸发生数量的背景下得出的。

女性面临性伤害的风险，这是一个不争的事实，这一风险如同一个无法回避的固定点，始终存在于我们的生活中。在世界上大多数街道、公园、乡村和休闲场所，无人陪伴的女性每天在至少8个小时的时间内都处于不安全的状态。我们不会追问为何世界会如此；相反，我们会告诫女性，一天中有一半的时间，世界上超过半数的地方，都是男性的专属。2021年，舆观调查网（YouGov）进行的一项民意调查显示，英国年龄在18岁至24岁之间的女性中，高达86%的人在公共场所遭受过性骚扰，这个数据戳破了"情况正在好转"的假象。[54]然而，只有4%的受害者选择了报案。

发声往往代价沉重，而回报却寥寥无几。受害者[1]会面临诸多离谱的质疑："你是不是在撒谎？你做了什么才招致这样的后果？？你难道没意识到这对他意味着什么吗？"凯特·曼恩将最后一个问题解读为"同理他心"（himpathy）的表现：人们会自发地对加害者而非对受害者产生过度的同情。[55]（值得注意的是，这种"同理他心"很少会给予有色人种男性，我将在本

---

[1] 我之所以选择使用"受害者"而非"幸存者"，是因为并非每位遭受性侵的人都能幸存下来。我理解，也许不是每个人都能接受"受害者"这个词，但我希望它能引导读者更广泛地将性侵行为视作一种不当行为。——原注

章后续部分探讨这一点。）如今，人们普遍倾向于认为，被诬陷的男性所承受的恐惧，远胜于受虐女性所经历的恐惧，因此更容易怀疑女性可能在编造谎言。没有任何一种生活经历或犯罪行为的受害者，会像这样引发如此强烈且下意识的怀疑，受到如此吝啬的同情。那些勇敢发声的人最终往往沦为警世故事的主角，让我们其他人在沉默中寻求安全感。

深入研究那些为数不多的虚假性侵犯指控案例，能够为我们带来不少启示。首先，这些案例很少会引发严重的后果；它们几乎不会对被告的生活造成颠覆性的影响。美国的相关研究表明，这些指控中，有一半并非受害者本人所提出（通常是父母提出，尤其是在孩子为避免因晚归而受罚所以撒谎的情况下）。相当一部分人提出虚假指控的目的是获取医疗或心理援助，一旦这些目的达成，指控便会被随即撤销。提出虚假指控的人往往都有欺诈和编造事实的前科，他们中的大多数人都生活艰难，无法满足各种经济、情感和医疗方面的需求。一些人患有未经治疗的精神疾病，这可能会导致他们与现实世界脱节，所以"撒谎"这个词或许并不完全贴切。[56]因此，我们从中汲取的教训应当是：并不是女性倾向于撒谎，而是社会未能给予那些最需要帮助的人足够的关怀。而且，具有讽刺意味的是，最容易受到性侵犯的人群恰恰是那些迫切需求得不到满足且缺乏社会支持的人（无家可归者、贫困人群、性少数群体、有犯罪记录者，以及身体疾病或精神疾病患者）。

这一谬论所造成的影响极为深远。即使当时已有60名女性站出来指证喜剧演员比尔·科斯比实施强奸，但公众对于他作为施暴者的身份依然常常心存疑虑。倘若这60名女性都在编造谎言呢？倘若她们是出于某种报复心理而故意诬告他呢？（然而，似乎从未有人深究过，为何一群素不相识的女性会联合起来诬告一个男人？）这样荒谬的设想竟能为人所接受，这恰恰暴露了人们是多么执着于认定女性在撒谎，同时人们又是多么不愿意正视男性，包括（也许尤其是）那些功成名就的男性可能实施强奸的现实。[57]同样的情况也发生在哈维·温斯坦身上。他在长达30年的时间里至少对80名女性实施了骚扰和侵犯，然而，直到他的恶行被大量揭露后，人们才开始予以重视。[58]而在至少十几名女性提出指控的情况下，特朗普依然一跃成为世界上最有权势的人物。

长期面临可信度贬损的困境，意味着女性必须付出比别人更多的努力才能赢得他人的信任。萨拉·巴尼特-韦泽在《洛杉矶书评》上撰文指出，"展现可信度成为女性工作中的又一项额外负担"[59]。女性必须从"怀疑责任"的角度出发，在提出任何诉求之前，都努力证明自己是可信的。这可能要求她们在情绪表达上保持微妙的平衡：既要避免情绪过于激动而被贴上非理性的标签，又要防止情绪表达不足而给人留下冷漠算计的印象。同时，这可能还意味着她们需要极其详尽地梳理自己所经历的创伤事件，以尽可能搜集强有力的证据。然而，她们也必须清楚,当局可能疏于必要的调查,而且大量证据可能会使自己的诉求显得过于精心策划,反而难以令人信服。

人们对女性证词的质疑与猜忌,并不仅仅局限于可能会使男性声誉受损的场合。一般而言,无论我们在何种情境下谈及自己的身体问题,都极易遭受证词不公正的对待。就拿我母亲来说,每当她身体不适时,都不愿意去看医生,因为医生的反应总让她觉得自己的病症要么微不足道,要么被夸大了(我父亲看的是同一位医生,却从未遭遇过这样的困扰)。之前还有一位肠胃病医生告诉我,我的症状在"高成就的年轻女性"群体中十分普遍,言下之意就是:"这或许只是你的心理作用吧?"(然而,六个月后的一次活检却证实,我的小肠确实受到了胃肠病的破坏。)这些亲身经历揭示了一个更为普遍的问题。

相较于男性,女性因腹痛而获得止痛药的可能性要低13%至25%,即使她们报告的疼痛程度与男性相同。此外,她们通常需要等待更长的时间才能获得药物治疗。[60]因肠易激综合征入院治疗的女性患者更有可能被给予镇静剂和生活建议打发,而相同症状的男性患者则通常会被安排进行消化系统的X光检查。[61]总的来说,与男性的疼痛相比,女性的疼痛更易被归咎于心理因素,女性因此更易被转介心理健康咨询,而非身体检查和治疗。[62]有一种谬论甚至认为,男孩说疼是真的感到疼,而女孩则可能是在说谎或夸大其词,这种偏见甚至延伸到了婴儿身上。这表明,人们认为女孩天生就善于装病。研究表明,当被告知哭泣的婴儿是男孩时，成人往往会认为其疼痛程度比女孩更为严重。[63]此外，疼痛的差异还被认为与种族有关。2015年，莫妮卡·戈亚尔主持的一项研究显示，患有阑尾炎的黑人儿童在出现中度疼痛时较少获得止痛药，而在出现重度疼痛时，他们获得阿片类止痛药的可能性也较低。这表明，他们的疼痛报告受到了可信度贬损的影响（或者说，人们认为他们的疼痛更易忍受）。[64]无独有偶，发表于2022年的一系列研究发现，成年参与者往往认为来自贫困家庭的幼儿所感受的疼痛程度较富裕家庭的幼儿更轻，这表明贫困儿童同样面临可信度贬损的问题。[65]

这项研究揭示了一个更为广泛的社会趋势：边缘化人群对自身身体状况的陈述往往遭到质疑。这种质疑也是通过压迫来限制特定群体健康和福祉的几种方式之一。在英国，要想堕胎，必须得到两名医生对终止妊娠确有必要的认可。除非存在明显的身体健康风险，否则孕妇必须存在患上精神疾病的风险或被认为不适合担任父母，其堕胎请求才可能获得批准。换句话说，法律要求孕妇自证，如果继续妊娠，她们就容易罹患精神疾病，或缺乏抚育子女的能力。[66]类似的情况也发生在跨性别者身上。他们对自身性别认知的证词不仅遭到贬低，甚至还常常被全盘否定。即使在法律和医学层面获得认可，跨性别者通常也需要符合对性别的狭隘定义，并表达出对自己身体的特定态度，才能获得所需的服务。在这个过程中，他们自己的证词备受轻视，而医疗专业人员对他们身份的评估却被过分看重。哲学家米兰达·弗里克和凯瑟琳·詹金斯还指出,将跨性别者描述为精神疾病患者的做法,会使他们的证词更容易被驳回,因为人们会因此认为他们不可靠、情绪不稳定或不诚实。[67]边缘人群注定无法摆脱这种困境:无论他们如何努力证明自己,都难以摆脱可信度贬损的困扰。

假装

我在本章中花了一些笔墨来驳斥"女性爱撒谎"的谬论。然而,令人尴尬的事实是,女性似乎确实比男性更容易说谎。40%的女性表示她们每天都会说谎,相比之下,只有20%男性会这么做[68](当然,这也有可能是因为在谈及自己的不诚实行为时,女性可能更为坦诚或更有自知之明)。甚至有些女性承认,她们每天说谎的次数多达30次。在超过半数的情况下,女性撒谎是为了"照顾他人的感受"。第二个最常见的原因是为了"避免麻烦",第三个原因则是为了"应对复杂的生活"。这些谎言最常发生在家庭环境中,女性撒谎的目的是与共同生活和照顾的人和睦相处。

在1989年的影片《当哈里遇上萨莉》中,哈里与萨莉在曼哈顿一家熟食店共进午餐。席间,哈里坚称自己能够辨别出女性是否伪装性高潮。萨莉对此嗤之以鼻,认为男性根本无从分辨。哈里不屑地坚持自己的观点,声称自己能够识别真伪。萨莉反驳道:"男人都觉得这种事不会发生在他身上,而大多数女人或多或少都做过这种事,所以你自己掂量掂量吧。"言罢,她开始模仿起一系列逼真的性爱呻吟声。随着声音逐渐高昂,她开始拍打桌面,仰起头颅,最终达到高潮时声音响亮,引人侧目。成功表达了自己的观点后,她淡定地叉起一口沙拉送入口中。(影片这一幕以导演罗布·赖纳的母亲埃丝特尔·赖纳的一句经典台词落幕:"我也要来一份她点的那个。")

在与男性发生性关系时,女性有时会谎称自己达到了性高潮。这种情况常被视作一种轻松的幽默,成为女性间私下的调侃,探讨如何戏弄男性以及他们是多么容易被愚弄。然而,这一点也不好笑。当女性选择在这个问题上撒谎时,实际上是在优先考虑伴侣的感受,而将自己的愉悦放在了次要位置。这种趋势令人深感忧虑。此外,女性还常常表示,假装达到性高潮是她们用来结束不愉快性事的一种策略。[69] 2018年,莉莉·洛夫布罗在《周刊报道》上发表的一篇文章中指出,对于女性而言,"不愉快"的性事往往伴随着强迫或身体上的痛苦,而男性所认为的"不愉快"则多指缺乏趣味或激情。[70] 2015年的一项研究发现,有30%的女性会在性事中感到疼痛,而在肛交的情况下,这一比例更是高达近四分之三。然而,在43%的案例中,女性选择对自己的不适感保持沉默。即使在半数案例中她们表达了自己的不适感,对方也没有采取任何措施来改善这种状况。研究报告的作者指出,对于女性而言,经历痛苦的性事已然成为一种"常态",她们常常觉得自己有责任强忍痛苦，以取悦伴侣。[71]

女性不仅在性事上撒谎，还会为了避免性事而编造谎言。2012年的一项调查发现，61%的女性承认自己曾为了摆脱不想要的性事而撒谎。[72]那些古老而看似荒诞的借口，比如假装头痛，实际上是女性拒绝性事的第三大常见理由，仅次于"我太累了"和"明天要早起"。

在性事上撒谎和承受性事之苦，都是我们在这个不完美的世界中满足自身需求的方式。权力迫使我们顺从它的欲望，而一旦我们无法迎合这些欲望，便不得不撒谎以逃避它的怒火。女性之所以谎称自己达到性高潮，正是为了维护那些自以为能满足女性性欲的男性的自尊。在男性的不悦可能引发潜在危险的情况下，佯装性愉悦似乎成了更明智的选择。正如凯瑟琳·安杰尔在其著作《明天性爱将再次变得美好》中所指出的，这种现状已经影响了女性对自我愉悦的认知，使得"女性在性事（乃至其他领域）中究竟想要什么"这一问题变得扑朔迷离。我们所处的环境，并不容许女性轻易地萌生出连自己都能明了的欲望。[73]

除了性事之外，女性在其他场合也会使用策略性欺骗。当一个男人开始爹味说教时，相较于出言打断并指出他的错误，或是告知他你早已知晓这些陈词滥调，静静地听完他乏味的独白往往更加简单，也更加安全。毕竟，贸然打断很可能会引起对方的敌意甚至是攻击。文学研究者兼文化评论家科里莎·米切尔曾谈到，当边缘化群体，尤其是有色人种取得的成就或所掌握的专业知识威胁到了特权阶级的优越感时，"认清你的位置"这一言论攻击便会随之而来。[74]在某些情况下，让对方误以为其无所不知反而能最大限度地规避风险。

忍受爹味说教仅仅是女性假装愚钝这一更广泛趋势的冰山一角。我妹妹班上有个女孩把同学互评过的试卷还了回来，并恳求我妹妹再扣掉几分。她唯恐自己的聪慧会影响自己在学校里的受欢迎程度。事实上，这种担忧情有可原，人们也已司空见惯。社会学家玛丽亚·多玛尔·佩雷拉2014年的一项研究发现，英国男孩在年仅14岁时，便已经形成了"女性才智有损男性气概"的观念。正因如此，在他们的同龄群体中，女孩们会刻意掩盖自己的才华。[75]这种压力会伴随她们直至成年。2016年美国的一项研究表明，男性通常认为聪慧的女性缺乏魅力，除非这位女性在拥有聪慧头脑的同时，还拥有闭月羞花之貌，他们才愿意另眼相看。[76]许多女性为了迎合这种现实便佯装"愚笨"，以此来衬托男性的才智、教养与博学。在某些情境下，被冠以"才智过人"的头衔还可能会对女性的生活抉择造成负面影响。我有个中国朋友，她父母曾极力反对她攻读博士学位，唯恐她因此给人留下冷漠、不近人情，甚至是忽略家庭的负面印象，最终沦为"剩女"中的一员。莉莉·郭曾在其博客"石英"上撰文描述这一现象，文中提及了一则在中国广为流传的笑话，即世间存在三种性别：男性、女性和女博士。[77]

此外，我们也会为了让自己的形象更受欢迎而"撒谎"。2017年的一项调查显示，63%的男性认为，女性化妆的"主要目的是让人误以为她们很有魅力"。但只有不到半数的女性受访者对此表示赞同。[78]换句话说，人们普遍认为化妆是一种欺骗性的装扮手段。类似的形象"欺骗"比比皆是：染发、穿聚拢文胸或紧身内衣、脱毛、手术丰胸以及美黑或美白等。而有色人种妇女往往会感受到更大的压力，她们不得不通过这些方式"撒谎"，使用美白霜、戴假发或接发，甚至通过整形手术来调整鼻子、眼睑和下颌线等，以便能够更加贴近"白人"的审美标准。

受压迫者在这个对他们率直发展充满敌意的世界中，往往只能通过说谎来求得一线生存之机。当他们的生死大权被另一方牢牢掌控，甚至能否继续存活都成为未知时，说谎就变成了他们为了生存而不得不采取的手段。以美国刑事司法体系中的辩诉交易为例，无辜者（尤其是有色人种）常常被迫说谎，以换取较短的刑期。对于那些迫切寻求庇护的人们来说，他们有时也不得不编织谎言，因为只有这样做，才能让那些对他们充满敌意的全球北方国家政府理解和接受他们所经历的苦难。苏克图·梅赫塔在《纽约客》上撰文描述了这种夸大事实带来的压力：

> 对于寻求庇护者而言，仅仅声称自己遭受过威胁或是殴打还远远不够。他们必须讲述令人毛骨悚然的恐怖经历。

仅仅声称自己曾遭受强奸也不能满足要求。官方需要他们提供更加详尽的细节。因此，这些关于暴行的故事不可避免地被夸大，因为新的寻求庇护者会费尽心机编造更为离奇的故事，以期能够超越那些已有的故事。[79]

我们可以借助哲学家克里斯蒂·多特森的研究来理解这种策略性不诚实。多特森描述了边缘化群体的无奈选择：他们往往选择沉默或修改自己的证词，因为坦诚相告可能会招致危险的后果。受压迫群体的人们往往会对自己的经历作出歪曲或片面的描述，多特森将这种行为称作"证言窒息"（testimonial smothering）。[80]它实质上是一种迫使个体保持缄默的自我审查机制，不仅剥夺了他们与他人建立成功、有效沟通的机会，更阻碍了他们表达自身需求从而争取权益满足的可能。

多特森借鉴金伯利·克伦肖的研究成果，[81]以黑人女性所遭受的家庭暴力经历为例。当黑人女性遭受黑人男性的暴力时，她们可能不愿公开或寻求援助，因为她们担忧（这种担忧完全可以理解），自己的报案会被用来证实关于黑人男性暴力的种族主义刻板印象，进而给整个黑人群体带来更糟糕的后果（如种族形象被定性、被警察枪杀等）。因此，她们可能会选择隐瞒自己的证词，尽管这样做对她们自身也有害，但或许是危害最小的选择。被征服的群体不仅被迫掩盖事实真相，在许多情况下，他们还必须提供虚假的证词来替代真相。他们不得不将撒谎作为自我保护的一种手段。这些以撒谎为手段的人，实际上是在与那些限制他们生存空间的暴权讨价还价。

我们常常思考撒谎对被骗者的负面影响，但那些别无选择、只能撒谎的人又需要承担怎样的代价？撒谎会对人的身心健康造成不利影响，[82]比如血压升高、心率加速、皮质醇水平升高。[83]此外，撒谎还会导致神经系统发生适应性变化，使得撒谎者未来容易撒下更大的谎言。[84]编造和维持谎言既费力又让人备感压力，[85]同时还会影响一个人对真相的认知，因为他们会试图通过剔除与谎言相悖的记忆来减少认知失调。[86]如果谎言被怀疑或揭穿，可能会带来严重的名誉损失，进一步削弱他们的可信度，甚至影响到与他们身份相同的其他人。

因此，我们或许需要考虑另一层面的证词不公正问题：压迫不仅会削弱一个人的可信度，还往往迫使他们在危及自身安全或舒适度的情况下无法保持诚实，从而令他们的可信度在刻板印象的基础上进一步降低。

复杂世界中的可信度

虽然通常情况下，女性在不应被怀疑时却遭受质疑，而男性在不应被信任时却获得信赖，但现实世界中的多重压迫维度打破了这种表象。当有色人种男性所面临的可信度贬损与白人女性所面临的可信度问题相碰撞时，便会产生最常见的例外情况。

在英国，人们普遍存在着一种刻板印象，认为南亚男性都是性侵犯者。几起涉及南亚裔成员的儿童性虐待团伙案件备受关注，种族主义评论家利用这些案件来煽动道德恐慌。2017年，工党平等事务大臣萨拉·钱皮恩在主流报纸上发表文章，文章开头便写道："英国面临的一个问题就是巴基斯坦裔英国男性强奸和剥削白人女孩。我把话放这儿了，这么说会让我成为种族主义者吗？"[87]（事实上，萨拉，你确实表现出了种族主义的倾向。）过去五年里，"穆斯林强奸团伙"一词在英国公共话语中占据了重要地位，常有人声称人们因害怕被扣上种族主义的帽子而不敢举报或惩罚这些罪行。然而事实上，如果犯罪者是有色人种男性，女性就更有可能站出来报案，因为在这种情况下，她们更容易获得人们的信任。2020年的一份政府报告指出，儿童性虐待网络的主要成员是30岁以下的白人男性。[88]那么，钱皮恩和英国媒体为何会错得如此离谱？因为他们从一开始就倾向于淡化白人男性的性不当行为，同时夸大棕色人种男性的性不当行为。

在性虐待和性侵犯案件中，女性往往难以获得信任，而棕色人种男性常常受到过度怀疑。然而，并非只有棕色人种男性才会遭受这种不公正待遇。长期以来，黑人男性一直被刻画成暴力、性欲过强、对白人女性构成威胁的形象。这种偏见往往被归咎于生物学因素，或者基于一种荒谬的受害者有罪论，即黑人男性强奸白人女性是对种族主义的报复。在《女性、种族与阶级》一书中，安杰拉·戴维斯描述了这一趋势的演变历程。她指出，在美国内战期间，当白人男性外出参战时，没有任何白人女性公开指控黑人男性强奸的记录。然而，废除奴隶制后，黑人男性因无法控制自己而强奸白人女性的荒谬观念却应运而生，成为实施私刑的借口。[89]在黑人男性身为奴隶的时代，私刑几乎毫无意义，因为那相当于毁灭奴隶主自己的"财产"。但废除奴隶制后，私刑却成为继续以暴力手段镇压黑人群体的方式，而保护女性名誉则沦为野蛮的谋杀行为最被社会所接受的借口。

在这套暴力体系中，白人女性也起到了推波助澜的作用。这方面最著名的案例之一便是卡罗琳·布赖恩特事件。1955年8月21日，年仅14岁的埃米特·蒂尔来到她的杂货店购物。他买了口香糖，然后直接将钱递到她的手上，而非如其他黑人顾客那般放在柜台上。据说，在离去之际，他还吹了一声口哨。[90]然而，仅仅四天后，布赖恩特的丈夫及其兄弟便持枪绑架了蒂尔，对他施以酷刑后枪杀了他，并在尸体上绑上重物，将其抛入河中。在蒂尔谋杀案的庭审中，卡罗琳·布赖恩特指控蒂尔曾对她进行言语及身体上的侵犯。最终，两名凶手被判无罪。直至2017年，她才向历史学家蒂莫西·泰森坦言，自己当初在法庭上的证词纯属捏造。[91]

我们不难发现，在1955年的卡罗琳·布赖恩特事件和2020年的艾米·库珀事件之间，存在着明显联系。在艾米·库珀事件中，艾米因在中央公园特定区域内被要求给狗拴上狗绳而选择报警，当时她告诉警方："有一名非裔美国男子……正在拍摄我，并对我和我的狗构成威胁，请立刻派警察过来。"艾米·库珀之所以会（在视频中）提出如此荒谬的指控，是因为她深信自己的证词比一名黑人男子的陈述更具可信度。

即使如此，将白人女性与有色人种男性对立起来也过于简单了。在努力驳斥"有色人种男性具有强奸倾向"这一谬论的同时，我们不应助长"女性惯于撒谎"的谬论，反之亦然。事实上，我们都身处一个以保护资本为首要任务的体系之中，而保护资本的部分途径就是维护白人性和男性的至高地位。在这个体系下，我们往往倾向于怀疑女性的陈述，除非被指控的违法者是有色人种男性；同样，我们也容易轻信男性，除非他们是棕色或黑色人种且指控者是白人。这样一来，我们往往过于急切地想要相信某一方。无论是哪种情况，背后的冲动都是相同的：保护白人男性及其利益，维护一个要求有色人种和白人女性安分守己的体系正常运作。

此外，还有第二个复杂问题值得探讨。"Me Too"运动中的一个标签是#BelieveWomen#（相信女性）。该运动的反对者认为相信所有女性是荒谬的。确实，女性也可能会说谎或犯错，但这是人性的共通之处。我们也认同正当程序的重要性，尽管这些程序显然有待彻底改革。但是#BelieveWomen#并不意味着"相信所有女性"。就像"男人是垃圾"一样，这一口号更像是一种泛型泛化，旨在表达"女性通常都是可信的"。这一观点基于一个普遍事实：人们通常都是可信的。因此，每个人都应享有公正的申诉机会和无罪推论的假设。我们之所以需要特别强调对女性的信任，是因为她们常因性别而被认为缺乏可信度。

苏珊·法吕迪在《纽约时报》上撰文指出，右翼评论家故意在声明中加入"所有"一词，然后对篡改后的话题标签#BelieveAllWomen#（相信所有女性）进行批判。[92]不出所料，如今那些关心女性可信度的人，有时会不加甄别便直接引用这个经过篡改的版本。我们必须抵制这种做法。尽管这仅仅是一句口号，但其表述的不严谨性不仅可能有损我们诉求的可信度，还可能使那些因（例如顺性别、白人、中产阶级）女性的证词而受到伤害的人被边缘化。显然，我们既不应盲目相信所有女性，也不应盲目相信所有有色人种男性。但我们可以从正视在可信度分配方面令人不安的模式及其所带来的差异性伤害开始改变。

树木的证词

2020年，8000多场野火在加利福尼亚州肆虐，烧毁了400多万英亩的土地。这背后的原因主要有两点。一是气候变化，它不仅延长了火灾易发的季节，还推高了气温，创下新的纪录，导致林木极度干燥，随时可能因一点火星而引发山火。二是长达一个世纪的全面禁火政策。北美土著居民每隔十年左右就会火烧一次森林下层的植被，以消除可能引发更大、更难以预测火灾的易燃物。古木的年轮上就记录着这些预防性火烧的痕迹。这些焚烧虽然会烧焦它们的树皮，但并不会置它们于死地。如果几个世纪后仍有树木留存，或者有树木年轮学家能够解读这些痕迹，那么古木年轮中长达百年的无火烧痕迹，便能清晰地揭示出土著居民所经历的证词不公正。

长期以来，为了维护"欧洲人将科学和理性带至'原始'地区"的观念，人们一直忽视并诋毁土著居民的科学。然而，在过去20年间，随着全球变暖的威胁不断升级，对土著科学家的专业知识进行否定愈发显得困难与愚蠢。毕竟，他们的知识对于地球恢复健康状态而言至关重要。澳大利亚土著和托雷斯海峡岛民中的护林员在制定火灾管理措施方面发挥了举足轻重的作用，这些措施减少了火灾影响的面积，从而使碳排放量大幅下降。[93] 提维岛居民威利·廖利曾提出："人们需要倾听科学之声——我们行业的成功，归功于传统知识与现代科学的结合。正是这种结合，使我们的工作成果在世界上最具创新性与成功性。"[94] 同样，毛利人与太平洋岛民科学家长期以来一直在追踪鲸鱼和海豚的行为特征及滑流，他们所掌握的知识对于理解这些种群的变化以及商业捕鱼与采矿活动带来的深远危害具有不可或缺的价值。[95]

土著居民深受证词不公正之害，其后果就是人们普遍忽视了他们珍贵且专业的知识。这些知识对于防范、缓解气候危机或在危机中求生存，以及探索如何与生物圈其他部分和谐共处的生活方式而言，都至关重要。同样，每当我们贬低女性、有色人种、跨性别者、残疾人士以及其他边缘化群体的可信度时，我们也是在伤害他们，因为我们剥夺了他们参与知识生产与交流这一人类核心活动的权利。更为严重的是，我们还因此抹去了关于这个千疮百孔、分裂割据的世界所存在问题的真实记录，以及解决这些问题的宝贵线索。

这种认识层面的匮乏已经产生了显著的影响。举例来说，英国网络新闻报道引用的"专家"中80%是男性。这一趋势在商业和经济领域尤为明显，并且在过去十年间从未改变。[96]这种情况持续传递着一种有害观念，即女性无法发表权威意见。然而，更严重的问题在于，某些观点因此被排斥在外。2018年的一项研究显示，经济学家的性别往往能够预示他们对经济政策的看法。具体而言，男性通常倾向于市场解决方案，而女性则更偏向于政府干预，并更倾向于优先考虑环境保护、反对紧缩措施。[97]女性的生活经历影响了她们的政治和经济观点。让男性经济学家登上发声平台，已经改变了公众对于哪些政策建议最为可行的看法，进而影响了政治决策，从而固化了某些特定的生活方式，将其他方式排斥在外。

挑战证词不公正，需要我们破除其赖以存在的刻板印象，并从根源上重塑我们分配可信度的方式。这并非意味着我们要不加甄别地全盘接受，而是要正视一个事实：我们在分配可信度时本就缺乏足够的批判性。只有有意识地摆脱那些关于谁才可信的固有观念,才有可能更加接近真相。

7 爹味男从哪儿取水？[1]

通常，当一个人自认为谈吐不凡、妙语连珠时，他往往会把自己变成贪婪的害虫。一旦他开启沉闷乏味的长篇大论，周围的人便无法再愉快地交谈下去……不过，有一条简单易行的法则可以帮助那些爱喋喋不休的人……至少能让他们不再令人感到厌烦或无趣。这条法则便是：在开口之前，先停下来深思熟虑。

——艾米莉·博斯特，《你的礼仪价值百万》（1922年）

在阿道司·赫胥黎1925年的小说《光秃秃的树叶》中有这

---

[1] 源自2016年左右的一则网络笑话（出处不明）。笑话原文为"Where Does a Mansplainer Get His Water? From a well, actually."（意为：爹味男从哪里取水？其实是从井里。）其中的巧妙之处在于well一词的多重含义。well原意指水井，是水的来源；同时，在英语口语中，"Well, actually..."又是许多爹味男（喜欢对女性说教、自以为是的男性）开口时的口头禅。——译者注

样一个场景：一位傲慢自大的老男人（被形容为"有着无尽潜能，却因懒惰而默默无闻"）不时中断冗长乏味的自我吹嘘，转而向坐在一旁的年轻女性（一位才华横溢的小说家）说道："我免费把这个点子送给你，你可以用它来写故事。"她回应说自己"非常感谢"他的建议。然而，读者可以清晰地感受到她已经焦躁到脚趾抠地了。[1]

在丽贝卡·索尔尼特发表文章《爱说教的男人：事实并未妨碍他们》（该文后来扩充成了一本散文集）之后，女权主义博客作者们便创造出了"爹味说教"（mansplaining）这一新词，然而，这种行为其实早在这个词诞生之前就已经存在了。[2]索尔尼特讲述了一次聚会上的经历，当时一名男子询问她所写的书籍。当她开始介绍自己的最新作品，一本关于摄影师埃德沃德·迈布里奇的专著时，那名男子却打断了她，问道："那你听说过今年出版的那本关于迈布里奇的非常重要的书吗？"接着，他便开始介绍起那本书来（据说，他实际上并未读过），而索尔尼特的朋友则不停地重复着："那就是她写的书啊。"索尔尼特被这名男子对自己作品的爹味说教行为惊呆了，以至于她一度以为那年真的还有另外一本同主题的书出版了。

索尔尼特的文章揭露了那些既不受欢迎又傲慢自大的解释、论证和纠正他人的反社会行为。我们都遇见过这样的爹味男。如果可以将小说中的人物作为佐证，那么，我们可以确信这种人在几个世纪前也同样普遍且令人厌烦。然而，不恰当的解释究竟有何不妥？它在道德层面上是否站得住脚？我们又是否有权指责那些不请自来、强行解释的人呢？

一般来说，解释是一种道德上值得称赞的行为。对于学习而言，解释不仅有用、慷慨，而且必不可少。作为知识的核心引擎，解释提供了关于"如何"和"为什么"的答案，帮助我们理解周围的世界。然而，正是因为这一特性，解释也容易被用作维护等级制度、实施操纵和实施不公的工具。因此，谁来进行解释成了一个政治问题。

何为解释？

一个孩子和父母走在街头。经过一家商店时，一名无家可归的男子走上前来，问道："可以施舍一点零钱吗？"父母避开视线，孩子则不解地张大嘴巴，回头瞥了那名男子几眼。走出一段路之后，孩子忍不住问道："为什么不给他一些钱呢？"她的父母毫不犹豫地答道："很多无家可归的人都有毒瘾，如果我们给他钱，他只会把钱花在毒品上。"这个解释在孩子心中生根发芽，逐渐形成新的认知，也掐断了旧认知的根茎。解释完成了它的使命，重新塑造了她对世界的理解，偏见的种子在她的心中悄然萌发。

成功的解释可以修正个体最初的假设，使其能够更好地理解自己的观察结果。有时，我们会像例子中的孩子一样，直接通过提问来寻求解释。在其他情况下,尽管个体并未直接要求对方作出解释,但他们显然能从解释中受益。以一周前某个小镇上发生的一起广为人知的性侵犯事件为例。以下是两位同事之间的对话:

  甲:显然,在她离开大街尽头那家新开的酒吧后不久,他就袭击了她。

  乙:真是个可怜的女孩。这也太可怕了吧。太令人震惊了。那里在镇上也算是个不错的地方。我邻居还认识这家人呢,说她是个可爱的女孩。

  甲:报纸上说她整晚都在和那个男人聊天,我还听说她当时穿着高跟鞋和超短裙,走路都摇摇晃晃的。

  乙:她喝酒了吗?

  甲:听说醉到站都站不稳。所以,你懂的……

  乙:哦,我之前都不知道这些。好吧,现在看来情况确实有些不一样了。

  乙原本以为一个"本不应受害"的人却无辜遭袭,但现在他认为是受害者的某些行为促成了袭击事件。乙或许秉持着一种常见的世界观,即"公正世界信念"(just-world hypothesis)。这一信念的拥护者坚信世界是公平的,因此如果不幸降临到某人身上,一定是因为这个人做了某些罪有应得的事情。然而,一个"可爱的女孩"却遭遇了可怕的事情,这一事实对乙的世界观构成了威胁,而甲的解释则帮助他重新确立了这一观念。甲解释说,女孩穿着暴露,一直在与强奸犯调情,而且喝醉了。

在构成我们对世界认知的背景假设中,哪些"事实"占据重要地位是一个高度政治性的问题,这些"事实"很可能与权力分配的稳定相关。它们往往源于我们每天通过大众媒体接收的直接或间接信息,以及那些鲜少受到明确质疑的压迫性刻板印象。以上述对话为例,甲、乙两人所持的观点在道德层面上令人不安,从经验的角度来看也值得怀疑,然而,令人遗憾的是,这样的观点在社会中却普遍存在。英国慈善机构"终结暴力侵害妇女联盟"在2018年进行的一项调查发现,三分之一的男性和五分之一的女性认为,如果女性在约会时与男性有调情行为,那么随后发生的任何性行为,即使女性表示不同意,都不算强奸。《独立报》在2019年进行的一项调查也发现,55%的男性和41%的女性认为"女性穿着越暴露,就越有可能受到骚扰或攻击"。

解释的力量在于能够将令人震惊的事件转化为平淡无奇的现象。通过引入新的信息,它能够改变一个人对正在考虑的问题的看法。解释是强有力的干预措施。在上述两则案例中,解释被用来介绍或强化那些对无家可归者和性暴力受害者造成伤害的社会"事实"。从这个意义上说,解释是巩固意识形态的有效手段。

到目前为止,我们已经讨论了那些明显需要解释的情况。

一些其他情况下，解释则是理所当然的行为。我经常给我的学生解释各种现象，因为这是我作为大学讲师的职责所在。除上述情况外，还有一种情况就是，既不需要解释，也不适合解释。如果是指出错误，那也没什么；但是当我们注意到那些主动向他人强加解释的人的行为模式时，情况就变得复杂了。

说教

最臭名昭著的解释失当行为之一就是爹味说教。还有一些与之同源的词汇，如"白人说教"（whitesplaining）、"顺性别说教"（cissplaining）等。当一个人基于双方的社会身份自认为在智力上优于对方，从而向对方提供不受欢迎的解释或强加不请自来的建议时，这些不当的解释行为就发生了。他会开始阐述、纠正或提供建议，尽管这些干预既不适宜也不受欢迎。这些不受欢迎的干预行为可以归为"说教"（splaining）。说教是"拜亚尔主义"[1]的一个分支，即妄自尊大的无知。

需要澄清的是，我并不是在否认白人和男性具备成为专家的能力。从严格意义上来说，特权阶层由于享有更优质的教育和就业机会，往往更容易成为专家。甚至在主要影响边缘化人群的问题上，他们也会因为在涉及经验缺陷和偏见时可以出现

---

[1] 一种以自我为中心、无视他人观点的态度。——译者注

一定程度的误差而成为专家。有些人在使用术语时过于绝对地否定了某些群体发表有价值意见的可能性，这无疑是对这些术语的滥用。说教行为的特征是，当你在所讨论话题方面的专业知识不如周围的人，且没有任何迹象表明他人需要你的观点时，你仍然滔滔不绝地发表意见。这是因为你假定听众由于性别、种族、阶级等原因，在知识层面上不如你。当然，"专业知识"这个概念本身就充满争议。我希望我们能够以一种更宽泛的视角来看待它，将传统上被低估的各种专业知识涵盖在内，即涵盖由特定经历所塑造的专业知识，而不仅仅是通过正规学习或培训获得的专业知识。

特权阶层很容易就陷入说教之中，这是因为特权会让人产生权威感和权利感。身为男性和白人，尤其是同时拥有这两重身份的人，往往会体验到强烈的安全感和归属感，很容易就导致他们高估自己的贡献价值，同时低估他人的知识价值。正如我在第6章中提到的，男性会系统性地高估自己在任务中的预期和实际表现，而女性则容易低估自己的能力。[3]因此，男性自以为是地认为自己了解那些实际上并不清楚的事情，这种现象也就不足为奇了。

想想2019年在脸书上发帖的那位顺性别男性。他声称女性应该停止抱怨卫生棉条的价格高，然后提出了一套既奇怪又错误的计算方法，最后甚至表示，女性每年的月经期"最多需要90条卫生棉条"[4]。再来看一个例子，女性摄影师劳拉·多兹沃思拍摄了一组名为《我和我的外阴：100位女性揭秘》的照片，其中包含100张女性私处的直观特写照片。她的目的是证明——与人们根据主流色情作品所得出的结论相反——外阴有多种形状、大小和颜色。一位男士很快就跳出来指正多兹沃思，声称正确的用词应该是"阴道"。但事实上，"外阴"的用法完全正确。这位男士不仅固执己见，甚至在一位妇科医生介入解释时，仍试图证明自己的观点是正确的。在被指责为"爹味说教"后，他又试图纠正指责者对爹味说教的定义。然而，他的解释同样充满了误解和错误。

一种常被忽视却屡见不鲜的说教形式就是财富说教。2020年，英国下议院议员本·布拉德利（这位接受过私立教育的国会议员的工资是英国平均工资的三倍）反对向贫困家庭提供免费的学校午餐券，并声称这笔钱最终会流入毒窟和妓院。[5]事实上，这些午餐券只能用于购买食物，他的这番言论显然是对福利金领取者的诋毁。在一场主题相同但参与人群更广泛的讨论中，政治家兼记者安农齐亚塔·里斯–莫格（男爵之女，亿万富翁政治家雅各布的妹妹）在推特上说，新鲜土豆的价格低于预制薯片，并解释说："人们常说低质量或不健康的食物总是比原材料便宜，但这种说法并不准确，这也是造成问题的一个原因。因此，在学习烹饪的同时，学会购买食材和制定预算同样至关重要。"[6]

然而，对贫困和饥饿的这种"解释"——人们之所以购买价格高出53便士的商品,是因为他们太愚蠢,不会做饭或精打细算——不仅是错误的,而且根本没有触及问题的核心。食品活动家杰克·门罗在回应中指出,穷人之所以选择方便食品,是因为他们往往缺乏时间和精力、没有烹饪设备和额外的食材、居住在临时住所,甚至面临精神或身体上的不适。[7]预制薯片也很美味,能够为他们提供急需的快乐和舒适感。

白人说教的例子同样不胜枚举。2020年,当"黑人的命也重要"抗议活动在英国掀起波澜时,时任外交大臣的多米尼克·拉布被问及是否会选择单膝跪地以示支持。他回答说:

> 不得不说,关于单膝跪地这一行为,我并不十分了解,也许它拥有更悠久的历史,但它似乎源自《权力的游戏》[原文如此]。在我看来,这是一种压迫和顺从的象征,而非解放和平等的标志。[8]

拉布的白人说教行为淡化和抹黑了单膝跪地所承载的意义,进而也抹黑了与之相关的"黑人的命也重要"运动,这当然绝非偶然。他还补充了一个粗俗的细节,声称"我这一生只会在两种时刻屈膝下跪:觐见英国女王和向我的妻子求婚"。[1](这一言论集种族主义、性别刻板印象、民族主义和君主制于一身。)

---

[1] 这也是狗哨的一个例子。——原注

7. 爹味男从哪儿取水?

爹味说教并不仅仅局限于顺性别男性对未曾亲身体验的经历或拥有的身体部位发起主动解释，同样，白人说教也不只限于对种族有关问题的主动解释。说教的范围要广泛得多，几乎可以涵盖任何话题。（尽管那些与边缘化身份紧密相关的案例往往最令人不安和愤怒，但这也提醒我们，即使是那些个人的、充满痛苦的话题，也同样可能成为解释性支配的靶子）。

我曾与一位女士住在一起，她的博士研究课题是时间感知哲学。这是心理学哲学领域的一个项目，她是这方面的专家，之前学习过哲学和神经科学。在一次活动中，一位（白人）物理学家走近她，询问她的研究方向。当她回答说自己正在研究时间感知哲学时，他却打断了她的话，告诉她"知道吗，爱因斯坦在时间研究方面有一些非常重要的成果"，好像她可能对爱因斯坦的研究一无所知，尽管爱因斯坦的研究与她的研究方向毫不相关。他接着说："我自己也写了几本书，说不定对你有用。"然后，他列出了自己的一系列著作，但这些书与她的研究风马牛不相及（他甚至都不是研究时间的物理学家）。她只能假装记下一些信息，因为他很担心她会忘记。

哲学家凯茜·约翰逊的理论指出，诸如此类的案例涉及一种特殊的说教现象，即"言语行为混淆"。[9]在这种情况下，一个人试图作出陈述，而另一个人却误解了他们试图做出的言语行为的类型。因此，听者并未将其作为一个陈述，而是将其理解为一个问题，或是假定对方正在寻求解释或建议。因此，他们的回应就好像对方在向他们咨询某种信息。

约翰逊指出,那些将女性的陈述误解为寻求解释或建议的男性,实际上已经将性别因素纳入了他们对话语评估的考量,并因此降低了对女性权威的认可。这正是证词不公正的一个典型例子(参见第6章):女性仅仅因为她们的性别,就会受到可信度贬损的影响。爹味说教的产生,正是因为男性容易将女性的陈述误解为某种请求。

我们总是会根据人们的社会角色和身份来合理评估他们在谈话中的意图(我的老板问她能否说句话,与酒吧里陌生男性的同样请求是两码事),然而,将一个人的性别作为判断其陈述是否为请求的依据,是完全不合理的。这是一种性别歧视。不仅如此,如果女性的陈述和解释被男性误解为是在寻求信息,或者被男性视作就该话题发表自己观点的机会(无论他多么无知),女性便无法充分参与知识的创造。爹味说教是一种性别歧视的言谈习惯,它削弱了女性创造和交流知识的能力。

我有过多次因类似情况而被削弱的经历,其中一次经历尤为让我印象深刻。几年前,我和几位朋友在酒吧观看女足世界杯比赛。中场休息时,另一位朋友带着她的男友加入了我们的聚会。他们两人当时正在为"三门问题"争论不休。这是一个简单却违反直觉的数学难题,出自美国的电视游戏节目《让我们做笔交易》。我不打算在此赘述"三门问题"的具体细节,不过如果你对此不了解的话,研究一下这个问题还是很有趣的。[10]

我个人对这个问题情有独钟。十几岁时，我就曾花费数周时间尝试各种方法来寻找正确答案。多年以后，当我在攻读研究生学位时，还在逻辑学的课堂上讲授过这个问题。

我的朋友（一位有色人种女性）认为，这个问题的正确答案其实是正确的。她的男友（一位白人）说她很荒谬。我从包里翻出一些旧收据，开始在上面写写画画，解释为什么她的答案是正确的。其他人（他们之前对这个问题一无所知）顺着我的解释，逐渐明白为什么他们的直觉是错误的。然而，我朋友的男友却固执己见，坚称我错了，我的解释毫无意义。我并未因此动摇；因为这个问题本身就不符合直觉——这也是它吸引人的地方——而且证明答案的方法不止一种。于是，我开始详细介绍另一种证明方法。他的女友告诉他，我有数学背景。（他对数学的理解相当外行。）他只是耸耸肩，继续说我错了，坚持认为答案对他来说显而易见，他不明白为什么我们都看不出来。我顿时失去了理智。我不记得我具体说了什么，但我记得我的语气肯定是愤怒、暴躁、刺耳的。他笑着问我为什么这么激动，只是一道数学题而已，不值得我如此动怒。

然而，我们完全有理由为此感到愤怒。学到一定程度之后，数学就变得极具挑战性。要想精通它，必须付出艰辛的努力。同时，数学也是一门深受性别歧视困扰的学科，在这个领域中工作和学习，首先需要战胜自己内心的性别歧视因素。因此，我决不会容忍自己辛苦获得的专业知识被一个仅仅因为自己是白人男性就质疑我的知识的人轻易贬低。他不愿意承认我是专家，拒绝接受我的解释，这让我感觉受到了侮辱。（那天晚上，是他把问题带到我们的聚会上来的；而我完全是应他的要求作出解释。）单独来看，这只是一种轻微的侮辱，但类似的侮辱我已经经历过太多次，而且都是由类似的男人造成的。从这个意义上说，说教往往是一种微小的侵犯他人尊严的行为。每一件事情单独看似乎都微不足道，都可以被忽略，都可以视作落在我们对周围人的不体谅行为所设的限度内。但是，究竟我们应该在哪里划清界限，代价又是什么呢？

说教是有害的，因为它是某些人维护自身权威、剥夺他人享有应有的信誉机会的众多手段之一。说教既是特权存在的表现，也是特权出现的原因。随着时间的推移，说教行为往往会助长某些群体的嚣张气焰，同时压缩其他人的发言空间。在《爱说教的男人》一书中，丽贝卡·索尔尼特揭示了爹味说教的深远影响：

> 每个女人都能感同身受。有时，这种预设让任何领域的女性都难以发声；让女性不敢大声说话，即使她们鼓起勇气，声音也可能被淹没；让年轻女性噤若寒蝉，如同街头的骚扰一般，无声地宣告这并非她们的世界。它训练我们自我怀疑和自我设限，就像它锻炼男性毫无根据的过度自信一样。[11]

还有更为严重的后果。爹味说教和白人说教泛滥成灾，导致有色人种和女性很容易对自己的权威产生怀疑。即使我们深知自己是经过艰苦训练才成为专家的，也明白自己的经历赋予了我们宝贵的经验，但他人的过度自信还是会煽动我们内心挥之不去的怀疑之火。我们开始觉得自己是在滥竽充数。

此外，边缘化群体的专业知识常受到他人的抵触，因为后者觉得这种知识具有威胁性、出格或不合常规。出于所有这些原因，我们在运用自己的专业知识时往往会变得更加小心翼翼。有时，我们表现得如此不确定，以至于他人并不认同我们是专家。我们自己在贬低自己。这就形成了一个两难的困境：我们与外界一起开始轻视自己的专业价值。在我们的言语中，充斥着模棱两可的措辞、限定词、反问句以及强调词，这些都削弱了我们的陈述力度，使其听起来不再那么坚定和确信。[12]我们使用"我想""有点""好像""也许"，传达出犹豫不决的态度；我们减少自己的专业见解，以适应我们削弱的自信与社会对边缘化群体专业知识的有限容忍度。

解释非正义

解释一旦出口，就能让世界变得不同。对于接受解释的人来说，解释不仅能够修正我们对世界的信念，还能改变我们对世界的理解。这意味着解释必然带有政治性，其中的一个方面就体现在哪些内容得到了解释，哪些则没有。

电视新闻节目在报道冲突时往往对其起源避而不谈，因为这样做可能会触及欧洲殖民国家和西方帝国主义。同样地，对于特定国家、机构和个人的财富与其他国家、机构和个人的贫困之间的差异，也鲜有解释，似乎这一切都是理所当然的。当白人男性犯下杀人罪行时，他们的行为通常会被归因于孤独、贫困或精神健康问题。然而，当类似的行为发生在棕色或黑色人种男性身上时，报道除了简单地指出他们的肤色之外，很少会有进一步的解释，这似乎在暗示他们具有某种天生的暴力倾向。正如谢林·玛丽索尔·梅拉吉和吉恩·登比在他们的播客节目《语码转换》中所指出的那样，尽管人们常常期望移民和有色人种无需额外解释就能"理解"白人文化，但他们也希望任何提及种族化群体文化的言论都必须附带详尽的解释。这种做法不断地提醒听众或读者，谁是这个社会中的主流群体，谁又被边缘化了。[13]

我们需要密切关注解释权的归属问题。解释是某些职业和社会角色的核心职责；学者、作家、记者和政治家等人都影响着他人的解释。我每年都要向数百名学生提供各种解释，包括现在，我也是在解释。解释是父母的重要职责，尽管父母的影响力仅限于自己的子女；解释也是教师的重要职责，尽管他们往往受到统一的教学大纲的限制。

从事上述职业的人往往来自同一社会阶层。因此我们所接收到的解释及其对我们世界观的塑造，大多都经过了一小部分特权人士的筛选和过滤。他们利用（公开演讲、电视露面、社交媒体等）一系列平台广泛接触大众。因此，他们能够创造、策划和传播主流、典型的解释，从而决定我们对世界的理解方式。然而，这些人不仅经验相当有限，而且容易倾向于那些能够维护并稳固他们既得利益的现状的解释。或者说，至少那些选择这样做的人，在未来最有可能保住传播自己观点的平台。

那些垄断了解释权的人，往往既没有能力，也不愿意提供满足边缘化群体解释需求的解释，包括那些对他们所受压迫现状提出挑战所需的解释。因此，边缘化群体的成员往往缺乏概念资源来解释自己的经历或质疑与他们相关的不准确解释。他们遭受了解释非正义。[14]

"不，我不明白"：抵制压迫性解释

在2017年的英国电视真人秀节目《学徒》中，一群女性讨论了如何使她们在伦敦金融区的汉堡摊位收入最大化的销售策略。知名商人卡伦·布雷迪悄悄旁听了她们的谈话，准备稍后向商业大亨艾伦·休格汇报。[15]一位选手说，由于金融区男性比例较高，她们应该选择那些"有吸引力"的团队成员来负责销售食品。这时，布雷迪忍不住插话询问："你所说的'有吸引力'具体是指什么？"面对布雷迪的追问，这位选手变得谨慎起来。

她解释说销售人员必须"擅长销售和推销……尤其是需要擅长向男性顾客推销,你应该能明白我的意思"。然而,布雷迪追问道:"不,我不明白你在说什么。你能否再解释一下?"这使得原本满怀希望的队伍陷入了沉默。[16]

布雷迪显然明白她们的言外之意。我们同样心知肚明。这位选手指的是,很多男性在面对年轻有魅力的女性主动搭讪时,往往更愿意掏腰包。既然比赛的目标是盈利,她就建议团队利用这个明显带有性别歧视的现实,选派最具魅力的团队成员担任销售员。这完全说得通。如果你的唯一目标是实现利润最大化,那么这个策略无疑是行之有效的。

然而,布雷迪的反应却显得既机智又有力。她假装误解这位选手的意图,旨在迫使她承认自己是在利用并进而强化性别歧视的规范,或是正视自己的假设其实是站不住脚的。这一招果然奏效。在她的连番追问之下,现场陷入了沉默,既有突然的领悟,也有难掩的尴尬。这个时刻成了一次宝贵的教学机会。假装不理解可以成为一种有力的手段,尤其是因为我们常常被要求去理解并进而遵守那些对我们造成伤害的制度。

20世纪80年代,纽约市的店主们开始使用蜂鸣器系统来筛选进店的顾客,将那些看似"不受欢迎"的人挡在门外。而判断是否受欢迎的标准,很大程度上是基于种族。他们试图将黑人顾客拒之门外,这种做法源于种族主义者的刻板印象,即黑人意味着危险,而且他们很可能会偷窃。[17]黑人法律教授帕特里夏·威廉斯描述了当时公开辩论的氛围，即有些声音呼吁黑人理解白人店主和售货员的这种逻辑。她引述了《纽约时报》上一封白人的来信，信中要求黑人承认他们自己也会排斥自己。威廉斯写道："有人反复公开敦促黑人站在白人店主的立场上考虑问题，而实际上，黑人在那些惊恐的白人[原文如此]的脸上，清晰地看到了自己不受欢迎的事实。"[18]

黑人被要求理解那些歧视性政策，承认他人对他们的排斥是合理的。他们被要求为自己的被拒绝而喝彩，接受那种将他们定位为暴力和威胁的逻辑，甚至将种族形象定性说成是合理和正当的。这是包含边缘化言论的对话的典型特征。说话者通常会使用一些常见的表达方式，以确保听话者能够领悟其中的含义和明显性，例如"设身处地地为……着想""你必须明白……""你肯定能懂……""不用说……""你懂的""你明白我的意思"等。这正是《学徒》中选手所尝试的策略，也是20世纪80年代纽约店主所采取的手段。这种策略允许人们在不直接言明的情况下，作出具有压迫性的假设。这种对话策略在日常生活中比比皆是。

在2009年福克斯新闻频道的一次电视节目中，主持人布莱恩·吉米德宣称，他曾问一名穆斯林：

"显然，你在机场受到了额外的安全检查，你对此有何感想？"他回答说："我完全支持，因为我也想回家与家人团聚。"这才是应有的态度。因此,无论你是穆斯林还是军人,你都必须明白……在当前我们所面临的战争中,这就是现实。[19]

请注意我强调了"你都必须明白"这一表述。吉米德实际上是在要求穆斯林群体接受外界对他们的种族形象定性。更糟糕的是,他还希望他们对此采取"正确"的态度,即接受并同情这种做法背后的假设。

在《不良女性主义的告白》一书中,罗克珊娜·盖伊讲述了她前往房东办公室缴纳房租时的一段经历。[20]几周前,一群韩国学生搬离了她所在大楼的另一套公寓。房东的秘书告诉她,公司花了很大力气给公寓通风,因为"你简直无法想象那股味道有多难闻"。盖伊一时语塞,惊愕地点点头。秘书见状,以一种近乎阴谋的口吻小声解释道:"你懂的,那些人就这样。"盖伊被这句话吓坏了,她回答说:"我不明白你是什么意思。"

正如我在上一节中所说,解释作为一种言语行为,一旦被接受,就能成功地改变听者对世界的认知。解释的过程实际上是听者与说者双方合作的过程。认识到这一点,我们就能开辟新的视野,抵制那些基于种族主义、性别歧视的解释,或是其他错误或边缘化立场的解释。当说者提出一种解释时,听者也完全有权拒绝接受。这种拒绝可以表现为简单的"不,我不明白"或"我不明白你是什么意思"。卡伦·布雷迪和罗克珊娜·盖伊所采用的策略，正是通过有力的质疑，迫使解释者不得不重申他们那些有问题的观点。此时，解释者往往会选择更强烈、更清晰的措辞，从而使其更容易受到抨击，或是更清晰地认识到其中的缺陷。对边缘化行为或观点的解释往往依赖于含糊、委婉的措辞。当一个人被迫以明确的语言陈述自己的假设时，他就必须更加审慎地反思自己到底在表达什么，以及是否有充分的证据来支持这些假设。

我在自己的研究中将这种抵制解释的策略称为"故作不解"〔disunderstanding，融合了"故意"（delibrate）和"误解"（misunderstanding）之意〕。[21]当你选择故作不解时，实际上是在迫使对方暴露出其解释背后的可疑假设。[22]当然，能否运用故作不解的策略，很大程度上取决于个体的身份。与对任何事物的抵制一样，抵制解释的做法同样伴随着风险。当权贵阶层感觉自己的权威受到挑战，或是无法通过解释某事来获得优越感时，他们尤其容易变得戒心满满，甚至恼羞成怒。那些最有可能觉得需要反抗的人，往往也是那些反抗行为可能会给其带来代价或危险的人。[23]尤其是有色人种和白人女性，人们通常期望他们扮演接受解释而非挑战解释的角色。出于这个原因，在某些情况下，我们中的一些人可能会感到不得不接受一种边缘化的解释并表示同意，即使我们内心强烈拒绝修改我们的基本认知框架。正如我在上一章中所述，在某些情况下，顺从——无论是假装高潮还是容忍爹味说教——可能是最安全的应对策略。

然而，我们也可以在他人难以触及的领域提出挑战，以此来实现团结和共同进步。

对道德上令人不安的解释听之任之，会让它以延续伤害的方式对世界产生影响。拒绝接受这种解释的可能性，意味着我们肩负一项非常明确的责任，实现这一责任不仅有望推动世界朝着更加公平的方向发展，还能让我们对世界的认识变得更加敏锐、有力。反对受害者有罪论的人有时会说，"穿短裙并不代表同意被性侵"。短裙同样不是性侵行为的解释或借口。

8 谁在抵制谁？

> 与某些左翼人士的观点不同，我从未质疑过"抵制文化"的存在。政治上的不宽容与社交媒体有害的匿名性助长了这种文化。然而，与其相关的最大谬论就是，"抵制文化"仅为左翼所独有。
>
> ——戴维·奥卢索加，《卫报》（2021年1月3日）

大约十年前，我和朋友索尔正在笔记本电脑上下载电影，他突然惊愕地喊道："简直不敢相信，你的桌面竟然是伍迪·艾伦。"初闻此言，我一头雾水，但很快我便恍然大悟，忍不住大笑起来。我电脑桌面上那位满脸皱纹、头戴低顶圆帽、硕大的鼻子上架着一副厚边眼镜的男士，是我的库尔德族祖父，法拉朱拉·沙维希。前年，他在德黑兰辞世。而那一刻我才惊觉，他简直是年老的伍迪·艾伦的翻版。

艾伦被指控对七岁的养女迪伦·法罗实施性侵。此外，他还与女友的另一个养女宋宜·普雷文有染，当时宋宜还是一名高中生，而艾伦已经年过五十。[1]我十几岁时看遍了他导演的所有电影，但是当时我对此一无所知。索尔认为我的桌面是艾伦照片，他对此的反应引发了我对将艺术与艺术家个人行为分割开的可能性的思考。重温他的电影有错吗？如果选择重温这些电影，是否应该寻找一种方式，让我们既能欣赏这些电影，又不会因此为艾伦带来经济利益？类似的问题同样困扰着200部由哈维·温斯坦参与制作的大片，他的名字玷污了这些电影。

与名誉扫地的公众人物相关的问题不可避免地会引发关于"抵制文化"的讨论。伍迪·艾伦和哈维·温斯坦是否遭到了"抵制"？对于拥有亿万身家、影响深远且无处不在的人来说，"抵制"到底意味着什么？这引发了更广泛的问题：在道德层面，被"抵制"与仅因造成伤害而承担后果之间是否存在差异？道歉是否足以平息"抵制"之声？我们究竟是应该惩罚个人，还是应该创造条件以促使其反省和学习？我们回应错误行为的方式是否具有建设性？这些回应与错误的严重性是否匹配？

一方面，我们必须承认，"抵制文化"是保守派精心策划的一种战术性道德恐慌，旨在助长他们的偏执；而另一方面，那些义愤填膺地谴责不法行为的人，却往往采用了令人不安且徒劳无功的方式。我们处理彼此伤害的方式存在问题。正如许多我们尚未完全理解的事物一样，社交媒体往往会将微小的不确定性煽动成一场对我们所有人都极具破坏性的灾难。

陶罐抵制文化

2500年前，若有人冒犯了他人或被公众视作威胁，就会被逐出雅典这座古代民主城邦。每年冬天，雅典公民都有机会提名一个他们希望逐出雅典的人。由于识字者寥寥无几，记录这些名字的任务便落到了抄写员的身上。当时，造纸术尚未问世，从埃及尼罗河进口的纸莎草纸既昂贵又稀缺，但是雅典城内随处可见大量碎陶片，这些碎片便充当了早期的废纸。抄写员会将候选人的名字刻在碎陶片上，然后将这些陶片（称作ostraka）按照不同的名字分别堆放，并对每堆碎片的数量进行统计。如果最多的那一堆陶片的数量达到或超过6000块，这个人就会被逐出雅典。人们不需要作出任何解释，被放逐者也无权提出异议或上诉。政敌可能会以这种方式被驱逐，但令人讨厌或外貌不受欢迎的人也可能遭受同样的命运。（可以类比真人秀节目中残酷且武断的淘汰方式。）值得庆幸的是，每年只有一个倒霉蛋会遭受这种奇特的刑罚。被放逐者有十天的时间处理各项事务并离开雅典，如果他们赖着不走，就会被处死。在长达十年的流放期结束后，他们才被允许返回故土。[1]而"放逐"（ostracise）

---

[1] 意大利城邦锡拉库萨也采用了类似的制度，称作"橄榄叶放逐法"（petalism）。——原注

一词便源于这些刻有被放逐者姓名的陶片，ostraka。

在某些社区，"放逐"依然是一种正式的惩罚措施。耶和华见证人[1]成员一旦被发现犯下了道德过失，就会被教会"开除教籍"，这意味着他们不仅会被逐出教会，还会被教内的亲朋好友疏远。巴厘岛有一种名为"卡塞普康"（kasepekang）的严厉的社会惩罚，个人或整个家庭会被隔绝在公共生活之外。放逐也可能发生在更私密的场合，如朋友、家庭乃至两人之间。在人际交往中，不主动交流、不搭理对方等"冷暴力"行为便是一种常见的放逐手段。在伊朗，父母与子女（无论是否成年）之间有时会因意见或价值观的分歧而陷入冷战，这种放逐形式被称作qahr（愤怒）。要化解这种氛围，恢复"和平"（ashti），往往需要第三方的介入。

放逐有别于其他形式的社会排斥，它是基于个体行动或特质而非社会身份对个人实施的。特朗普的"第13769号行政命令"禁止来自七个以穆斯林为主要人口的国家的难民和游客入境。这是一项种族主义政策，它完全无视人们作为个体的生活经历，仅仅基于其种族或宗教背景就对其进行驱逐。这种针对特定群体的系统性排斥和边缘化属于"压迫"而非"放逐"的范畴。然而，在实践中，放逐和压迫之间的界限往往模糊不清。例如，某位女

---

[1] 耶和华见证人（Jehovah's Witnesses）是一个不认可三位一体的另类新兴宗教分支，主张千禧年主义与复原主义，被传统基督宗教视为异端。——译者注

性性格不讨喜,因此将她排除在社交聚会之外的做法是合理的放逐;但如果同事对她怀有性别歧视,那么这就是一种压迫。本章的重点在于探讨放逐(此类放逐的经历者通常并不是受压迫者),但不会探究放逐如何被用作压迫的工具。²

如果一个人被认定为实施了反社会或不道德的行为,就会遭到放逐。这是一种报应主义。[1]事实上,人们可能会将刑事司法系统,尤其是监禁,视作国家认可的一种极端形式的"放逐"。放逐的目的多种多样:它剥夺了个体与社会的常规交往或联系,目的是通过施加痛苦,促使其改正自身行为,同时也对其他人起到威慑的作用;此外,放逐也意味着对个体的排斥或贬低,从而限制其行为对社会的影响力。

在现代社会中,"抵制"[2]作为一种常见且明显的放逐形式,通常发生在更广泛的"抵制文化"或"后果文化"之中。一位文化研究学者将"抵制文化"定义为:

> 对于那些被认为发表了不可接受或存在严重问题的言论或实施了类似行为的人,通常从社会正义的角度出发,尤其是基于对性别歧视、异性恋主义、同性恋恐惧症、种

---

[1] 报应主义(retributive justice)是一种法律和哲学理论,主张犯罪行为的实施者应受到相应的惩罚,这种惩罚被视为对犯罪行为的报应。——译者注
[2] 有时,"牵连"(drag)或"押击"(call out)也被用作"抵制"的同义词,但是这些批评往往先于抵制行为而出现。——原注

族主义、欺凌行为以及相关议题的警觉，取消对其各种形式的支持（如收看节目、社交媒体关注、购买其代言的产品等）。³

"抵制文化"一词源自黑人推特。[1][2]在其最初的表达方式中，黑人群体，主要是黑人女性，在网络上抨击种族主义和厌黑女症，因为她们深知，对于她们来说，这种抨击或许是追求正义的唯一途径。⁴因此，媒体研究学者梅雷迪思·克拉克将"抨击"视作他者（the Other）的一种工具。⁵当官方的举报渠道无法满足公众对正义的需求时，社交媒体便成为揭露伤害行为、伸张网络正义的平台。

尽管"抵制文化"经常遭到负面报道，但是研究表明，人们对它的看法褒贬不一。2020年的一项调查显示，46%的美国人认为"抵制文化"已经"过了头"，而27%的受访者则认为它对社会产生了积极或非常积极的影响。⁶如果不直接使用"抵制"这个词，对这种做法的支持就更加明显。略高于半数的受访者认同"如果公开表达不受欢迎，甚至是极度冒犯他人的观点，就应该承担相应的社会后果"的说法；54%的人表示，如果某人

---

[1] "抵制"一词源自黑人最先使用的一个工具和术语，这就解释了为何这个词必然会遭到蔑视（"觉醒"一词也有类似的遭遇）。——原注
[2] 黑人推特（Black Twitter）是由活跃的非裔美国推特用户在推特上创建的聚焦黑人社区议题的虚拟社区。——译者注

在过去一年中发表了冒犯性言论,他们对这个人的看法就会因此改变。多达40%的人(其中55%的人年龄在35岁以下)表示自己亲身参与过"抵制"行动。[7]简而言之,很多人,尤其是年轻人,支持个体应为其有害言论或行为承担后果的观点,而且很多人已经开始采取这些反击行动,但也有人认为,其所承担的后果应该适度。

"抵制"事件通常分为几个阶段。首先是违法行为的出现:某人做出了不道德的言行,或是被他人指控有这样的行为。虽然并不绝对,但这些言行往往会对从属社会群体造成伤害。随后,此人会遭到众多人的抨击,他们可能会要求其承担诸如道歉、解约等具体后果。这种抨击声最终可能会被放大,如果涉事者是公众人物或知名组织,便更是如此。此时可能会出现"群起而攻之"的现象,即涉事者面临大量的批评指责。(在这一阶段,也常会出现一些强烈的反对之声,有人为涉事者辩护,或是表达更普遍的担忧,如"言论自由"受到威胁、"抵制文化"已经"过了头"等。)接着,涉事者可能会试图澄清事实、公开道歉或采取补救措施。这些回应的效果取决于其性质、时机以及被指控的错误行为,有时能够平息众怒,有时则不能。最后,相关方面可能会通过取消赞助、解除劳动合同、解除图书出版合同、停播电视节目等方式,切断与涉事者的联系。即使没有这些正式、具体的惩罚措施,被指控的涉事者也可能会发现自己的社交和职业机会受到严重影响。

重要的是，这种模式同样适用于某人伤害了他人或被指控伤害他人时的行动过程。抵制行为并非什么新鲜事物，它只是我们相互问责方式的升级版。尽管如此，这种通常由社交媒体推动的升级往往带来一些次生的道德问题，从而增加事情的复杂性。

"抵制文化"还是"后果文化"？

"抵制文化"这一术语的复杂性在于，它涵盖了众多不同的含义和情境。当我担忧自己可能面临抵制时（事实上，我也确实遭到过抵制），我主要担忧的是因谈论白人性、男性气概和以色列的暴力行径而被解雇。我很可能会公开表达我对这些问题的强烈不满，而这些问题已经导致其他人失去工作或是受到处罚。对品牌和公众人物而言，他们对"抵制文化"的担忧主要源自对失去消费者和粉丝支持的担忧。政治家和右翼评论家往往将"抵制文化"与"觉醒主义"或"政治正确"等概念混为一谈，以此影射与"文化战争"相关的一系列争议，如推倒与殖民主义相关的雕像、要求使用更体贴的语言或是让小学生了解种族主义等。由于第2章已经对与"政治正确"相关的案例进行了深入讨论，因此我们在这里不再重复这些内容，而是将重点放在针对普通人和公众人物的"抵制"行为上。

2020年7月，《哈泼斯杂志》刊登了一封名为《论公正和公开辩论》的公开信，150多位公众人物共同联名，表达了对"一系列新兴道德观念和政治承诺的担忧，这些观念和承诺往往会削弱我们公开辩论和容忍差异的准则，转而追求意识形态的一致性"。这封信实质上是在探讨"抵制文化"。（许多人坚定地认为，尽管信中没有明确提及，但实际上是在为因跨性别恐惧症而遭受广泛批评的J. K. 罗琳进行间接辩护。）信末的签名者名单众星云集，包括诺姆·乔姆斯基、格洛丽亚·斯泰纳姆、玛格丽特·阿特伍德、萨尔曼·鲁西迪和马尔科姆·格拉德威尔等。这些人在网络上拥有数以亿计的拥趸，可以毫无阻碍地表达自己的观点。然而，我们并不完全清楚他们具体在担忧什么，而且这似乎是在恳求大众给予他们无条件的赞誉或是免受批评的庇佑。"抵制文化"之所以成为公共话语的焦点，部分原因在于少数人试图极力维护自己的权力和影响力。与"政治正确"一样，这似乎反映了人们渴望在言论和行动上不受任何后果影响的心理。

英国作家、教师凯特·克兰奇是2019年出版的获奖书籍《我教过的孩子们以及他们教会我的东西》的作者。她的经历最能说明所谓"抵制"与追求赞誉之间的关系。2021年，书中涉及种族主义、阶级歧视和残障歧视的段落开始受到广泛关注，此后克兰奇在推特上遭到了众人的猛烈抨击。2022年，出版商与她解约。仅从这些事实来看，克兰奇似乎遭到了抵制，当然这并不代表这种抵制毫无道理。然而，仔细一看，更奇怪的事情发生了。2021年夏天,"好读网"的一位评论家对克兰奇的作品提出了批评,并引用了书中带有种族主义色彩的片段。克兰奇对此愤怒异常,亲自在推特上分享了这篇评论,坚称这些引文"纯属捏造",她被错误地贴上了种族主义者的标签。她呼吁自己的37 000名粉丝举报这篇评论,以期撤销评论并恢复名誉。[8]然而,这些引文并非捏造,而是直接摘自她的作品。当克兰奇意识到这一点时,已是错上加错:她不仅在书中对自己的学生发表了种族主义和阶级歧视的不当言论,还诬陷他人攻击自己,并公然试图利用自己的影响力压制评论。(不管怎么说,我相信克兰奇当时确实认为那些话并非出自她之手。她能够看出这些文字带有种族主义色彩,而作为一个"善意"的白人女性,她无法接受自己可能会持有这样的种族主义观点,正因如此,她甚至没有在自己的原稿中进行简单的查证,就自信满满地发布了那篇推文。)这一事件有诸多值得讨论之处。为什么她的编辑没有在审查初稿时标出偏激的内容?这对出版业有何启示?但最重要的一点是,克兰奇期望得到绝对的尊重,正是这种期望,成为她遭到抵制的催化剂。可以说她是咎由自取。此外,在被第一家出版商解约之后,很快就有第二家出版商接手了她的作品。这种情况往往不是我们所说的被"封杀"或被"抵制"。

焦虑的公众人物在保守派阵营中也不乏盟友。他们将"抵制文化"描绘成威胁自由表达权的左翼独裁主义的一种形式。正如我在第2章中所说,关于左翼独裁主义已经达到临界点,并准备扼杀公开辩论的论调已流传数十年，其历史远比社交媒体的兴起悠久。然而，这又是一个错误的滑坡谬误：如果放任这些"抵制"事件，等待我们的将是极权主义！在这种情况下很难看出究竟是什么引发了滑坡效应：J. K. 罗琳未能受邀在图书节上发言，接下来就是……她的作品依然受到出版商的热烈追捧，竞相争夺其下一部作品的版权。

将"抵制文化"升级为道德恐慌的做法，正是作家奈斯琳·马利克所描述的"频率干扰"现象的一种体现。[9]这一短语描绘了这样一种情景：尝试解决真正的不满（即公众人物的偏执言论）的努力，被人为制造的不满情绪（"人们遭到抵制！"）所掩盖。为了反驳虚假的不满情绪，人们耗费了大量的时间和精力，导致真正的不满被忽视，而那些旨在解决真正问题的努力，最终反而被误认为是问题的根源。

让我们来剖析"抵制"的某些细节。首先，公众人物更容易受到抨击，因为他们的不当行为具有更大的影响力，所以我们有更强的理由去遏制这种行为。相比之下，我们中的许多人可能都有持种族主义观点的亲戚，如姑姑或岳父。然而，即使这些亲戚在公共社交媒体上发表了这些观点，其影响力也只局限于他们的社交圈，不会产生任何其他后果。因此，要成为"抵制"的对象，首先必须具有一定程度的权力和影响力。公众人物的种族主义言论有可能使这种偏见正常化，但我们的姑姑的言论则通常不会达到这种程度。

其次，当个体遭遇"抵制"时，他们失去的往往是原本只给予权贵阶层的机会。我们通常所讨论的并非失去住所或生计的普罗大众（尽管下一节会详细探讨这个话题），而是显赫的声望和诱人的利益，这些对于维持体面的生活而言并非必需，且只为少数人所享有。此外，从道义的角度来说，只要我们的行为不源于更广泛的压迫，那么在支持和任命的人选上持有个人偏好并在某人行为失当时撤回支持，这种做法通常是可以接受的。以摇滚乐队"电台司令"的主唱汤姆·约克为例，我曾尊重他的政治行动主义，但他对巴勒斯坦人的冷漠态度让我对他大失所望。[10] 如果说我曾是他的"粉丝"，那么现在我已不再是了。被抵制并不意味着在社会上不复存在，也不等同于因外貌不受欢迎而被逐出雅典十年。在多数情况下，这只意味着某些极具特权的个体将暂时失去部分特权。J. K. 罗琳可能会抱怨自己因跨性别恐惧症而遭到抵制，但她依然稳坐全球最富有作家榜首，并拥有1400万推特粉丝。仅仅是那些关心跨性别者边缘化问题的人决定远离她和她的作品而已。

抨击声此起彼伏，但罕有实质性影响。相反，在注意力经济竞争愈发激烈的时代，为了维持公众的持续关注，许多人甚至会主动寻求争议。极右翼争议人物米洛·扬诺普洛斯似乎就深谙此道。他宣称"强奸文化是一种谬论"，更撰写了一篇题为《你更愿你的孩子成为女权主义者还是癌症患者？》的文章。他鼓吹对同性恋者实施性倾向矫正疗法（扬诺普洛斯本人曾经

8. 谁在抵制谁？ 243

是同性恋者，如今却自称为"前同性恋者"，使得情况变得更加复杂）。他在推特上掀起了一场针对《捉鬼敢死队》演员莱斯莉·琼斯的种族歧视和性别歧视的辱骂狂潮，称其为"黑家伙"，并与新纳粹组织勾结。"抵制文化"并未对扬诺普洛斯造成任何实质性伤害，反而有一家出版社看中了利用他的仇恨言论牟利的机会：西蒙与舒斯特出版公司曾预付给他25万美元，邀请他详细阐述其赖以成名的唯一资本——种族歧视、性别歧视和同性恋恐惧症观点。然而最终，在他宣称13岁的孩子可以同意与成年人发生性关系，年长男性可以帮助年轻男孩"认清自我"之后，出版社取消了他的书约。至此，他终于触碰并越过了社会道德底线。（那些自诩为言论自由捍卫者的人对此事置若罔闻：这更加证明了他们的斗争其实是为了争取可以实施压迫而无须承担后果的具体权力。这也揭示了政治右翼分子在煽动道德恐慌时常用的"就没人为孩子（或胎儿）着想吗？"[1]的论调的真实面目。）

2021年，右翼电视节目主持人皮尔斯·摩根在致其Instagram粉丝的一封信中宣称，自己已沦为"抵制文化的最新'受害者'"。此前，他因在《早安英国》节目中情绪失控，激烈反驳梅根关于英国王室对她怀有种族歧视并因此影响其心理健

---

[1]《欢乐满人间》（1964年）中的班克斯太太和《辛普森一家》（1996年）中的海伦·洛夫乔伊先后说过"就没人为孩子着想吗？"这句话。——原注

康的报道而辞去了该节目的工作。[11]尽管节目组并未解雇摩根，他却在怒气冲冲地离开片场后选择了辞职。目前尚不清楚，如果他想保住职位，是否会得到节目组的同意——毕竟，英国通信管理局收到了4.1万份相关投诉——但在公开违反合同后离职与被"抵制"完全是两码事。事实上，摩根并未长期失业。2022年2月，英国各地的公交车上开始出现右翼小报《太阳报》宣布任命摩根的广告。这些广告牌的措辞很能说明问题："当你无法相信他刚刚说的话时""当皮尔斯说出我们所有人的想法时""皮尔斯加入《太阳报》。准备好放烟火了吗？"。换句话说，《太阳报》之所以邀请摩根加盟，正是看中了那些他声称导致自己被抵制的好战与反动观点，意图为其提供一个发声的平台。

卡尼·韦斯特至少坦率地承认，针对他的"抵制"实际上并没有什么意义。2018年，他因支持特朗普和发表"当你听说奴隶制已经400年了……那听起来像是一种选择"的言论而遭到铺天盖地的反对之声。这场骚乱过后，韦斯特在讨论最新专辑的表演时表示："昨晚到场的半数观众、半数正在听专辑的人现在都不应该听这张专辑。我被抵制了。我被抵制了，因为我没有抵制特朗普。"[12]（除了弹劾或投票让其下台外，"抵制"总统还有别的办法吗？）韦斯特曾被"抵制"，但他指出，人们仍然会去看他的演唱会。此后，他发行的两张专辑都登上了美国公告牌200强专辑榜榜首。

最后，将"抵制"视作左派的专属工具或仅针对权贵的手段，无疑是一种严重的误解。2013年，美国学者史蒂文·萨莱塔因批评以色列政府在"护刃行动"中的行为（该行动导致两千多名巴勒斯坦人丧生）遭到伊利诺伊大学解雇。此后，他发现自己被学术界拒之门外，但即使是在华盛顿特区当校车司机，他也仍坚持在轮班间隙进行写作。[13]这个充满戏剧性的实例鲜明地展示了抵制行动能够带来切实的后果，然而，有关抵制的讨论却鲜少提及此类实例，因为抵制所引发的道德恐慌往往是由右翼势力精心策划的。一年后，波士顿大学的黑人种族社会学家赛义达·格伦迪在推特上发表了一系列涉及奴隶身份传承以及对美国大学中白人男性特权文化的批判。[14]保守派学生团体威胁格伦迪，指责她怀有逆向性别歧视和逆向种族主义，要求校方将她解聘。[15]虽然格伦迪保住了自己的职位，但波士顿大学校长（一名科班出身的工程师）发表了一封傲慢的信件，对那些诋毁格伦迪的人表示同情，并谴责了她的文章。换句话说，一位有权势的白人男性在一位初级黑人女性员工的学术专业领域内公然对她进行诋毁，给她造成了严重的名誉损失。

有时，某些"抵制"事件看似是为了追求崇高的社会正义目标，但这其实只是一种表象，其背后的误解之深、影响之广，甚至会对受害者造成难以弥补的伤害。2019年，备受欢迎的YouTube哲学频道"唱反调"（ContraPoints）的创作者娜塔莉·温表示，她对网站要求强制公开个人代词的做法感到不适。这一评论源自她作为一名跨性别女性的独特经历，而她也并非唯一对此感到困扰的个体。[16]然而，她却因这一言论被指责为排挤非二元性别群体，遭到了猛烈抨击。反对的声浪迅速高涨，最终在推特上引发了一场激烈的围攻。无奈之下，娜塔莉只能选择关闭自己的账户并公开致歉。在这场风波中，许多人甚至可能都未曾认真阅读或理解她的评论，就盲目地加入了围攻的行列。社交媒体将这种误解造成的伤害无限放大。在另一些情况下，有些抵制行动则是出于恶意破坏的目的，由那些掌握大型平台资源的人所主导，煽动和利用公众的愤怒情绪，以解决个人争端或削弱竞争对手（例如，2021年Instagram上爆发的作家兼时尚博主"贫民窟之花"奇德拉·埃格鲁与英国插画师兼作家弗洛伦丝·季芬之间的争端[17]）。[18]在这种情况下，抵制行动往往能够取得显著的效果，因为对于致力社会正义事业的人来说，没有什么比压迫的指控更能激发他们的义愤了。

此外还有其他的普罗大众：他们并非公众人物或学术精英，因此他们的话语很难有机会被外界听见。正如我在第6章中所述，我们接触社交媒体平台的机会深受社会身份的影响。关于"抵制文化"的讨论成功掩盖了一个更为严峻的问题，即某些特定群体被系统性地排除在公共话语之外，尤其是在那些与他们息息相关且他们最有发言权的问题上。跨性别者鲜有机会谈论他们所面临的安全和尊严威胁；巴勒斯坦人很少被邀请分享他们所经历的压迫；难民几乎从未有机会讲述是什么迫使他们背井离乡，以及他们在欧洲边境所遭遇的暴力。更为重要的是，财务上的不安全感，以及由此耗费的时间和精力，往往迫使人们屈从于权贵。这种不安全感对自由的威胁，远比"政治正确"或"抵制文化"更为严重。

各个政治派别之中都有"抵制"的现象。然而，因与企业、印刷媒体、广播媒体、宗教团体及政客紧密联系，保守派公众人物一直与权力中心保持着密切的关系，这使得他们早已习惯在发言时无须考虑可能带来的后果。但是，互联网，尤其是社交媒体的兴起，使得公共话语逐渐民主化，反击也变得前所未有的容易。这一变化缩小了左翼势力与保守派之间在话语权上的差距。右翼人士深感他们以往的话语豁免权受到了侵蚀，因而感到惊慌失措，并对"抵制文化"大加谴责，而左翼人士则认为没有这样做的必要。

盘点一下，我们所谓"抵制文化"，往往只是公众人物将普通人一直在经历的事情，即我们的错误和偏执所带来的后果，放大呈现了而已。如果你做了坏事，人们自然会选择疏远你，尤其是当你拒绝承认错误并为此作出补偿时。这并非什么新鲜或不寻常的事情，但其背后也蕴含着重要的额外复杂性。有时，"抵制"站到了更广泛的种族主义和殖民主义沉默的队伍中，就有了萨莱塔和格伦迪那样的遭遇；有时，它则被蓄意滥用，用以羞辱或诋毁那些遭人嫉妒、不受欢迎或受到误解的人，如娜塔莉·温。很多时候，"抵制"反映出我们在处理不当行为的观念上存在着深刻缺陷。本章的余下部分将对最后这个问题展开探讨。

驱逐替罪羊

2021年，英格兰男子足球队于1966年后再度闯入重大赛事的决赛舞台。球队因拥有众多高知名度的黑人球员而备受瞩目，他们中的许多人为足球运动中的种族主义问题勇敢发声。他们是本届欧洲杯中少数几支在每场比赛前都坚持单膝跪地以表达对种族歧视的抗议的队伍之一。决赛的氛围异常紧张，经过整整九十分钟的激战和三十分钟的加时鏖战，双方依然战成1∶1平。在随后的点球大战中，马库斯·拉什福德、杰登·桑乔和布卡约·萨卡接连罚失了点球，使得英格兰队与冠军奖杯擦肩而过。这三名球员都是黑人。这一点很重要，因为他们也是队中最缺乏经验的年轻小将，平均年龄只有21.5岁。在这样的关键时刻，他们显然不是承担如此重压的理想人选。然而，他们很可能感受到了压力，他们必须成为"少数族裔模范"，必须向这个仍在努力接纳黑人英国人身份的国家证明自己。我们也认识到，当黑人球员在观众面前比赛时，他们往往会感受到更大的压力，因为一旦他们出现失误，很可能就会遭受来自观众的种族主义辱骂。最近的一项研究表明，在新型冠状病毒肺炎疫情封锁期间，当黑人球员在空无一人的体育场内比赛时，他们的表现普遍有所提升；而非黑人球员的表现则没有明显变化。[19]在英国，有色人种与公众人物一样，绝对不能行差踏错：只要踏错一步，他们的英国人身份和基本人性就会遭到质疑。

我惊恐地看着萨卡的射门被意大利门将扑出。他是最后一个罚点球的球员,一切希望都在那一刻破灭了。我已经预见到接下来会发生的种种。萨卡也是如此。他后来写道:"我立刻就知道我将面对怎样的仇恨。"正如预见那般,辱骂瞬间汹涌而至。种族主义言论、蔑称和恶意的表情符号疯狂地涌向球员们的社交媒体账号,推特不得不删除了1000条帖子,并永久封禁了一些账号。(也有无数支持三位球员的声音如潮水般汇聚而来,这对确保采取有效行动应对辱骂行为至关重要。)

在被指控的违法者中,有一位名叫安迪·博恩的37岁地产经纪人。他似乎在推特上发布了"黑(******)毁了我们的一切"(尽管他后来声称自己的账号遭到了黑客的攻击)。

演员罗西妮·巴尔曾声称,服用安眠药(或类似地,对足球感到不满)就能导致人们发表随机且孤立的种族主义言论。与此相反,这种爆发通常指向更深层次的仇恨储备。[20]因此,即使只是作为一种遏制行为,对种族主义言论造成某种后果也是必要的。安迪·博恩的雇主解雇了他(尽管他坚称自己是无辜的)。从保护同事和客户的角度来看,这似乎是一个合理的选择。然而,这种做法并未触及其背后的原因。这个难题让我们再次将目光放回艾米·库珀的案例上。她向警方谎称一名黑人男子威胁她,导致自己丢掉了在一家投资公司的工作,并因报假警而面临刑事指控。作为受害者的黑人观鸟者克里斯蒂安·库珀不赞成对艾米·库珀的处理,也没有选择继续起诉她。他说:

> 我们每个人都可能犯错——这些错误未必出于种族主义，但无疑都是错误的行为。然而，在极短的时间内掀起如此大的浪潮，就肯定会造成伤害。我并非在为种族主义开脱，但我不知道是否应该为此毁掉她的生活……她变成了种族主义者。作为一个白人女性，她认为自己可以在与黑人男子的冲突中利用某些黑暗的社会冲动为自己谋取利益。我不知道她是否是有意为之，但她确实这么做了。她迈出了那一步。如果我们希望取得进步，就必须解决这些问题。[21]

我们应该如何对待安迪·博恩与艾米·库珀之流呢？很难将他们的不当行为归咎为"一时之错"然后轻易放过。最好像克里斯蒂安·库珀那样承认，他们的爆发为"黑暗的社会冲动"打开了一扇短暂的窗口，这些冲动或潜藏或在人际交往中有所表现，但折射出更为广泛的敌意。然而，这些系统性问题在多大程度上能通过毁掉个体生活而得到改善？

我们对结构性压迫个案的反应似乎就是寻找替罪羊。替罪羊的概念最早可追溯至《旧约》。以色列人将自己的道德过失象征性地置于一只山羊的头顶，随后将其放逐至旷野，以期借此带走他们的罪孽，达到净化自身的目的。然而，这种做法只是权宜之计，虽然暂时让问题看似得以解决，但实际上没有解决分毫问题。除了放逐外，古希腊人也曾举行过牺牲仪式

（pharmakos），即通过驱逐、殴打或处死替罪羊（通常是奴隶、残疾人或被视为罪犯的人）在危机时刻净化社会。

以咨询公司Civis Analytics的选举数据分析师大卫·肖尔为例。2020年5月，在乔治·弗洛伊德刚刚遇害、"黑命攸关"抗议活动风起云涌之际，肖尔在一条推文中引用了黑人政治学学者奥马尔·瓦索撰写的一篇学术论文。该论文认为，20世纪60年代的非暴力抗议比"暴力"示威更能赢得民主党选民的支持。[22]当天晚些时候，作家兼活动家本杰明·狄克逊便批评肖尔的推文是"钓鱼式关心"（concern trolling），即试图将公众的注意力从弗洛伊德之死及其背后的恶性种族主义问题，转移到选举投票率上。狄克逊的观点得到了上千人的点赞支持。尽管肖尔随后为自己的推文道歉，但不到一周的时间，Civis Analytics公司就解雇了他。狄克逊提出的观点至关重要，肖尔可能需要在种族、抗议策略及发帖时机等方面进行反思。但是，公司解雇肖尔的做法只是一种推卸责任的回应。肖尔对推文内容的不敏感可能确实反映出他所在的组织或部门需要进行文化变革，但是简单地解雇一个人并不能真正解决问题。公司只是将肖尔当成了替罪羊，试图以此来洗刷自身的过失。

我们之所以过度关注个体替罪羊，是因为在面对结构性问题及其给个体带来的深重痛苦时，我们往往感到无所适从。于是，人便成了一种象征，承载了我们对社会的不满情绪，而社会提供的补救途径却寥寥无几。尽管如此，结构性非正义源于个体的共同行动，这就要求我们必须寻找有效途径，确保在短期内对伤害事件作出有力回应。

道歉的困境

十几岁的时候，我曾随意地将"同性恋"这个蔑称挂在嘴边。我最好的朋友就是同性恋者，我甚至在他面前也无所顾忌地这样称呼他。回想当年自己说过的一些话，我惊觉这些言辞竟也涉及了强奸辩护、健全中心主义、种族主义和阶级歧视。这些言论在当时看来稀松平常，但是就像忒修斯之船悖论一样——船上的每一块木板都被逐一替换，直到所有的部件都已不再是最初的那些，我们是否还能称它为同一艘船——过去二十年间，我的观念也经历了深刻的变化，现在让我为自己早年的压迫行为负责是荒谬的。2022年，作家阿什·珀尔曼曾在推特上开玩笑说："我与2008年左右那个在脸书上发状态的我几乎已经没有什么共同之处。"[23]拘泥于个人过去的不当行为，就是在忽视我们都在不断成长和学习这一事实。

2011年至2014年间，当时只有十几岁、尚未发行首张EP的车库饶舌[1]音乐人史东兹发布了一系列带有同性恋恐惧症色

---

[1] 车库饶舌（Grime）是一种源自英国的独立音乐风格，结合了电子乐、节奏蓝调、嘻哈及放克等多种元素，歌词内容通常涉及都市生活和街头文化。——译者注

彩的推文。针对两位女性在推特上相互支持的评论，他写道，她们的行为"太同性恋了"。不仅如此，他还用"基*"来形容电视肥皂剧《东区人》中的一个同性恋角色。那一段时期内，他的推文中频繁出现指代男性同性恋的令人极度不适的F字词，而且他对"同性恋者"（gay）一词的使用也充满了贬义。[24]然而，就在发布这些同性恋恐惧症推文几年之后，史东兹开始利用他新获得的名气来呼吁人们关注社会和经济不平等的问题。当2017年这些帖子被重新翻出来时，他发表了道歉声明：

> 多年前，我在推特上发表过一些粗俗且具有冒犯性的言论，那时我年少轻狂，以无知为傲。然而，我已长大成人，摒弃了那些带有歧视性的伤人观点……我深感自己当年的言论不堪入目、令人作呕，实在无须赘言。我为曾经的失言感到懊悔，并向所有因我而受到冒犯的人们致歉，那些言论只是我过去的态度……我愿为自己所犯的错误承担责任，希望你们能够理解，那个年轻气盛的我并不能代表今天的我。[25]

史东兹在18岁至21岁期间发表了这些不当言论，而当他提笔写下这封道歉信时，已经24岁了。虽然仅仅过去了几年，但是这几年往往是成长的关键时期。他在信中讲述了自己日渐成熟、敏感的人生轨迹。然而，并非所有人都表示信服，一些批评者认为他之所以道歉，只是为了保护自己的声誉和唱片销量。但是无论如何，他的公众形象从此变得更加审慎、体贴了。

近年来，一股挖掘公众人物社交媒体旧帖以制造丑闻的风潮愈演愈烈。喜剧演员特雷弗·诺亚、板球运动员奥利·鲁宾逊和说唱歌手阿泽莉亚·班克斯等人都因此被推上了风口浪尖。（为了应对这一趋势，甚至有人专门开发出一款名为Vanilla的应用程序，旨在帮助用户识别并删除旧帖中的不当言论。[26]）其中一些案例直指其所在行业中更广泛的文化症结——鲁宾逊的种族主义推文曝光之后，英国板球界接连爆出多起种族主义丑闻，其种族主义程度可见一斑——但大多数案例则反映了一个事实，即我们中的许多人在青少年时期都有过粗鲁、狭隘的言行，当时的各种偏执行为很少得到纠正。社交媒体将这些年少轻狂的愚蠢行为永久定格，无论这些行为是否已在日后被摒弃。

执着于用一个人过去的行为来评判他现在的表现，这种做法似乎既无益又不近人情，尤其是当他已经反省并改正了这些行为，也没有其他值得人们关注这些行为的理由。正如朱迪斯·巴特勒在2020年接受采访时所说：

> 我曾在公共生活中犯过一些重大错误。如果有人因此就断定人们不应该阅读我的文章或聆听我的观点，我会坚决反对。因为我坚信，一个人所犯的任何错误都不能或不应该成为定义这个人的全部依据。我们都生活在时间的洪

流之中；我们都会犯错，有时甚至是严重的错误；如果幸运的话，我们恰恰能够通过与他人的交流来改变自己，以不同的视角看待世界。[27]

道歉确实具有重要意义，但它也带来了一个棘手的两难问题。一方面，道歉看似轻而易举，甚至可能被策略性地利用；另一方面，如果断然拒绝接受道歉，拒绝给予对方成长的机会，似乎显得过于苛刻，除非真是到了罪无可恕的地步。而且，这种拒绝忽略了一个事实，即人无完人，学习既是可能的也是有益的。此外，压迫行为往往与压迫性结构密切相关。因此，我们的不良行为从来都不是个人问题。况且，真正的道歉并非易事。它需要这个人承认错误，并承诺未来会做得更好。行为科学家已经证实，有效道歉的核心是承认责任，然后提供相应的补偿。[28]

很难说拒绝接受史东兹的道歉究竟能带来何种益处。然而，更棘手的问题在于，在面对更为直接的不当行为、近期发生的不当行为，或是对方根本没有任何道歉表示时，我们又该如何应对。同样重要的是，我们必须认识到，在某些情况下，若一个人为真诚的赎罪付出的努力遭到拒绝，他们可能再难获得社会的接纳。

我们知道正义是什么样子的吗?

几年前,在一个熙熙攘攘的市场里,有个男人对我动手动脚。我愤然转身,挥拳相向,可惜力度不足,他只是笑了笑便扬长而去。那一刻,我多么希望自己能重重地击中他,让他尝到一些苦头,留下深刻的教训。可即使如此,我也仍然坚信,不应理所当然地对性侵犯者实施人身伤害。当然,我也绝不希望国家对他们采取暴力手段。我在遭受侵犯那一刻的反击,与我认为在一般情况下可采取的行动并不相同。同样,当受害者亲属呼吁对杀人犯执行死刑时,他们的心情完全可以理解。但这种观点,与其说是支持死刑,不如说是支持不应由受害者家属来决定正义的形式。

尽管倾听受害者的声音至关重要,但未得到解决的痛苦并不会赋予人们构想出妥善解决痛苦的方案的天赋。恰恰相反。哲学家奥卢费米·O.塔伊沃曾写道:"与传统的观念相反,痛苦——无论是否源自压迫——都并非良师。苦难是片面、短视且自私的。我们不应期待会有另一种政治,压迫不是预科学校。"[29] 当人们受到伤害时,他们往往希望看到加害人也遭受同样的痛苦。然而,除非我们的社会能够抑制这种为升级的报复行为喝彩的倾向,给予受害者关怀,否则最终的结果很可能是每个人都将因此受到更深的伤害。

一般来说,我们应该批判那种认为受压迫者自然而然就更有可能识别不公正并找到摆脱之法的观点。女性主义立场论（feminist standpoint theory）告诉我们，我们在社会等级中的地位影响着我们所能触及的知识领域。这就要求我们严肃看待边缘化群体的经历，因为他们或许能就与其所受压迫紧密相关的问题提出重要见解。然而，事情远比这复杂。立场并非自动生成；相反，它是一种通常通过集体政治斗争而逐步确立的既定立场，是一种必然，因为被压迫者了解自身所受压迫的内在机制，这符合他们的利益。科学哲学家桑德拉·哈丁写道："女性主义立场并非任何人只要宣称拥有就能轻易获得的。它是一种成就，（并且）在这方面不同于那种只需'睁开眼睛'就能洞察一切的观点。"[30]

有色人种通常能够就种族主义经历提出见解，但并非所有有色人种都是这一领域的专家：许多人没有时间或动力去努力形成自己的立场；一些人则将种族主义内化，致力成为"少数族裔模范"，并对那些不遵循此路的人嗤之以鼻；还有一些人谴责针对自己所属群体的种族主义，但助长了其他形式的种族主义。此外，种族主义的表现形式和程度多种多样，并与其他身份交织在一起。我们最有可能听到的关于种族主义的描述，往往来自那些拥有发声平台的有色人种，也就是知名人士、富人和受过良好教育的人群。以梅根为例，她确实面临反黑人种族主义的问题，但如果认为她的经历可以代表所有在欧洲的塞内加尔移民的经历（他们可能与其他非黑人的极度贫困者存在更多共同之处）显然是不合理的。立场理论并不意味着任何有色人种成员都应被视为最有效的反种族主义策略权威。当然，这也不意味着受压迫者仅凭其身份或经历，就能对不当行为作出有建设性的回应。

虽然压迫能够催生富有启发性的见解，但同样也容易让一个人道德罗盘的指针不停乱转。哲学家克劳迪娅·卡德在其1996年出版的一本探讨生活经历对道德观念影响的书中解释道：

> 受压迫者容易陷入自卑的情绪，表现出迎合奉承的行为，甚至可能与施虐者站在一起（例如所谓女性受虐癖）；他们倾向于掩饰自己的真实情感，害怕引起别人的注意，并可能展现出一种变色龙式的应对模式——根据不同的情境调整自己的言辞和态度，以最大程度地保护自己免受伤害。[31]

就在我撰写本书之际，一个令人深感忧虑的复仇指向错误的案例正在英国上演。近年来，"性别批判"（gender critical）或"排除跨性别者的激进"（trans-exclusionary radical）女权主义在英国兴起，表现为顺性别女性群体（通常是年长的中产阶级白人女性）不遗余力地妖魔化跨性别女性，并试图将她们排斥在女性专属空间（如性侵害危机处理中心、家暴庇护所、监狱、更衣室和洗手间等）之外。这些人对有关跨性别者权利的公共话语造成了严重破坏，并在某些情况下对跨性别者个体进行了骚扰和攻击（或煽动他人实施此类行为）。这些伤害是不可原谅的，但她们的策略核心中却存在一些令人不安的要素，值得我们仔细剖析。许多参与此类行动的顺性别女性都遭受过顺性别男性的严重性虐待，她们似乎将自己的痛苦指向了跨性别女性。这种做法建立在两个错误假设之上：一是认为男性的暴力行为是由遗传或生殖器性别决定的，无法通过性别重置手术得以改变；二是认为顺性别女性更容易成为顺性别男性暴力的受害者，而跨性别女性则不然。在我看来，英国的跨性别恐惧症至少部分源于对性侵犯及其长期危害的系统性应对不力。在这些方面的不力导致人们错误地将仇恨的矛头对准了跨性别女性，因为相比顺性别男性和助长其暴力行为的机构，她们更容易成为攻击的目标。

创伤与压迫也可能会催生抨击，在这种情况下，人们不希望给施暴者自新的机会。面对压迫，一种常见的应对策略就是将世界划分为不同的部分，从而使自己所受的痛苦与不公显得更为合理。深信某些人——无论是个体还是其所属的社会群体——是无可救药的恶人，这种信念能够带来某种慰藉。因为它意味着，只要我们能够避开这些人，就能确保自己的安全。然而，一旦认为他们有可能改变，这种令人安心的模式就会被打破：那些可能伤害我们的人与我们可以信赖的人之间的界限将变得模糊，世界将变得更加错综复杂、充满恐怖。对简单的渴望有时会演变为一种迫切需求，即将那些违法者永久地贴上标签，让他们不断地为自己的行为付出代价。同样，人们有时也会利用抨击来巩固自己的身份，在这个充满疏离感的世界中寻找认同感和归属感。

这些观点或许可以解释，为何那些被视为已经"觉醒"但在某些方面存在缺陷的人会招致如此非同寻常的愤怒。以鲍里斯·约翰逊为例，他写了一本充斥着性别歧视和种族主义刻板印象的书（参见其2004年出版的小说《七十二位处女》），人们对此却只是轻描淡写地评价：他就是个无赖。这些无赖往往能够逃脱惩罚。但是，如果一个公认的"好人"犯了错，却会被毫不留情地推下神坛。如果你能明白，只有将犯错者打入万劫不复的境地，才能将世界划分为完美无缺的良善和不可救药的邪恶并维持这种绝对的善恶二元对立，那么这一切就都说得通了。因此，那些拥护某种解放政治的人犹如在走钢丝：他们只能一路走下去。当然，我们完全可以要求人们践行他们所宣扬的价值观，当他们未能达到这一标准时，我们感到失望也在情理之中。尤其是当一个声称致力社会正义的人却做出压迫性行为时，其破坏性无疑更为严重。但话又说回来了，我们每个人都会犯错，都会在某些方面存在不足，因此我们需要一个能够从错误中学习的环境。

上述种种导致人们对犯错心生畏惧。在某种程度上，这完全没有问题：我们的确应该关注自己的行为对他人所产生的影响。然而，羞辱或排斥的威胁却会产生适得其反的效果，阻碍人们进行谨慎且具有批判性的思考，促使人们全盘接受他们认为是正确的人所持有的观点。这就是"回声室"[1]效应产生的方式之一。在特定的社会环境中，重复已被接受的观点成为避免压力和尴尬（甚至是更糟情况）的最安全的方式。[32]对于社会正义运动而言，这无疑是个坏消息，因为社会正义运动需要培养勇气、创造力和异议精神，只有这样，我们才能想象和构建出另一种生活方式，并理解抵抗始终是一种持续不断的实践。

在呼吁对彼此多一些关心和耐心的同时，我并非在提倡"礼貌"（civility）这个含糊的概念，因为"礼貌"往往沦为语气"警察"和"各执己见"者的论调，它不仅对权力缺乏关注，甚至可能成为对付有色人种的工具。愤怒往往是最适合的工具。正如奥德丽·洛德所言："在舍弃它之前，我必须确保在通往明晰的道路上，至少有同样强大的东西可以取而代之。"[33]在必要时，坚决地反击对手无可厚非。媒体研究学者梅雷迪思·克拉克曾指出，社交媒体上的抨击，往往是女性化劳动力为社会正义所做的免费劳动。在情绪激动且时间紧迫的情况下，人们的回应不可能永远"保持优雅和礼貌……有时候，压迫的紧迫性和严重性要求我们立即大声疾呼"[34]。我也不是说，应该轻易原谅那些造成伤害的人。我只是希望我们能够更加谨慎地区分无意犯

---

[1] 回声室（echo chamber）指的是一种环境，在这种环境中，一个人的周围只充斥着强化和放大自己信念的相同的想法或观点。这通常会导致这个人的观点变得更加极端，对不同观点的态度不那么开放。——译者注

错者和蓄意攻击者。对于前者（有时甚至也包括后者），抨击实际上是一种慷慨的澄清和挑战行为，它为平反提供了途径。

谈到"抵制文化"，我们不可避免地会思考一个更广泛的问题，即如何应对不法行为，尤其是考虑到我们自身就是由那些我们试图抵制的制度所塑造的。克劳迪娅·卡德提出了一个疑问："作为受到伤害的能动者，我们如何才能从伤害中解脱出来？"[35]我们追求解放的努力很可能会延续那些我们试图摆脱的伤害。我们可以通过"抵制文化"与日常的"监禁性"（carcerality）之间的相似性进行更为具体的阐述。法律学者萨拉·兰布尔将其概括为：

> 将对伤害的惩罚性反应正常化的逻辑和实践。正是这种"常识性"逻辑，将正义与惩罚等同起来。伤害发生时，监禁逻辑往往鼓励我们将问题的原因归结于个人（如错误的选择、与生俱来的邪恶、不良的教养、文化缺陷、可怕的差异等），然后孤立并惩罚这个人……有时，这种做法以公开的方式进行——通过国家和刑事司法系统，或者报警——但它也会以更微妙的日常方式进行，将报复性或惩罚性行为正常化，甚至赞美救赎性暴力行为。这些惩罚逻辑已经渗入了我们在工作、学校、家庭、邻里和组织社区中的日常互动。[36]

监禁性使得关押"罪犯"的做法看起来像是处理违反社会契约者的正常且合理的手段，而非一种不明智、不人道的措施的升级。[37]它让我们坚信，我们别无选择，只能关注个人，给他们贴上不可救药的恶人的标签，并通过惩罚加剧他们的痛苦。然而，我们却从未深究过这样的策略是否解决了促使他们犯错的更深层次的问题。如果我们想要更大胆、更富想象力地思考问题，那么我的不当行为或许会成为我"交代"的契机。正如社会学家梅拉妮·布雷泽尔所建议的那样，它允许并鼓励我"批判性地审视那些支撑我的故事与构成我本人的人脉和结构，并重新赋予了我新的能动性，使我在不动用暴力的前提下作出新的选择"[38]。

我们都是我们所生活的文化和环境的产物。有些人有更多机会了解反压迫的语言、行为和运动的变化，而有些人则相对较少。例如，在称呼那些经历过性虐待的人时，人们在使用"幸存者"还是"受害者"时有着不同的看法：虽然"幸存者"这个词被认为更具力量，但并不是每个人都能感受到这种力量，也不是每个人都能幸存下来。一些有色人种不喜欢被称作"people of colour"，而是更倾向于"racialised peoples"（种族化民族）这样的词汇。我遇到过许多年长者，他们很厌恶前者，认为它和"coloured people"一样令人反感。然而，在南非，有近十分之一的人自认为是"coloured people"，他们用这个词来指代多种族群体。把这些问题说得好似简单明了（即使在谷歌的帮助下），既无益，也虚伪。这通常很难，也很令人困惑，我们中的许多人都是在公共场合，在社交媒体上不断学习（和犯错），但社交媒体是无情的，而且总会留下痕迹。如果我们不愿意帮助彼此共同进步，就会让人觉得我们只是为了获得抨击别人的快感并占据道德制高点。当我们发现自己为了实施惩罚、报复或赢得关注（通常以点赞和转发的形式）而做出过激行为时，我们就应该反思自己的态度和行为。

哲学家凯特·曼恩在她的著作《不只是厌女》中提出了一个深刻见解。在谈到"厌女者"（misogynist）这一术语的使用时，她指出，在一个天生厌恶女人的社会中，我们很难界定何时适用这样具有强烈指责意味的词语。曼恩认为，只有在满足下列条件时，我们才能将某人归为厌女者：

> 首先，他们的厌女态度和/或行为明显更为极端；其次，在与拥有相似背景（如性别、种族、阶级、年龄等）的大多数人相比较时，这种态度和/或行为表现出更高的一致性。[39]

在处理其他压迫事件时，我们也可以借鉴这一策略：在决定对施暴者实施后果严重的放逐之前，需要先评估其所造成的伤害的程度和持续时间，同时考虑施暴者的社会地位。记者、政治家或电视节目主持人应该比那些教育和职业机会较少的人更加清楚这一点。史东兹青少年时期所表现出的同性恋恐惧症与特朗普成年后所持有的种族主义立场性质并不相同。

我认为可以公平地说,在这些问题上,社交媒体未能充分展现我们深思熟虑和合作精神的最佳一面。网络上的压迫行为和抵制活动之所以出了问题,部分原因在于,我们大多数人在社交媒体上的表现不仅让我们忘记了与我们交流的是真实存在的个体,也忘记了我们自身同样是真实存在的个体。学者瓦利德·阿里和罗伯特·辛普森指出:

> 这些现象的本质之一是,参与者并不认为自己是暴民的一分子……他们往往认为自己只是在抒发情感、阐明政见、与朋友闲聊、对不公正现象发表批评,或者仅仅是在消磨时光。[40]

抨击发生的平台旨在利用我们的疏忽,以及我们渴望通过点赞和分享获得认可的心理。这些平台鼓励我们将自己打造成一个个品牌,这意味着我们将自己卡通化,同时将我们的朋友和敌人也简化为鲜明的卡通形象。然而,它们的目的并非在于鼓励人们反思其局限性,以及它们作为伸张正义的工具所存在的不足。真实或感知的伤害行为很容易被放大,进而演变成骇人的争斗,最终,我们每个人都对彼此的互联网化身大喊大叫,直到我们渐渐迷失,不再清楚谁是我们的朋友,我们的共同目标是什么，以及这一切与物质世界有何关联，又是如何束缚着我们的。正如作家吉亚·托伦蒂诺在《欺瞒之镜》一书中所言："互联网受到各种激励机制的支配，在与其互动的过程中，我们不可能成为一个完整的人。"[41]

本章着重探讨的是个体的行为，而非国家或机构层面的行动。这种区分至关重要，因为国家、公司、机构及其代表拥有极大的权力和影响力，同时掌握着大量资源。在反对政府及其代理人（如警察和军队）或公司的压迫行为时，我们需要采取旨在削弱其权威的策略。因此，那些用在普通人身上显得令人不安和不相称的策略——羞辱、抹黑和断交——在动摇权力时却可能是恰当且有效的手段。

抵制可以成为一项重要的策略，以遏制个体对结构性非正义的推动，并迫使其承担建设性的后果。然而，我们不能过度沉迷于相互追究责任的过程，决不能忘记我们的不良行为往往源于有害的社会结构，而唯有最强大的国家才有力量摧毁这些结构。过分专注于追求个人正义，会让我们四分五裂、萎靡不振，无法对付更强大的敌人。

艺术与艺术家

如何处理那些伤害或剥削他人却拒绝承认或道歉的艺术家

的作品，仍然是个棘手的问题。有些人认为，抵制这些行为不端的艺术家所创作的作品是不妥的。这种观点认为，虽然我们应该让艺术家为自己的行为负责，但他们的品格或行为不应影响我们对其艺术作品的欣赏。因此，在评判这些艺术作品时，我们应专注于艺术本身的价值，努力将艺术与艺术家分开看待。

然而，现实情况往往是，艺术家未能将其个人与作品完全分离。相反，他们的性化或种族主义观点往往会渗透到他们的艺术作品中。说唱歌手劳·凯利曾于1993年为女歌手阿莉娅创作并制作了歌曲《年龄不代表什么，只是一个数字》，讲述了一个年轻女孩恳求一个年长男人与她交往的故事。1994年，27岁的凯利竟然贿赂一名政府官员，伪造了一份篡改了出生日期的文件，与当时年仅15岁的阿莉娅结婚（这段婚姻最终被判定为无效）。雕塑家、版画家兼字体设计师埃里克·吉尔也是一个鲜明的例子。吉尔对他的女儿实施了性侵犯，甚至对他的宠物狗也有不当行为。这使得人们在欣赏吉尔的作品时，无法将他的个人行为与作品分割开来。在一幅名为《沐浴中的少女2》的木刻版画中，一位长发女郎赤裸着身子靠坐在浴缸里，而画中少女的形象酷似遭受他性侵的女儿彼得拉。另一幅名为《圣多米尼克的猎犬》的木刻版画则描绘了一只叼着火炬的狗，这很难不让人联想到他对狗所做的不当行为。即使是那些主题看似与他的虐待行为无关的作品，也会使人产生欣赏上的障碍。人们会不由自主地想到他那双光滑的手，这样的联想或多或少会破坏对他所有作品的感受。

最近,我重温了几部伍迪·艾伦的电影。(在贝鲁特时,由于网络不便,我只能通过盗版DVD观看,因此至少他没有从中赚到钱。)然而,重温这些电影后,我发现与他被指控的性虐待行为相比,他的电影作品本身的问题更为严重。这些影片曾被誉为好莱坞的佳作。在我自命不凡、不谙世事的少年时期,它们也曾让我颇为欣赏。但是成年后再看,我发现它们荒谬至极——当我从羞愧的情绪中恢复过来时,这些影片竟以一种艾伦未曾预料到的方式逗得我捧腹大笑。这些电影的剧情大多是迷人的年轻女性(其中一个甚至是17岁的女学生)向中年艾伦或代表他的角色大献殷勤。或许对于一些年纪较大的男性观众来说,这些电影能够满足他们的某种幻想,但对于我们大多数人而言,这感觉就像是不经意间发现了一些道德上令人质疑且显然是为特定观众准备的色情片。这些电影全是烂片。然而,当我们将艾伦的个人历史与这些电影相结合时,会不禁感到一阵寒意。很难想象有观众在观看这些影片时,不会联想到他滥用权力的行为。

我们所处的文化以及接触的艺术和媒体都在不断地塑造我们。美国人平均每天花费八个小时(占据他们清醒时间的一半)在网络上浏览内容。[42]这还不包括阅读书籍、杂志或浏览社交媒体的时间。我们消费着大量的信息,这些信息在无形中塑造着我们的观点。长时间阅读表达厌女观点的文章,会让人逐渐失去察觉身边厌女现象的能力。主流色情作品会影响性期望，导致女性被去人性化，平等主义观念淡化，年轻男性的暴力态度、暴力行为和厌女倾向增加。[43]好莱坞电影同样存在令人不安的问题，我们往往将它们当成社交和浪漫期许的模板。自1994年以来，在2000部票房最高的电影中，女性编剧创作的仅占10%，导演为女性的仅占5%。[44]三分之二有台词或姓名的电影角色都是男性，[45]女性角色裸露身体的可能性则是男性的四倍。[46]对数千本书籍和电影的分析表明，男性的生活通常被描绘成充满冒险，而女性则以浪漫为中心。[47]黑人角色通常是最好的朋友或助手，而非主角，而且更有可能遭遇不幸。拉美裔、东亚裔和南亚裔角色通常只是重复种族主义刻板印象的载体。仅有2%的电影明确包含性少数群体角色或内容。

艾伦和温斯坦等人的作品成为我们文化经典的重要组成部分，而其他或许能够作为陪衬或抗衡的声音和视角却显得异常微弱，甚至被边缘化乃至完全缺失。与其将对艾伦等人作品的评判视为某种"抵制"，不如将其视为我们对所消费的艺术、媒体和信息进行的质量把控。在选择我们的接触对象时，应重视多样性和挑战性，从而强化我们独立思考的能力。毕竟，在当下这个时代，我们与艺术作品的接触并非处于一种"自然有机"的状态。相反，我们的每一次消费都经过制作者的精心策划，其背后隐藏着一系列算法，它们预测并影响着我们的品味，最终服务于利润。

如果你因为某个人的价值观令人反感而与他断绝关系，这并不等同于"抵制"他。对我们所接触的作品进行筛选，其复杂程度不会超过选择朋友和合作伙伴。[48]这种筛选既可以作为一种有效的施压手段，也可以作为我们拒绝投入时间、关注或金钱以避免参与可能带来伤害的行为的方式，还可以是有助于削弱此人影响力的方式。此外，这种筛选还可以让我们避免因预期、忍受或面对偏执行为而产生的不必要的不适感。我不看脱口秀表演，除非我一开始就有依据确定表演者没有种族歧视、性别歧视、同性恋恐惧症、跨性别恐惧症、阶级歧视或残障歧视。欣赏喜剧需要一种轻松的氛围，我不想时刻绷紧神经，等待可能出现的令人不适的笑话。那样的体验并不愉快。我们的价值观对我们而言至关重要，是我们作出各种选择的依据。根据这些价值观来作出选择，是行使道德能动性、深思熟虑、自我保护和反抗的体现。正如小说家伍绮诗在推特上就这一问题发布的内容：

> 也许我想请一个人来粉刷我的房子，但后来发现他是个极端的种族主义者，于是我决定不雇用他。如果你觉得"哦，但他是个技术娴熟的油漆工，谁在乎他是不是种族主义者！"，那就意味着你觉得我在权衡自己的价值观——出色的油漆工作与对种族主义的反感——并搞错了自己的优先事项。

"但是，如果每个人都拒绝与X合作，就不会再有人雇用他了！"没错，这就是后果和社会的运作方式。如果这个X对所有人来说都是个混蛋，就没有人会雇用他。没有任何规则能保证混蛋能拥有工作或朋友。这是社会阻止不良行为的一种方式。[49]

这又回到了关于抵制的讨论。尽管抵制也许不是首选的处理方式，我们也应该始终为愿意作出改变的人留下一扇门，但放逐——无论是通过抵制创意产品、拒绝雇用某人，还是采取其他形式——都可以成为遏制不良行为的有力手段。

9 我们需要对结构性非正义负责吗?

> 银行里的人个个都讨厌银行的所作所为,但是银行偏要这么做。我告诉你,银行这种东西不仅仅是由人组成的机构,它是个怪物。人造出了银行,却又无法控制它。
>
> ——约翰·斯坦贝克,《愤怒的葡萄》(1939)

2021年酷暑难耐的一天,我坐在泰晤士河口北岸我父母家的花园里。我们满面愁容地谈论着天气。就在那一周,土耳其的气温突破120华氏度(约48.9摄氏度),创历史新高。西伯利亚森林山火肆虐,浓烟滚滚,不但刺鼻还会灼伤肺部,数千年来封存的碳被释放到大气中。热浪席卷加拿大,气温高达121华氏度(约49.4摄氏度),比以往的最高纪录高出8华氏度,500人因此丧生。芬兰和爱沙尼亚的气温也刚刚刷新了它们的历史高温纪录。洪水在德国、波兰、荷兰和捷克共和国肆虐(那个周末,英国也未能幸免），夺去了数百人的生命。晴空万里对我们来说本应是一种慰藉，但那一刻，耀眼的阳光却像是一种威胁。

父亲一边跟我们聊天，一边站在梯子上，在屋后固定一块防水布，以制造一片宝贵的阴凉。他用尼龙扎带将防水布的四角固定在花园的围栏上。我对使用一次性塑料感到不满。我一直自诩为家里的万事通，于是指着放在杂物堆上的一团麻绳，质问他为什么不用麻绳代替。他笑了："你知道那也是塑料的吗？"我拾起那团麻绳，发现它是亮闪闪的尼龙织物。他补充道：

> 而且，工厂每分钟都在生产上百个这样的东西，石油公司又卖给他们大量汽油来生产塑料，你真觉得我一个人改变做法会有什么不同吗？我已经不再为自己的行为感到焦虑了。为什么要白费劲呢？

我叹了口气，坐回到那片阴凉之地。正午的阳光将草地染成了金色，也晒蔫了果树的叶子。全球正在遭受热浪的侵袭，而我却在这里责怪父亲为了让我们保持凉爽而使用了几厘米的塑料。我完全能够理解他的沮丧。全球生命面临的最大威胁——环境破坏、全球不平等——都是巨大的系统性问题，然而，我们的应对措施往往微不足道，而且总是专注于斥责他人和让自己陷入内疚之中。弃用吸管、购物袋和尼龙扎带并不能拯救地球。问题的根源在于，我们整个社会的生活方式建立在对不可再生材料的无节制消费之上——这种消费并不仅限于吸管、购物袋这样的小物件，更涉及手机、牛仔裤，还有汽车等大件商品——在这样的生活模式下，地球已经岌岌可危，无法拯救。

面对这一切，我们很容易选择放弃，声称这混乱的局面已无法挽回。生活已经如此艰难，难道我们不应该因为选择了阻力最小的道路而得到原谅吗？看看富裕国家精心打理的花园，很容易就能得出这样的结论。在英国，全球变暖的影响迄今为止还相对可控，资金充足的基础设施可以为抵御日益严重的威胁提供一些保障，而且大多数人的生计并不依赖于天气。然而，这种超脱的奢侈并非人人都能享有。在人均碳排放量微不足道的太平洋岛国基里巴斯，淡水已经受到海平面上升的污染，农田因土壤受盐水侵蚀而不断萎缩，房屋被淹没。由于干旱威胁到肯尼亚人的粮食安全，200多万肯尼亚人正面临饥荒，尽管他们对气候变化的影响微乎其微。[1] 近年来，全球农作物产量和微量营养素含量急剧下降，致使世界上最贫穷的人群面临更大的营养不良风险。[2] 风险之大，已至极致；行动之紧迫，刻不容缓。

环境破坏与贫困和种族主义一样，是一个结构性问题；它是我们经济体制的重要组成部分。这些结构的形成并非一日之功，而是由我们每个人的行动和选择所产生的综合影响塑造的。那么，作为个体，我们应该如何应对结构性问题？这是一个比其他任何问题都更让我深感困扰的哲学和实践问题。虽然我还没有找到确切的答案，但以下有一些关于通过哲学帮助我们解决这些复杂问题的思考方向。

别怪我，要怪就怪结构！

确定大规模不公平现象的责任归属确实是一个相当复杂的问题。为了更直观地理解这一点，我们可以参考一个真实的案例。英国外科医生马哈茂德·布塔曾回到他父母在20世纪70年代移民至英国前所居住的城市，巴基斯坦旁遮普省的锡亚尔科特。这座城市历经沧桑，曾被亚历山大大帝夷为平地，后重建并发展为以丝绸和刀剑制造而闻名的繁荣之地。随着时间的流转，锡亚尔科特逐渐演变成造纸厂和炼铁厂的聚集地，更是在英国殖民统治时期成为主要的钢铁生产中心，为整个印度殖民地供应手术器械。时至今日，这座城市已然成为全球80%的金属手术工具（如手术刀、剪刀、镊子、针头等对手术安全至关重要的器械）的主要生产地。[3]布塔是一位耳鼻喉手术专家，回到锡亚尔科特探亲时，表弟提议带他去参观手术器械的生产地。[4]他们穿过工业区，目睹了街边简陋工棚里工人们的艰辛劳作。在这里，大公司将一些生产环节分包给这些不受监管的工人们，由他们负责生产手术器械的各个部件。这些部件随后在其他地方进行组装，最终销往全球的医疗服务机构，其中也包括英国的全民医疗服务体系（NHS）。

眼前的景象令布塔深感震惊。年仅7岁的儿童操作着金属打磨机，四周充斥着裸露的电线、金属粉尘、高温、噪声和危险化学品。他听闻，有人轮班工作11小时，所得的工资只有巴基斯坦最低工资的三分之一；有人因工伤事故导致肢体被割伤、烧伤和压伤；有人甚至缺乏基本的个人防护设备。[5]经过进一步调查，他意识到，自己手中的手术器械竟然是这些极度贫困的巴基斯坦人在血汗工厂中制造的，其中还有许多是未成年的儿童，他们被迫加班加点，微薄的工资根本无法维持基本生活。不仅如此，他们还缺乏足够的健康和安全保护，甚至被禁止加入工会。布塔用这些器械改善和拯救了英国人的生命，而这些器械的生产却在摧毁其他地方人们的生活。对于这一切，布塔显然无法负责。但是，想要准确地找出这一切的真正责任人，绝非易事。

假设错在工厂主，这似乎是一个合理的推断。然而，提高工人薪酬并加强职业保护需要巨大的成本投入。这意味着，除非产品售价相应提升，否则企业的利润将不可避免地缩减。售价上涨可能会导致NHS采购人员转向竞争对手的低价产品，以便优化资金使用，将其投向其他基本医疗保健领域。另一方面，如果企业选择保持价格稳定，任由利润下降，则可能会面临资金短缺，无法及时更新设备和改进产品。在这种情况下，工作条件较差的竞争对手反而可能因成本优势而赢得合同。（同时，如果股东收益受到影响，他们可能会表达强烈的不满。）在这两种情况下，一旦公司倒闭，将导致大量员工失业。尽管政府可以加强对这些行业的监管，但NHS采购人员仍可能选择从那些协议更为灵活、价格更具优势的国家采购产品。在这样的环境下，无论其意图或价值观如何，每个人最终都可能被迫作出违背初衷的选择，因为资本主义的激励机制使得正常、理性的行为生出了灾难性的危害性，尤其是对世界上最贫穷的人群而言。

这就是所谓结构性问题。[1]没有人希望在如此恶劣的条件下生产产品，但如果每个人都做最符合自己切身利益的事情，那么他们最终就会共同加剧一个对工人和环境都有害的体系。我们的世界正充斥着这类结构性问题。

正如我在第1章中所述，结构是通过规范、礼仪、法律、官僚机构、物质现实及制度等多种方式，对我们的行为施加的一系列不易察觉的限制。它们鼓励我们采取某些特定的态度和行为，同时使其他态度和行为变得困难或甚至无法实现。想象一下，你正在徒步穿越茂密的林地。几乎所有徒步旅行者都会选择沿着那些已经被众多人踩踏和开辟出来的小路前行。林中或许还有其他路线，但选择那些未经踏足的路径往往意味着你需要在茂密的灌木丛中艰难跋涉，可能会被荆棘割伤，行进速度也会大幅下降，甚至有时会陷入无法前进的困境。当我们提及某个特定的社会现实具有结构性时，实际上是指这一现实是由人们不断重复选择熟悉道路所形成的。而每当有更多人选择走上这条道路，人们对它的印象就会更加根深蒂固，使其成为一

---

[1] 这类难以描述和解决的大规模问题有时也被称作抗解问题。——原注

种惯常的选择。（在哲学领域，我们将这种特性称为结构的递归性。）即使有人决心尝试走另一条不同的道路，并且最终取得了成功，他们的努力也往往难以彻底改变现有的灌木丛，开辟出一条能够吸引或引起其他徒步旅行者注意的新路径。

当结构促使人们无意中做出伤害他人的行为时，就会出现结构性非正义。我们来延伸一下林中路线这个比喻。假设一群自给自足的农民在镇上唯一一块肥沃的土地上耕种他们的主要作物。这片狭长的土地恰巧是镇上居民前往火车站的最短路径。每天，当上班族急匆匆地赶去工作时，都会在无意间践踏正在生长的农作物，导致农民的收成大幅减少，甚至面临饥饿的威胁。当大量人群因无意间的联合行动而导致某个群体受到不公正对待，就会发生结构性非正义。尽管这些人大多并无伤害之意，但他们的行为受到了更广泛系统的约束和压力的激励，同时也受到了他们试图在这个系统中满足自己的需求的激励。

在我们的日常生活中，结构性非正义的例子俯拾皆是。以叶兹达为例。她是一位年轻女性，生活在一个年轻人，尤其是年轻女性，都会感受到穿衣"得体"压力的社会环境中。时尚潮流瞬息万变，她从一家实惠的零售商那里购买了最新款服装的廉价仿制款，这些服装由印度尼西亚的血汗工厂工人缝制，使用的棉花来自乌兹别克斯坦，棉花种植导致乌兹别克斯坦水资源紧张和环境破坏。[6]叶兹达并无助长有害行为的意图，然而，在特定的社会和物质现实（如关于服装的性别化社会规范和可负担的零售商选择）的制约下，她和她的同龄人在无形中助长了一个不公正的产业。在观看了一部关于快时尚危害的纪录片后，她决定不再购买新衣服，尽管朋友们因此嘲笑她古怪又古板。然而，这并未改变印度尼西亚工人的处境，也未能缓解咸海干涸盆地的问题；快时尚依然如火如荼地发展着。从某种意义上说，叶兹达对快时尚所带来的伤害负有一定的责任吗？她试图承担责任的尝试又是否产生了任何实质性的影响？

白人机场安检员萨姆也面临着类似的困境。尽管机场明确规定了何时应对乘客进行搜身和行李搜查，但在面对形迹可疑的乘客时，他仍需在安全问题以外的压力下谨慎行事。机场主管坚决要求将安全置于首位，即使这意味着要时刻保持高度警觉。某日，一名留着大胡子的棕色皮肤年轻男子走近安检区。他躲避着眼神接触，显得紧张且局促不安。萨姆示意同事将该男子带到一旁搜身，他则负责从传送带上取下乘客精心打包的行李，拆开作彻底检查。然而，他并未发现任何可疑物品。这名男子在重新整理被翻乱的物品时告诉萨姆，自己总是受到搜查，因此乘坐飞机对他而言充满了压力。萨姆担心自己对他人作出了不公平的假设，从而给他们带来了不必要的困扰。然而，他也认为，在相同的情境下，他的任何一位同事都会作出相同的选择。萨姆深知，如果让有不良企图的人通过安检，可能会引发灾难性的后果。因此，他无法改变任何事情。萨姆意识到自己这种种族形象定性的行为助长了伊斯兰恐惧症，但另一方面,他的工作职责似乎又要求他必须这样做。

马哈茂德·布塔、叶兹达和萨姆都在不同程度上参与了伤害巴基斯坦金属打磨工、印尼纺织工人和穆斯林乘客的不公正行为。然而,我们并不清楚他们是否能通过自己能力范围内的有限个人行动来轻易纠正这些不公。那么,我们应该如何理解他们所扮演的角色、所承担的责任以及他们应对这些问题该采取的行动呢?

个人责任的发明与局限

虽然我们面临的主要道德问题具有结构性,但人们往往倾向于将注意力集中在个人层面的解决方案上,如向慈善机构捐款、选择获公平贸易认证的巧克力、使用环保洗涤剂等。这种倾向对资本主义体系极为有利。关注个人和邻里间的私有化责任,可以将我们的视线从制度本身的核心缺陷上移开。这种方法被称作"新自由主义转移"(neoliberal diversion)。[7]它诱导我们相信拯救地球取决于每个人的个体选择,同时也为新市场创造了商机:人们可以每月捐赠3美元以减轻对全球贫困的内疚,或者支付额外费用来选择剥削较少的咖啡或对环境污染更小的洗发水。

然而,我们有充分的理由对此保持警惕。如今,许多人会自然而然地根据碳足迹来权衡自己的日常决定:如选择骑车而不是开车、做素食晚餐、洗衣服时调低水温。最终,我们会得到一个反映个人对地球破坏程度的分数。然而,碳足迹这个概念其实源自一场精心策划的骗局。虽然关于国家或行业的生态足迹的讨论可以追溯到20世纪90年代,但个人碳足迹的概念直到2000年才开始得到重视。当时,英国石油公司雇用了公关公司奥美,以推动公众将气候变化的责任转移到个人身上,从而分散对化石燃料公司的指责。[8]他们预见到,随着公众对环境破坏的认识不断提高,舆论的风向会对他们不利,从而引发公关灾难。因此,宣传个人责任的理念是一种先发制人的策略。2004年,英国石油公司的网站上甚至推出了一个方便用户使用的碳足迹计算器,从而导致了一种颇为讽刺的现象:普通民众竟然在这家日产370万桶石油的公司的网站上,计算他们对全球变暖的"贡献"。

这场宣传活动取得了显著成效:碳足迹数据和计算器已成为主流,促使我们将责任和焦虑归咎于自己和同龄人的选择。虽然碳足迹的概念和"道德消费"的做法可以成为思考环境破坏和劳工侵权的出发点,但它们往往会分散我们对更具决定性的变革杠杆的关注,而且没有将我们的生活环境考虑在内。例如,如果一个人居住在价格适中但公共交通不便的郊区,那么他为了维持生计可能别无选择,只能开车去上班。2019年,哮喘病患者面临一个令人困惑的困境,即帮助他们顺畅呼吸的吸入器所排放的温室气体的碳足迹竟与肉类相当。[9]许多人都无法避免造成结构性伤害,一些人更难以选择更加"道德"的方案。

试想一下，我们在一个收入微薄的六口之家长大。为了节省开支，我们购买笼养母鸡下的鸡蛋、密集式养殖场的鸡和含有大量污染物的清洁产品。我们选择的电子产品都是最便宜的，当这些劣质产品不可避免地损坏时，我们会再次购买同样易坏的产品，因为修理的费用超过了更换的成本。为了让我们的生活不再焦虑，坚持预算至关重要。我注意到，超市货架上更"道德"的商品往往打着自鸣得意的广告语，但它们的价格往往是普通商品的三倍多。如果大多数人都因价格过高而无法作出符合道德标准的决定，而那些拥有更多可支配收入的人群却可以通过购买这些产品来净化良心，这无疑加剧了不公平性。这种办法不可能解决严重的结构性问题。[10]

然而，如果我们因为某些人对大规模伤害只起到了微不足道的作用，而且是受主流结构所迫，就轻易放过他们，那么这种行为对种族主义、性别歧视和其他形式的压迫又传递了怎样的信息呢？机场安检员萨姆每天都基于伊斯兰恐惧症的偏见行事，我们难道应该听之任之吗？让我们进一步设想：如果一个警察在种族主义的社会环境中成长，接受的职业培训又助长了他对种族化群体的暴力行为，假如他因为误将巧克力包装纸的闪光认作武器而开枪击杀了一名黑人女孩，这样的后果该如何评判？当种族主义成为一种结构性非正义时，我们又有何道德依据去单独指责某个个体呢？

正如我在第8章中所述，我们需要在自我问责和互相追责之间找到平衡，同时也要认识到我们作出选择时所处的环境。我们必须承认，制度约束了我们的行动，但我们也不能过于宽容，以至于让这些不平等的结构固化下来。

我们还应该意识到，不同形式的结构性非正义对我们提出了不同的挑战。使用种族主义蔑称会直接伤害他人，而使用一次性吸管则不会。（事实上，与渔业每年倾倒入海的70.5万吨塑料垃圾相比，一根吸管的影响微不足道。[11]）在这两种情况下，不公正现象都有所加剧，伤害行为也被正常化。然而，环境不公由个人对环境的忽视行为共同造成，而种族主义却是由累积的伤害与个人伤害共同引发的。当路人让一名穆斯林女性"滚回家"时，这种行为不仅会让目击者将种族主义视为正常，还增强了施暴者的优越感和权利感，同时也吓坏了受害者，让她觉得自己在社区中不受欢迎，并提高了她的皮质醇水平，增加了她患上一系列健康问题的风险。虽然其中一些是人际的影响，即涉及个人对他人的直接伤害，但所有这些影响都间接地加固了不公平的结构。

作出这样的区分至关重要，因为虽然对于大多数普通人来说，很难明显减少他们在造成环境破坏方面所起的作用，但对于我们每个人来说，尽量减少我们在人际交往中对种族主义和性别歧视造成的影响却相对容易——例如，通过更加审慎地选择语言，坚决反对有害言论——这将为我们社区成员的生活带来实质性的直接改变。

我们必须警惕将责任过度个体化的陷阱，同时也要防止走向另一个极端，即将所有责任都推给结构，从而轻易地为自己开脱。在谈论结构性问题时，我们常常会面对一种看似抽象、模糊且难以攻克的力量。《卫报》曾于2021年刊登一篇题为《别把气候危机归咎于男性——我们应该把矛头指向企业》的文章。[12] 文章承认，男性在肉类消费和驾驶习惯上的碳足迹数据相对较大，但结尾写道："我们不可能仅仅通过羞辱那些实际上无力改变现状的个体，或是要求西方男性多吃植物基汉堡来解决气候危机；唯有通过系统性的变革，我们才能找到出路。"我对此观点表示赞同，但对其具体含义仍感些许困惑。就像提及宗教[13]、泪流满面或使用"情况很复杂"等措辞一样，打上"结构性"或"系统性"的标签往往会中断对话的进程。

我们需要找到一种方法，既承认结构性问题，也承认个人问题，但又不过分强调其中任何一方。尽管结构性问题受个体行为的影响微乎其微，但它们却是由无数个体行为的总和所维系和延续的。虽然，我们每个人能直接改变的，也只有自己的行为而已。

只取应得之物

二十年前，我戒掉了肉食。没有什么高尚的道德理由，而是像许多青少年一样，试图通过拒绝常规来塑造个性。（回想当年，我头戴贝雷帽，拍照时总喜欢绷着脸。）这不是一个艰难的转变。我们家原本就不怎么吃肉：一来我们是穆斯林，因此不吃猪肉；二来我小时候恰逢疯牛病危机，所以我们也不怎么吃牛肉。

成年后，我选择素食的原因与肉类生产的环境成本有关。在此，我主要想谈谈土地使用的问题。[14]饲养牲畜需要占用大片农业用地。除去海洋、冰川、沙漠、海滩和山脉，地球表面仅有21%的面积适宜居住，而其中一半又被森林、城市居住区、湖泊和河流占据。剩下的一半才用于粮食生产。在有限的农业用地中，有80%被用于放牧，但这些牲畜提供的热量仅占全球所需热量的20%。[15]显然，我们对土地的利用并不高效，部分人过度消费肉类导致可用于供养他人的土地日益减少。

并非所有畜牧业的土地都被用于放牧，还有一部分用于种植动物饲料作物。例如，人们在砍伐和焚烧原始雨林之后会种上大豆，虽然人们常常误认为是素食主义者对豆腐和豆奶的需求加速了雨林的破坏，但事实上，80%的大豆都被用作了牲畜的高蛋白饲料。[16]

肉类消费引发了严重的伦理问题，而这些问题的答案将揭示我们应该如何应对其他形式的结构性非正义。研究肉类消费道德问题的一种方法是采用一种高度直观的机制来判断哪些行为是可接受的。18世纪哲学家康德一直在思考如何行善的问题。[17]他提出了一种在概念上与"黄金律"相似的道德准则，黄金律最常见的表述就是"Do unto others as you would have them do unto you"[1]。尽管黄金律常被认为源自耶稣的《登山宝训》，但实际上它的历史可以追溯到4000年前的古埃及中王国时期，甚至在古梵文史诗《摩诃婆罗多》中也有类似表述："一个人永远不应该对他人做自己认为会伤害自己的事情。"康德的启发式教育〔称作"定言命令"（Categorical Imperative）〕要求我们每个人的行为都应遵循那些在类似情况下对所有人都适用的规则。在审视某一行为的道德性时，我们必须自问：这一行为是否具有普适性？

假设我正在考虑是否要违背一个承诺。为了判断这一行为是否在道德上站得住脚，我必须自省：我是否能理直气壮地认为其他人也应当总是背弃他们的诺言？这显然是不合理的。如果承诺总是被轻易违背，那么它们就会失去可信度，进而丧失承诺的本质——对未来行为的可靠保证。因此，背信弃义不能成为一种被普遍接受的道德准则，因为这样做会破坏承诺存在的基础。轻视承诺也会使许多重要的关系和项目变得岌岌可危。如果我无法信守与你喝茶的约定，那么你就无法信赖我，从而难以安排与我的社交活动；同样，如果两个交战团体之间的停战承诺不可靠，冲突就会无休止地持续下去。因此，违背承诺不仅作为一种普遍的道德规则毫无意义，还会削弱我们与他人

---

[1] 相当于《论语》中的"己所不欲，勿施于人"。——译者注

共处的社会能力。所以,这种行为是不道德的,我们应当避免。

在肉类消费的问题上,我们必须探讨:世界上每个人都吃肉是否合理?应该允许他们吃多少肉?有几种方法可以回答这些问题。现在让我们从土地利用的角度出发进行探讨。世界可以划分为三类区域:(1)肉类消费量适中的国家,如果全球都遵循这些饮食习惯,所需的畜牧用地将会减少;(2)肉类消费量偏高的国家,如果全球都采取这样的饮食方式,将会需要更多的畜牧用地(例如,通过砍伐森林来扩大耕地或牧场);(3)肉类消费量非常高的国家,如果全球都达到这样的消费水平,那么土地资源将无法满足需求。[18]不难看出,这些分类往往与各国的人均财富挂钩:肉类消费过度主要是全球北方国家的问题。第一类国家包括泰国、中国、斯里兰卡、伊朗和印度。德国、英国、墨西哥和韩国属于第二类。而美国、爱尔兰、加拿大、瑞典、法国、意大利、澳大利亚和新西兰的代表性饮食则属于第三类。不妨来看看一些具体的数字。目前,世界上一半的可居住土地被用于农业生产,然而,倘若全球人口都采用印度人的日常饮食方式,那么仅需占用22%的宜居土地资源;倘若人人都效仿英国人的饮食习惯,那么将需要占用95%的宜居土地资源。假设每个人都按照美国普通人的饮食习惯来生活,那么所需土地资源将高达地球上可居住土地的137%,这显然是无法实现的。

现在,我们将康德的原则应用于这三类国家。如果制定一个鼓励减少或放弃吃肉的规则,并且每个人都能遵守,那么全球不仅能够实现均衡饮食,还能将部分农田退耕还林。这样做可以增加碳汇、恢复生态系统,或者,鉴于联合国最近发出的3000万人"距离饥荒仅一步之遥"的警告,已开垦的土地可以作为种植更多植物性食物的缓冲地带。[19]或者,我们也可以制定一条道德规则,允许人们几乎餐餐吃肉,虽然在当前的人口水平下这样做是可行的,但这将以牺牲更多的雨林为代价。如果我们寻求的道德规则是允许每个人像美国居民那样每年平均消费273磅肉,[20]我们就会明白,这是无法实现的奢望,因为全球土地资源根本无法支撑这样的消费水平。

据此,我们不可避免地得出结论:那些过度消费肉类的人群其行为并不道德,因为他们选择的行为方式无法普及。过度食用肉类,无异于向世界宣告你正在占用超出你应得份额的地球资源。(暂且不论非人类动物应享有的权益,那无疑是另一个重要议题。)那些希望在肉类消费方面找到启发式原则的人,不妨参考一下医学杂志《柳叶刀》推荐的"星球健康饮食"(planetary diet)。根据计算,我们每人每周可以享用98克的牛肉,每天可以食用适量的鸡肉片,这样的消费量处于地球能够承受的范围。[21]

然而,肉类并非唯一引发人们担忧的食物,巧克力也同样面临着道德质疑,甚至让我这样的道德捍卫者也陷入困境。肉类生产导致某些雨林遭到破坏,而巧克力产业则对另外一些雨林造成了毁灭性的影响。在工业化耕作蚕食亚马孙雨林的同时,横贯塞拉利昂、利比里亚、科特迪瓦、加纳、多哥、贝宁、尼日利亚和喀麦隆的西非茂密雨林,也因市场对可可的旺盛需求而急剧减少。全球70%的可可都产自这一地区,而在科特迪瓦,自1960年以来,雨林覆盖面积已经缩减了80%。[22]贫穷的小农户常常在保护区内非法种植,他们砍倒古树,焚烧林下植被,只为在巨大的树桩间种下利润丰厚但生命脆弱的可可树。他们永远看不到,也买不起用他们亲手种植的可可所制作的甜点。我个人每年的巧克力消费量约为40磅(约18千克)——远高于全国平均水平——而且我尤其钟爱黑巧克力。这无疑让我成为加剧这种破坏性行为的主要个体之一。显然,我们无法制定一条道德准则,允许每个人都像我一样无节制地享用巧克力。

同样,我们还可以把这条可普适性原则扩展到其他领域。地壳中的贵金属储量并不足以支撑每个人每隔几年就更新一次自己的电子产品。我们也没有足够的水资源来种植生产每个人每个季节所需新衣物的棉花。全球的碳排放量已经超出了生物圈的承载能力,而全球北方国家、企业和个人在完全不考虑可持续性的情况下,耗尽了这一预算,超额排放量高达92%,没有给全球南方国家留下任何余地来满足其人民的基本需求。[23]在个人层面也存在同样的差距:2022年的一项研究表明,最富裕的1%人口的年排放量超过了最贫穷的10%人口在20多年内产生的总排放量。[24]我们所面临的大多数结构性非正义,其根源都在于世界被划分为两类人：一类人攫取了超过他们应得份额的世界资源，另一类人则承担了不成比例的世界重担。

那么，检验可普适性对于帮助我们采取行动应对结构性非正义究竟有何作用呢？乍一看，它似乎无法解决此类问题。该原则假定个人是其决策的唯一制定者，然而，我们的"选择"实际上受到更广泛结构的强制约束，因此这种指导看起来行不通。再者，即使我个人放弃巧克力，也不太可能挽救一棵树。然而，如果我们认同检查我们的行动是否具备可普适性是一个合理的策略，但发现在实践中我们很少能够按照这一指导原则行事，那么这就告诉我们一些重要的事情：这个系统在更深层次上存在缺陷。我们早就知道这一点，但有了这一"定言命令"，我们便能更清楚地阐述为何一个功能完备、在道德上站得住脚的政治和经济体系，不应激励我们采取明显无法普及的行为方式，也不应加剧社会的不平等现象。

因此，思考可普适性不仅有助于我们探讨事物需要变革的缘由，还为我们理解为什么这些问题从根本上说是关于霸权与平等的问题提供了一个明晰的思路。当政府在激励或抑制某些特定行业时，我们理应呼吁他们对普遍适用性的缺失进行深刻反思。说到底，任何一个以管理民众需求为己任的民主政府，怎能在道德上容忍鼓励或允许部分人过度消耗远超其应得份额的全球资源呢？

个体的力量汇聚成集体

在道德层面上，避免采取不具备普遍适用性的行为是明智的，然而，若无人追随这一原则，结构性问题仍将根深蒂固。哲学家德里克·帕菲特通过一个生动的思想实验揭示了这一困境：一个人被绑在一台能施加非常轻微电击的刑具上。[25]第一个人稍稍调高了电压，但是调整的幅度极小，以至于受害者毫无察觉。第二个人又调高了一点，接着第三个人效仿，以此类推。没过多久，可怜的受刑者就开始痛苦地挣扎，面临心脏骤停的风险。每个施刑者增加的电压都微乎其微，因此将任何个体视为加害者似乎都不确切，但不可否认的是，整体效果却造成了无可争辩的伤害。帕菲特指出，个体的拒绝似乎无济于事：即使这些"无害的施刑者"中有人拒绝调高电压，最终结果也并无二致——受害者依旧会痛苦挣扎。[26]然而，他得出结论，即使任何个体造成的伤害都微小到难以察觉，但如果他们明知自己的行为在与其他相似行为累加时会造成严重伤害，却仍然参与其中，那么这些造成细微伤害的个体也难辞其咎。[27]

回顾之前的例子，叶兹达购买新衣服的行为并非孤立存在，她在知晓其他人也会购买新衣服的情况下，依然选择购买，他们就共同加固了一个以恶劣劳工和环境破坏为特征的体系。孤立地评判叶兹达的行为毫无意义。我们必须在其所处的背景下审视她的购买行为，并寻求能够解释这一错误行为的群体性质以及构成该行为的个体行为的回应。这样才能找到可能的解决办法。倘若那些"无害的施刑者"能集体决定拒绝调高电压——如果他们能联合起来抵制这种恶劣行径——受害者就不会受到伤害。同样,如果叶兹达和其他人能够以某种方式揭露和挑战时尚品牌的劳工问题和环境成本,他们的抵制将会更具效力。那么,针对此类集体行动,我们又有哪些可行的选择呢?

在思考如何解决结构性非正义问题时,我们中的许多人会先设想解决问题所需采取的行动——例如,每个人减少肉类消费、乘坐公共交通——然后尽自己的绵薄之力,以此来确定我们对结构性非正义所应承担的责任。然而,如果缺乏集体性的、有组织的变革努力,我们个人的付出将收效甚微。这类似于在暴风雨后,你希望修补围栏,但仅凭一人之力钉上一块木板便期望所有邻居效仿,这样是修不好篱笆的。哲学家伊丽莎白·克里普斯将这些在因果关系上显得微不足道的个人责任片段称作"模仿性"(mimicking)责任[28]。这些是在理想公平方案中应当履行的责任,如垃圾分类、选用生态洗涤剂和减少搭乘航班的次数等。之所以称它们是模仿性责任,是因为人们往往抱有一种(多半不切实际的)期望,认为只要每个人都能模仿并履行这些责任,结构性问题便能迎刃而解,每个人也就尽到了各自的责任。于是,所有人都会钉上自己的那块木板,共同构筑起一道坚固的围栏。但问题的症结在于,在大多数情况下,公平且集体性的解决方案并不存在。你只钉了你的木板,也许我也钉了我的，但是散落的几块木板，根本无法构成一道完整的篱笆。克里普斯建议我们将精力转向更为重要的一类行动，她称之为"促进性"（promotional）责任。这类责任能够推动针对结构性问题的集体行动。我们不应仅仅满足于做好塑料垃圾的分类，更应倡导禁止一次性塑料包装。有时，模仿性责任与促进性责任可合二为一。例如，当我在讲座伊始陈述自己的代词时，我不仅在围栏上钉下了自己的那块木板，更以一种高度可见的方式表达了对性别问题的关注，从而提醒他人意识到性别是一个可变的范畴，我们每个人都能参与其构建与解构。

政治哲学家艾莉斯·杨针对我们对结构性非正义所应承担的责任，提出了一个易于理解的模型。她认为，我们每个人都应肩负起改变不公结构的部分重担，因为我们每个人都与结构性非正义的产生或延续有着千丝万缕的联系。然而，她也指出，将责任仅仅视为对过去伤害的追责的传统观念，在面对结构性非正义时往往会误导我们。试图厘清每个人应承担多少罪责是徒劳的。相反，我们应该思考如何肩负起预防未来伤害的责任。而且鉴于不公正的本质，唯有共同担起这份责任，我们才能有效地应对结构性非正义。

我们所肩负的重担取决于我们的社会和经济实力。有权有势的个体和机构能够迅速促成变革，而这些变革或许是我们普通人穷尽一生都难以达成的。试想一下，在世界各地的城市中，心怀善意的人们正通过烹饪食物、提供庇护所、提供医疗服务、筹集善款以及游说地方政府和国家政府等方式来帮助无家可归的人们。然而，无家可归者的数量却仍在逐年攀升。在众多欧洲国家中，唯有芬兰呈现了下降趋势，在其首都赫尔辛基，露宿街头者的人数已显著减少。这主要归功于芬兰政府推行的"住房优先"政策，该政策将住房权利视为无条件的基本保障，只有在确保人们拥有稳定住所后，才会着手解决其他问题（如药物成瘾）。[29]同样，尽管慈善机构和地方议会都曾为这项变革竭力奔走，但最终仍是政府凭借其强大执行力，才得以一锤定音，彻底改善了成千上万人的命运。让人们无房可住是一种政治决策的结果，而推动变革的最大责任依然要落在政府的肩上。

哲学家罗宾郑针对结构性非正义的两难困境作出了回应。[30]她试图弥合个体与结构之间的鸿沟，以便探究我们的个体行动是如何构建社会结构的。她认为，社会结构是由扮演各种社会角色的人们通过行动共同塑造的。正如她所言，社会角色是"结构与能动性交汇的场所"。为了推动社会变革，我们必须突破既有社会角色（如父母、教师、伴侣、邻居等）的界限，积极采取行动，从内部瓦解那些有害的社会结构。通过这一过程，我们就能改变他人扮演其社会角色的方式，进而对制约我们所有人的社会结构产生影响。如果将社会比作一张巨大的渔网，而社会角色是网上紧密相连的结点，那么，当我们拉动其中一个结点，使其偏离初始位置时，渔网的其他部分也会随之移动，同时该结点周围的网眼形状也必然会发生变化。同样，如果我

9. 我们需要对结构性非正义负责吗？　295

们微调自己的社会角色,那么其他人的社会角色也将发生转变,整个社会就会逐渐朝着不同的方向发展。

这在实践中可以如何体现呢?教师或许会在教室里挂起按照高尔—彼得斯投影法[1]绘制的南半球地球,向学生们讲授全球不平等背后的殖民历史。医生可能会在电视采访或报纸专栏中明确表明,根据患者的公民身份或支付能力而给予差别治疗的行为违背希波克拉底誓言。关键岗位的工人也许会组织或参与劳工行动。博物馆馆长或许会在展品旁添加注解,揭露每件文物背后的殖民掠夺历史。大学管理者或许会应学生团体的要求,停止在校园内供应牛肉。举个现实生活中的例子,马哈茂德·布塔从锡亚尔科特归来后,将自己的所见所闻公之于众,向主流媒体揭露了医疗设备生产背后的血汗工厂。[31]他创立了医疗公平与道德贸易组织,并与年预算高达1770亿美元的NHS携手,共同致力整治医疗供应链中存在的侵犯劳工权益问题。

上面列举的某些行为看似微不足道,但我们的权力与社会角色恰恰决定了我们所应承担责任的性质和程度,而这些行为的可行性与可见性,正是其意义所在:每一个举动都在动摇这

---

[1] 我们现在常用的世界地图是根据墨卡托投影法绘制而成的。墨卡托投影法能够保持大陆轮廓投影后的角度和形状不变,对航海很有用。但在这一方法下,各大陆并非等比缩放,大小发生变形,北半球的大陆版图被放大,这让用图者对大陆的真实大小产生误解。而高尔—彼得斯投影法通过实际地表面积展示各大陆板块,但非洲、北美洲的形状发生了极大的变化。多年来,墨卡托投影法一直被批评是代表着欧洲"帝国主义"的视角。——译者注

个不公正世界的稳定基石,而那些亲历这些不公正或受其行为影响的人们(包括反对者,正是因为他们的反对)也受到了影响。伊丽莎白·克里普斯、艾莉斯·杨和罗宾·郑的共同之处在于,她们都敦促我们深刻反思自我——审视自身所扮演的角色、握有的权力以及我们与他人的关系——并从自身立场出发,采取明智且具策略性的行动。

道德意识

显然,物质激励是维持有害结构的主要因素。例如,当墨水用尽时,我的父母会选择购买一台新打印机,因为这比单独更换墨盒更便宜。然而,成本和便利并非唯一的驱动因素。我们也会因为被刻意蒙蔽、无法察觉自身行为所带来的伤害,而作出道德上令人不安的抉择。更糟糕的是,我们往往还会受到鼓励,去促成这些伤害,因为这样做能够维持资本主义体系的运转。无论我们采取何种其他策略,解决结构性非正义问题都需要我们具备更高的道德意识。通过审视烟草行业的发展史,我们可以了解如何正视并纠正自身的不当行为。

20世纪50年代,科学家首次发现了吸烟与癌症之间的联系。1957年,英国医学研究委员会正式宣布吸烟与癌症之间存在"直接因果关系"。20世纪60年代,英国皇家内科医学院发布报告,进一步指出吸烟会导致支气管炎和冠心病,并建议政府采取更严格的措施来监管香烟的广告、销售以及在公共场所吸烟的行为。1971年，英国政府规定英国境内销售的所有香烟的包装上都必须印有健康警告。在随后的几十年里，越来越多的医学证据表明吸烟的危害。研究显示，每三名吸烟者中就有一人因吸烟相关疾病而死亡，每年还有数十万人因二手烟而丧生。[32] 2003年，欧盟通过新的立法规定，"吸烟致命"或"吸烟严重危害您和您周围人的健康"等警示语必须占据香烟包装至少30%的面积，"保护儿童，别让他们吸入您的烟雾"或"吸烟可导致缓慢而痛苦的死亡"等额外的健康警示必须再占据40%的面积。2006年，英国全面禁止在公共场所吸烟；从2017年开始，所有在英国销售的烟草产品都必须采用统一的普通包装。1974年，英国有近一半的成人吸烟，而到了2019年，这一比例大幅下降至仅16%。[33] 如今，人们已经普遍认为吸烟容易引发疾病和死亡，数据也显示，醒目的健康警告在促进戒烟方面非常有效。[34] 对于我们大多数人来说，在封闭的空间内，尤其在有儿童或孕妇在场的情况下吸烟，在道德上是绝对不可接受的。

购买香烟时被警告你可能会面临"缓慢而痛苦的死亡"的做法，有违正常的经济运作方式。难以想象，生产商会敦促消费者思考他们的选择对自己及他人的破坏性影响。然而，事实却给我们敲响了警钟。我们的选择受制于我们所处的制度（例如，密集式养殖的鸡和由血汗工厂缝制的衣物更便宜），然而我们的欲望也被这个制度扭曲了。我们被灌输的观念是：肉类是健康饮食不可或缺的一部分，衣物穿几个月就会过时，而拥有新设备则会带给我们更多的幸福感。因此，在试图解决不公正问题时，我们必须兼顾这些受限制的选择和被操纵的欲望。

　　社会规范影响着我们的欲望和选择。在印度，素食者人数之多，远超全球其他地区总和。这主要是由于印度教、耆那教、佛教、伊斯兰教、锡克教等宗教传统中存在禁止食用某些或全部动物的禁忌。而在西方世界，食用肉类不仅关乎味觉的享受，还与社会认可紧密相连。据说狗肉肉质肥嫩，肉香四溢，美味无比，可与牛肉或羊肉相提并论。相较之下，猫肉口感更为清淡，却也更为香甜、多汁。这两种肉食营养丰富，在英国也并不稀缺。实际上，猫、狗的数量甚至超过了牛和猪。然而，在西方文化中，猫、狗普遍被视作家庭宠物，因此食用猫肉和狗肉被视为禁忌。即使是食用专为食用而饲养的狗，也被视为不道德之举。与此相反，牛、羊、猪和家禽等动物则被视为人类食物的主要来源。为了将动物与它们被宰杀后的肉食相区分，人们创造了一系列专用术语，如pork（猪肉）、beef（牛肉）、mutton（羊肉）、ham（火腿）等。

　　社会规范决定着我们的态度与行为，然而这些规范并非一成不变，而是会随着我们所接触到的信息不断演变。试想，如果我们借鉴管理烟草产品的经验，在动物产品或快时尚商品的包装上附上道德警示，会怎样呢？

这件衣物由孟加拉国的一家工厂缝制，那里的工人每月的收入不足90美元。它由棉花和腈纶制成。种植棉花会造成土壤退化和水资源紧张；而腈纶则是从化石燃料中提炼而来。每次洗涤这件衣物时，都会向海洋释放出微塑料。

这个建议纯属玩笑，资本主义国家的政府不太可能以这种方式来遏制消费。你可以想象一下那些小报的头条标题："公众因内疚被迫戒肉"。然而，这些信息都是真实的。如果你认为此举等同于过度道德说教，或者会对我们的决策造成不当影响，那么，这种观点其实并不准确。我们缺乏关于消费成本的准确信息，这本身就已经反映了一种道德立场，而有害产品的广告宣传方式又在有力地打破这一立场。社会鼓励我们在无须考虑任何情境信息的情况下消费产品，这等同于认为全球产业工人阶级、非人类动物及地球本身的价值都极低，并在此基础上作出一种道德宣言。

要明确的是，我并不认为将责任转嫁给消费者就是正确的做法。然而，在现实中，有权势的个人、政府和企业却可以将我们卷入他们的有害行为，利用我们来为他们的剥削计划提供资金，却未曾告知我们这些行为背后的真正代价。政府完全有能力削弱企业让我们成为共犯的能力，正如他们在意识到吸烟的致命危害时所采取的行动一样。

从烟草的案例中，我们还能汲取另一个重要教训。历经两个多世纪的大肆营销后，烟草于2003年迎来了英国政府颁布的广告禁令。在此期间，一项特殊的宣传活动格外引人瞩目。"公共关系之父"（同时也是弗洛伊德的侄子）爱德华·伯内斯在1928年出版的《宣传》一书中写道：

> 对大众的组织化习惯和观点进行有意识的、明智的操控，乃是民主社会一项重要的构成因素。那些操控这种隐蔽社会机制的人，形成了一种看不见的统治，他们才是我们国家真正的统治力量。我们的思想形塑、品味养成、观点倾向，在很大程度上都受制于我们从未听说过的一些人……正是他们，在幕后操纵着公众的思想。[35]

伯内斯利用这些阴险的洞察力，在第一次世界大战期间为美国打造了极具影响力的宣传，并在和平时期继续对"统一思想工程"（engineering of consent）进行深入思考。当时，由于广泛存在的社会禁忌，大多数女性都不愿吸烟。为了替烟草公司开拓新市场，伯内斯开始宣传吸烟与女性解放之间的紧密联系。他将香烟比作"自由的火炬"，并将其与摆脱其他性别禁忌挂钩，暗示吸烟象征着女性在战争中勇敢承担"男性工作"的精神。1929年，他请了一批魅力四射、时尚前卫的年轻女性，在纽约的复活节游行上吸烟，之后又大力推广吸烟有助于控制体重和维护咽喉健康的观念。（然而，私下里他却告诫自己的妻子远离

9. 我们需要对结构性非正义负责吗？

香烟。[36]）在这些举措的推动下，女性吸烟率在短短几年内飙升两倍，这种势头一直持续到20世纪60年代。[37]

有多少女性因伯内斯命丧黄泉？又有多少孩子因此而早产、发育不良，或是在成长过程中饱受二手烟的荼毒？如今，还有多少像伯内斯这样的幕后黑手，正在潜心研究并实施各种诡计，企图通过操纵我们的欲望来对我们和他人造成伤害？我们的行为深受广告的蛊惑，广告制造的欲望可以激活市场，使财富集中在少数人的手中。广告已然成为我们在本章中所探讨的诸多结构性伤害的有力推手。对于任何旨在解决结构性非正义问题的运动而言，广告无疑是一个显而易见的迫切目标。彻底铲除广告，方能为我们开辟出一片净土——无论是在物理层面还是在话语层面——让我们可以思考我们更真实的欲望是什么，又该如何肩负起对他人的责任，以此来节制这些欲望。

尽管香烟极易令人上瘾，烟草行业也曾跻身全球最具影响力的游说团体之列，但科学家与政府携手合作，通过整合公共信息与广告监管，成功实现了吸烟人数显著且持续下降，从而拯救了数百万生灵。烟草或许是个特例；毕竟吸烟危害公众健康，加重了医疗支出负担，给劳动力造成巨大损失。相较之下，肉类消费与快时尚所引发的危害则多在所谓"无关紧要"的角落悄然发生。然而，这背后蕴含着更为深刻的教训：倘若不直击资本主义的引擎，便无法根除结构性非正义。

制度之痛

几年前,国际人道主义组织"无国界医生"的一名医生给我讲述了一个萦绕在他心头的故事。他曾在一家死亡率很高的小医院里照料一群严重营养不良的儿童。某日,他发现医院周边的社区暴发了麻疹疫情,并意识到如果不迅速推行疫苗接种计划,许多儿童都将感染麻疹,甚至死亡。然而,这位医生的预算非常有限(该慈善机构资金捉襟见肘),他深知自己必须作出一个艰难的抉择:是继续专心治疗手头上这些营养不良的孩童,还是挪用这部分资金来推行疫苗接种计划,从而挽救更多的生命。

医生作出了一个似乎能最大限度地挽救生命的决定。在此过程中,他采纳了"功利主义"(utilitarianism)这一高度直观的哲学思想,即道德上正确的决定能够产生最大"效用"(utility)或是带来最大的幸福。约翰·穆勒是功利主义最早的倡导者之一,[38]他曾在1863年提出:"行为正确与否,取决于它们是否有助于促进幸福;而错误与否,则取决于它们是否会产生痛苦。"[39]我没有询问他,那些在病房里挣扎求生的孩子们后来的命运如何。想必其中一些本已命在旦夕的孩子可能更早地离开了人世;而那些本有救治希望的孩子,却只能眼睁睁地看着生命流逝。多年以后,这位医生常常带着遗憾和悲伤回忆起自己当初面临的两难抉择。他知道自己当初已作出了"最好"的决定,但心头依旧难以释怀。

在1984年出版的一本关于护理实践的书籍中，哲学家安德鲁·雅默东将"道德困境"（moral distress）描述为"一个人明知正确之举，却因体制束缚而难以实施"时产生的一种不安状态。[40] 上述故事中的医生深知何为正确：那些营养不良的儿童迫切需要营养与监护，而更广泛的社区则须即刻推行疫苗接种计划。然而，制度上的束缚——物资严重匮乏，导致满足一方的需求必须以牺牲另一方为代价——意味着无法作出两全其美的决定。他面临着一个残酷的抉择，并在两者中选择了相对更好的方案。尽管如此，孩子们还是在饥饿中死去，他们的医生也深陷道德困扰的泥沼。

反复陷入道德困境的人可能会经历"道德损伤"（moral injury）。这一术语起源于军事领域，精神病学家乔纳森·谢伊在撰写有关退伍军人所经历的创伤的文章时创造了这个词。[41] 自那以后，这个词的应用范围逐渐扩大，现在指因实施、目睹或未能干预严重伤害而对一个人的道德取向造成的损害。道德损伤会导致精神疾病（在退伍军人和卫生专业人员中均屡见不鲜），但我在此更关注的是它对一个人作为道德主体的能力和动机的影响。道德困境和道德损伤往往是结构性失灵所导致的恶果。一旦制度不允许我们遵循内心的道德指引，而是将道德正确之事置于我们力所能及的范围之外时，这一切便会发生。我们被迫在种种规则和束缚下行事，而这些规则和束缚却使得正直的选择变得遥不可及。

我们都在道德层面遭受了创伤。正是这样的体系，迫使医生只能眼睁睁地看着儿科患者忍饥挨饿，也正是这样的体系，用铺天盖地的宣传淹没我们，不断推销那些以破坏环境为代价或在血汗工厂生产出来的产品所构建的生活方式。我们明明有足够的资源来确保每个孩子都能得到充足的营养和疫苗；这些本应是孩子们应享的利益，绝不应该成为争夺的对象。然而，这些利益与其他生活必需品之间常常是相互排斥的，这无疑是系统失败的明显症状。事实上，生产不会破坏环境的食物、衣物及其他生活必需品，同时给予工人们公平的薪酬，并不是什么难事。但是这种制度却践踏了我们对公平最基本的理解；它对一部分人造成了极大的伤害，并迫使其他人成为造成这种伤害的帮凶。

本章聚焦典型的结构性非正义：环境问题和全球贫困问题。当然，种族主义、性别歧视和其他形式的压迫也源自社会结构。这些问题相互关联：全球贫困与环境破坏的背后，往往隐藏着种族主义和性别歧视的阴影。血汗工厂和环境破坏之所以屡禁不止，是因为它们的最大受害者——全球南方贫穷的有色人种——已经被归类并打上劣等的标签，从而遭受无情的剥削。资本主义通过榨取人类与环境的价值来维持自身的繁荣。它建立在一个假设之上，即为了让一部分人过上更优越的生活，另一部分人的苦难与牺牲是理所应当且不可避免的。然而，我们却很少将这些问题视为种族主义与性别歧视的鲜活例证。为我们缝制衣服的，不仅仅是穷人，更是贫穷的有色人种女性。因全球变暖而死亡或流离失所的，也不仅仅是不幸的人，更是全球南方的有色人种。全球南方人民、低薪工人和自然环境之所以被轻视，是因为当前的经济体系正是建立在对他们的贬低之上。这就是这个制度的核心原则。世界工厂位于全球南方，而工厂里的工人主要是收入微薄的有色人种女性。只要这种现状得不到改变，我们全球北方的女权主义与反种族主义运动就只能是徒劳无功的表面文章。

压迫为剥削提供了逻辑上的合理性。压制女性，就能确保获得免费或廉价的家务劳动、情感劳动以及生育劳动。种族划分源于掠夺他国劳动力与资源的强烈欲望。边缘化性别和性取向群体所面临的暴力和诋毁，实则是在惩戒那些试图动摇异性恋霸权核心家庭单位的稳定的人，在这种家庭单位中，生育劳动被私有化并遭到贬值。那些认识论上承认植物、非人类动物、河流与山脉具有道德地位的土著被边缘化，因为他们阻碍了对自然资源的无限制开采，从而妨碍了消费品的生产。社会身份与我们的物质现实息息相关。剥削需要以非人化作为前提，而在这个过程中，没有比压迫的等级与分类更好用的工具了。

若要真正解决全球贫困和环境破坏问题，首先需要认识到这些问题的根源在于"种族资本主义"[42]，并拓宽我们对种族主义的理解，而不是仅仅局限在全球北方这个小范围之内。我们需要采纳如露丝·威尔逊·吉尔摩对种族主义的定义,即"在截然不同但又紧密相连的政治地理环境中,国家批准和/或法律允许的对不同群体易早逝的脆弱性进行生产和剥削"[43]。我们日常生活中更为常见的种族主义和性别歧视,实际上是塑造全球经济体系更广泛趋势的缩影,而这种趋势的极端恶劣影响主要集中在全球南方。我们必须正视孟加拉国的洪灾和地中海中溺亡的非洲移民,将其作为种族主义的具体表现。同时,我们也应将莱索托服装女工遭受的性骚扰,视为性别歧视的典型案例。

尽管探索如何更好地从理论上阐释我们与结构性非正义的关系十分重要,但这绝不能替代实质性的体系改革行动。我希望能够更多地论述后者,但这也许不是一本哲学书籍所能涵盖的内容。事实上,我每向任意方向迈出一步,都可能违背我最核心的价值观念,这让我深感自己与不公制度的勾结日益加深。清晨醒来,我穿上那双由越南工厂女工缝制的跑鞋——她们享受不到医疗保障,终日为生计奔波。我沿着被超大型私家车排放的尾气笼罩的街道晨跑。回到家后,我享用的早餐是一盒酸奶,盒身由不可回收的塑料制成,而为了保证酸奶的奶源,有一头奶牛不得不强制受孕。与此同时,我的燃气锅炉正燃烧着化石燃料,为我加热数加仑的洗澡水。这一切是么令人难以接受,而我独自一人却几乎无法作出任何改变。只有一点显而易见。无论我们如何阐述这一问题,答案始终如一:"不要资本主义。"我们在这个破碎的世界中挣扎求生,正如哲学家西奥多·阿多诺在1951年所写的那样,"错误之中没有正确的生活"[44]。我们的目标必须是撼动整个制度的根基,动摇整座大厦,让阳光从裂缝中照射进来。这是一项艰巨的任务,但幸运的是,我们并非孤军奋战。

结论：你身边的堡垒

> 我不能成为一个悲观主义者，因为我还活着。成为一个悲观主义者意味着你认同人生只是一个学术问题。因此，我选择以乐观面对。我必须去相信，无论处境如何，我们都有生存下去的可能与力量。
>
> ——詹姆斯·鲍德温，《黑人与美国的承诺》（1963）

以积极向上的语调为一本讨论不公正的书籍收尾，已成为一种惯例。在书中，作者或许会用阴郁的文字揭示种种问题，但最终总会以振奋人心的结论作为结束，以期为读者带来希望，并激励他们积极行动。作者在小心倡导现实主义的同时，也提醒我们警惕陷入绝望的漩涡，并引用哲学家安东尼奥·葛兰西等人的名言，呼吁"智识的悲观主义与意志的乐观主义"。

然而，若以乐观的语调结束本书，那便显得虚伪。我在撰写本书的最后几个字时，正值2022年联合国气候变化大会即将落幕之际，但令人失望的是，会议并未取得实质性成果。我们的地球资源仍在被无度消耗，而推动这一切的，却是那些被剥削的劳动者。利润被堆积在最不需要它们的地方，而致命的国界则成为阻碍共享资源的屏障。在这样的现实面前，我难以找寻到乐观的理由。

在写作的最后阶段，我迎来了自己的孩子。从此，我的时间感知便与众多新手父母一样，发生了翻天覆地的变化。未来，成了我将亲手为孩子塑造的现实。人们对环境破坏的担忧，往往源于对后代的忧虑。每当我们讨论为何应优先关注环境退化问题时，总会不由自主地提及我们的子孙，无论是已经降临人间的，还是我们心中构想的。如今，我比以往更加理解这种担忧，但我们也必须面对一个事实：这个残酷的炼狱已然降临，尽管其对各地的影响并不均衡。我热切地希望我的孩子能生活在一个更美好的世界，同时我也希望我的父母能看到变革的曙光并感到宽慰。我无法想象自己在一个不希望让孩子面对的世界中度过余生。我们应该关注未来，但更应珍视现在。别忘了，我们也曾是别人的孩子。

考虑到最后这一点，我想在此发出一个警示，一个或许并非完全乐观的警示。无论现实如何糟糕，我们都不能忘记，此时此刻，抵抗的堡垒正在阻挡更残酷的现实。80亿人仍然活着，树木和蜜蜂也依然存在。去寻找你身边的堡垒吧！只要我们还能想象出更糟糕的情景，就必须继续战斗。

致谢

本书中的许多论点最初都是为了回答贝鲁特美国大学、布莱顿和苏塞克斯医学院及布莱顿自由大学的学生们向我提出的难题。教学是我一周中最美好的时光，我由衷感激学生们为讨论带来了如此多的乐趣与希望。

昌达·普雷斯科德-温斯坦启动了这个项目并帮助我一路坚持下来。没有她犹如长姐般的能量，这本书可能永远无法问世。杰西卡·帕潘是本书最热情的拥护者，没有她的智慧和细心，这本书也不可能面世。感谢格雷琴·施密德和凯特·克雷吉，她们的热情和专业知识为本书注入了最初的动力；感谢艾米丽·文德利希、乔卡斯塔·汉密尔顿和卡罗琳·韦斯特莫尔，是她们以善意和理解的态度，引导手稿度过了充满挑战的最后阶段。

非常感谢《伦敦书评》的托马斯·琼斯和艾丽丝·史鲍尔斯，他们热情地接纳了我的观点，让我能够在如此广泛的话题中检验自己的想法；也非常感谢《展望》杂志的丽贝卡·刘委托我撰文，本书正是在这些文章的基础上发展而来的。

写书最棒的事情之一，就是有地方向那些帮助我战胜困难的老师们致谢：他们是尼尔·胡珀、贝丽尔·帕林、凯特·麦克多纳、约翰·麦凯克伦、巴里·卢卡斯、罗里·科斯特洛、朱莉·罗杰斯和埃德·曾。非常感谢欧文·萨克斯顿给予我机会并一直支持我的政治研究，如同他曾经支持我的物理研究一样。感谢杰里米·巴特菲尔德细致入微的批注，让我的写作思路更加清晰，也感谢休·普赖斯鼓励我勇于冒险。

很幸运能与一群正直善良的人共事，他们让我的职业生活充满乐趣，让我得以远离学术界的许多丑恶现象，专注于思考和写作。感谢萨马尔·拉瓦斯、雷·布拉西耶、巴娜·巴舒尔、汉斯·穆勒、瓦达·纳斯尔、皮特·韦斯特–奥兰姆、丽莎·基利、梅尔·纽波特和安德烈娅·佩珀等。感谢我的挚友和导师波比·法赛斯，她不仅树立了在学术和其他方面美好生活的榜样，还帮助我建立了自己的家园。同时，我也要感谢广大知识界的同仁们，尤其是阿戈莫尼·甘古利–米特拉、布莱恩·厄普、帕特里夏·金戈里、洛娜·芬利森、阿里·加尼米、普里亚姆瓦达·戈帕尔、科什卡·达夫、鲍勃·布雷彻和阿拉斯泰尔·威尔逊。

对于阅读了一些我不成熟的初稿，或以其他方式帮助我改进文稿的人们，我深感歉意并衷心感谢。他们是苏珊·沙维希、乔乔·沙维希、萨拉·沙维希、尼尔·辛格、鲍勃·布雷彻、科什卡·达夫、昌达·普雷斯科德-温斯坦、皮特·韦斯特-奥兰姆、卡姆兰·马丁、莉娜·祖乔斯基和杰克·布莱克洛克。我尤其要感谢汉娜·洛奇，她在病床上读完了整本稿件，而她完全有各种理由不这样做。

非常感谢与我讨论这本书、耐心等待我写完，或是帮助我把写作之外的生活安排得有条不紊的朋友和家人。他们是莉娜·哈桑、艾拉·艾伦、丽莎·阿姆斯特朗、拉夫·阿斯瓦尔、马特·贝门特、乔恩·比尔德、杰克·布莱克洛克、多米尼克·伯克、菲达·切哈耶布、安妮·克莱门茨、安娜·坎宁安、特里西娅·库米、莫纳·迪克、妮娜·多德、鲍比·法赛斯、汤姆·法赛斯、埃斯特·加里贝、玛迪·格迪斯-巴顿、安娜·古姆西奥·兰伯格、马修·汉森-卡恩、杰森·希克尔、阿拉·希加齐、凯瑟琳·詹金斯、汉娜·洛奇、贾德·马修斯、凯瑟琳·莫德、索尔·索里戴特·米兰达、斯图亚特·莫里斯、希娜·莫斯、福阿德·穆萨拉姆、玛丽雅·潘泰利奇、路易斯·皮拉德、贝基·罗利、里姆·萨博、吉瓦·萨伊格、古迪·辛格、莉莉·辛格、比马尔·辛格、梅·特鲁埃瓦和莉娜·祖乔斯基。

阿兰·本内特曾写道，他因从未"经历过那种随着年龄增长而从左到右的沉闷旅程"而感到欣慰。我很幸运，我的父母一直在朝着另一个方向努力，他们的胸怀和谦逊有礼让我们这些人自愧不如。感谢我的母亲苏珊,她是家里真正的作家,是她引领我领略了书籍的无尽魅力;感谢我的父亲马苏德,他不仅让我深知自己的根在何方,还鼓励我勇敢地发出自己的声音。我的妹妹们始终鞭策着我不断前行:乔乔有着强烈的同情心,萨拉有着坚定不移的正义感,姐姐达娜在无意间教会了我许多。对我而言,最大的快乐莫过于学习和探索,而与尼尔·辛格并肩学习则是我生命中最珍贵的礼物。谢谢你如此温柔耐心地照顾我。在我心中,你永远是最特别的存在。文中的任何疏漏,都请归咎于拉扬。因为拉扬总是提醒我,人生最真实的需求,莫过于吃饱饭、被逗笑。我衷心希望你能明白,在这个世界上,我们能把这些最基本的事情做好。

注释

引言：展示你的解题步骤！

1 Mary Midgley, *Owl of Minerva: A Memoir* (Routledge, 2007), p. xii.
2 Audre Lorde, 'The Master's Tools Will Never Dismantle the Master's House', *Sister Outsider: Essays and Speeches* (Crossing Press, 2007).
3 David Graeber, *The Utopia of Rules: On Technology, Stupidity, and the Secret Joys of Bureaucracy* (Melville House, 2016), p. 89.

第1章：你会歧视白人吗？

1 Vikram Dodd, 'Black People Nine Times More Likely to Face Stop and Search Than White People', *Guardian*, 27 October 2020, https://www.theguardian.com/uk-news/2020/oct/27/black-people-nine-times-more-likely-to-face-stop-and-search-than-white-people [accessed 26 November 2020].
2 Graham Ruddick, 'Ex-footballer Trevor Sinclair Loses BBC Role After Admitting Racial Abuse', *Guardian*, 2 January 2018, https://www.theguardian.com/world/2018/jan/02/ex-england-star-trevor-sinclair-admits-drink-driving-and-racial-abuse [accessed 26 November 2020].
3 Kick It Out, @kickitout, Twitter, 2 January 2018, https://twitter.com/

kickitout/status/948200599727824896 [accessed 26 November 2020].

4 Kimberlé W. Crenshaw, 'Framing Affirmative Action', *Michigan Law Review First Impressions* 105 (2006).

5 Michael Harriot, 'The 5 Types of"Becky"', The Root, 29 August 2017, https://www.theroot.com/the-five-types-of-becky-1798543210 [accessed 23 October 2022].

6 Damien Gayle, 'People of Colour Far Likelier to live in England's Very High Air Pollution Areas', *Guardian*, 4 October 2022, https://www.theguardian.com/environment/2022/oct/04/people-of-colour-likelier-live-england-very-high-air-pollution-areas [accessed 7 November 2022]; Harvard School of Public Health, 'Racial Disparities in Traffic Fatalities Much Wider Than Previously Known', 'News', 2022, https://www.hsph.harvard.edu/news/press-releases/racial-disparities-traffic-fatalities [accessed 7 November 2022].

7 Rosa Luxemburg, *The Accumulation of Capital* (1913), Chapter 26, 'The Reproduction of Capital and Its Social Setting', https://www.marxists.org/archive/luxemburg/1913/accumulation-capital/ch26.html [accessed 20 November 2022].

8 Sarah Green Carmichael, 'Women Shouldn't Do Any More Housework This Year', Bloomberg.com, 24 August 2022, https://www.bloomberg.com/opinion/articles/2022-08-24/women-shouldn-t-do-any-more-housework-this-year [accessed 18 November 2022]; UCL, 'Women Still Doing Most of the Housework Despite Earning More', Institute of Epidemiology & Health Care, 2019, https://www.ucl.ac.uk/epidemiology-health-care/news/2019/nov/women-still-doing-most-housework-despite-earning-more [accessed 18 November 2022].

9 W. E. B. Du Bois, *Black Reconstruction in America: An Essay Toward a History of the Part Which Black Folk Played in the Attempt to Reconstruct Democracy in America, 1860–1880* (Harcourt, Brace & Howe, 1935), p. 700.

10 'When Did Marital Rape Become a Crime?' *The Week*, 6 December 2018, https://www.theweek.co.uk/98330/when-did-marital-rape-

become-a-crime [accessed 17 December 2020].

11 Simon Duncan, 'Why So Many Women Still Take Their Husband's Last Name', The Conversation, http://theconversation.com/why-so-many-women-still-take-their-husbands-last-name-140038, [accessed 30 December 2020]; Ammar Kalia, '"I Understand My Wife's Lived Experience Better": Meet the Men Who Have Taken Their Wives' Surnames', *Guardian*, 20 August 2019, http://www.theguardian.com/lifeandstyle/2019/aug/20/i-understand-my-wifes-lived-experience-better-meet-the-men-who-have-taken-their-wives-surnames [accessed 30 December 2020].

12 Saidiya Hartman, *Lose Your Mother: A Journey Along the Atlantic Slave Route* (Macmillan, 2008), p. 133.

13 Eric Williams, *Capitalism and Slavery* (1944) (University of North Carolina Press, 1994).

14 Kelly M. Hoffman et al., 'Racial Bias in Pain Assessment and Treatment Recommendations, and False Beliefs About Biological Differences Between Blacks and Whites', *Proceedings of the National Academy of Sciences* 113, 16 (2016): 4296–301.

15 Monika K. Goyal et al., 'Racial Disparities in Pain Management of Children with Appendicitis in Emergency Departments', *JAMA Pediatrics* 169, 11 (2015): 996–1002.

16 喜剧演员阿默·拉赫曼（Aamer Rahman）的例子生动地说明了这一点。作为一名孟加拉裔澳大利亚人，他常常因为调侃白人而遭到白人观众的投诉（比如，他会问："嘿，白人到底是怎么回事？他们怎么就不会跳舞呢？"）。白人观众指责他存在"逆向种族主义"。拉赫曼坦然承认，在某些特定条件下，逆向种族主义确实有可能发生。在YouTube上广为流传的一段他的节目片段中，拉赫曼解释了逆向种族主义可能产生的情境和实现方式：https://www.youtube.com/watch?v=dw_mRaIHb-M。

17 Sara Ahmed, *Living a Feminist Life* (Duke University Press, 2017), p. 262.

18 Fiona Vera-Gray, 'Have You Ever Wondered How Much Energy You

Put in to Avoid Being Assaulted? It May Shock You', The Conversation, 21 September 2016, http://theconversation.com/have-you-ever-wondered-how-much-energy-you-put-in-to-avoid-being-assaulted-it-may-shock-you-65372 [accessed 17 December 2020].

19　Marilyn Frye, *The Politics of Reality: Essays in Feminist Theory* (Crossing Press, 1983), p. 14.

20　Kevin Bright, 'The One with the Male Nanny', *Friends*, 7 November 2002 (Bright/Kauffman/Crane Productions, Warner Bros. Television).

21　罗斯这个角色令人不悦，而《老友记》则是一块令人尴尬的文化试金石，其原因有很多。参见Rhiannon-Skye Boden, '20 Reasons Why Ross in Friends Is Actually a Terrible Human Being', 80s Kids, 30 December 2019, https://www.eightieskids.com/ross-is-the-worst [accessed 23 December 2020]等。

22　Peter Towns, 'I'm Proud to Be a Nurse – So Why Do People Still Think It's Not a Job for a Man?', *Metro*, 8 July 2020, https://metro.co.uk/2020/07/08/male-nurse-sexism-12717345 [accessed 23 December 2020].

23　'Not All Gaps Are Created Equal: The True Value of Care Work', *Oxfam International*, 2020, https://www.oxfam.org/en/not-all-gaps-are-created-equal-true-value-care-work [accessed 23 December 2020].

24　'Study Finds English and Welsh Family Courts Not Discriminating Against Fathers', https://warwick.ac.uk/newsandevents/pressreleases/study_finds_english [accessed 23 December 2020]. 事实上，在监护权问题上，真正令人震惊的发现是，那些遭受过性虐待或家庭暴力的妇女和儿童在向法院申请剥夺父亲的监护权时，往往面临着巨大的困难。法院很难相信，父亲的参与不仅不符合孩子的最大利益，甚至可能会使孩子持续遭受暴力。参见Sonia Sodha, 'The Idea That Family Courts Are Biased Against Men Is a Dangerous Fallacy', *Guardian*, 5 March 2020, http://www.theguardian.com/society/commentisfree/2020/mar/05/family-courts-biased-men-dangerous-fallacy-abuse [accessed 23 December 2020]。

25　Cathy Meyer, 'Dispelling the Myth of Gender Bias in the Family Court

System', *HuffPost*, 2012 https://www.huffpost.com/entry/dispelling-the-myth-of-ge_b_1617115 [accessed 3 November 2022].

26 Sarah Schoppe-Sullivan, 'Dads Are More Involved in Parenting, Yes, but Moms Still Put in More Work', The Conversation, 3 February 2017, http://theconversation.com/dads-are-more-involved-in-parenting-yes-but-moms-still-put-in-more-work-72026 [accessed 23 December 2020].

27 Katelyn Jones, 'We Parent Equally – But He's Seen as Super Dad and I'm Not Seen at All', Motherly, 4 November 2019, https://www.mother.ly/life/praise-the-dads-and-the-moms [accessed 30 December 2020].

28 '(1982) Audre Lorde "Learning From the 60s"', BlackPast, 12 August 2012, https://www.blackpast.org/african-american-history/1982-audre-lorde-learning-60s [accessed 8 December 2020].

29 Kimberlé Crenshaw, 'Demarginalizing the Intersection of Race and Sex: A Black Feminist Critique of Antidiscrimination Doctrine, Feminist Theory and Antiracist Politics', *University of Chicago Legal Forum* I, 8 (1989): 139-67.

30 'The Combahee River Collective Statement', 1977, https://www.blackpast.org/african-american-history/combahee-river-collective-statement-1977 [accessed 14 November 2022].

31 Amia Srinivasan, *The Right to Sex* (Bloomsbury, 2021), p. 17.

32 美国于1865年废除了奴隶制，随后在1870年禁止以种族为由剥夺男性的选举权，并在1920年赋予了女性选举权。然而，这些历史性时刻并不意味着平等权在现实中得到了立即和全面的实现。实际上，直到1965年黑人才享有投票权。

33 Leslie Podell, 'Compare the Two Speeches', Sojourner Truth Project, https://www.thesojournertruthproject.com/compare-the-speeches [accessed 21 December 2021].

34 关于特鲁斯那场著名的演讲，尽管在确切内容和演讲时使用的方言等方面存在诸多争议，但人们普遍认同它传达了与本文所引用内容相契合的精神。

35 Diane S. Lauderdale, 'Birth Outcomes for Arabic-named Women in California Before and After September 11', *Demography* 43, 1 (2006):

185–201.

36 这些论述往往忽视了非二元性别的穆斯林的存在：伊斯兰恐惧症将伊斯兰教描绘成独一无二的压迫性宗教，从而抹杀了非二元性别人的存在。

37 Moya Bailey, 'They Aren't Talking About Me ...' Crunk Feminist Collective, 14 March 2010, http://www.crunkfeministcollective.com/2010/03/14/they-arent-talking-about-me [accessed 9 December 2020].

38 Megan Slack, 'Tammy Bruce Calls the Obamas "Trash in the White House"', *HuffPost UK*, 23 April 2009, https://www.huffpost.com/entry/tammy-bruce-calls-the-oba_n_178109 [accessed 30 December 2020].

39 斯皮尔伯格坦言，他之所以在影片中淡化了两位女性之间的性关系，是担心这可能会影响影片获得更广泛的好评。然而，令人玩味的是，他对于描绘家庭暴力的场景却并未表现出同样的顾虑。同性之间的亲密行为被视为不适合年轻观众的内容，而基于性别的暴力行为却往往被忽视或接受，这也很能说明问题。

40 E. R. Shipp, 'Blacks in Heated Debate Over "The Color Purple"', *New York Times*, 27 January 1986, https://www.nytimes.com/1986/01/27/us/blacks-in-heated-debate-over-the-color-purple.html [accessed 8 December 2020].

41 Kimberlé Crenshaw, 'Mapping the Margins: Intersectionality, Identity Politics, and Violence Against Women of Color', *Stanford Law Review* 43 (1990): 1241.

42 Hadley Freeman, 'The "Karen" Meme Is Everywhere – and It Has Become Mired in Sexism', *Guardian*, 13 April 2020, http://www.theguardian.com/fashion/2020/apr/13/the-karen-meme-is-everywhere-and-it-has-become-mired-in-sexism [accessed 29 December 2020].

43 Michael Hughes and Steven A. Tuch, 'Gender Differences in Whites' Racial Attitudes: Are Women's Attitudes Really More Favorable?', *Social Psychology Quarterly* 66, 4 (2003): 384–401.

44 Charles M. Blow, 'How White Women Use Themselves as Instruments of Terror', *New York Times*, 27 May 2020, https://www.nytimes.

com/2020/05/27/opinion/racism-white-women.html [accessed 29 December 2020].

45　Salma Yaqoob, 'Muslim Women and War on Terror', *Feminist Review* 88, 1 (2008): 150–61.

46　Karen Attiah, 'So Much for the West "Saving" Muslim Women from Terrorism', *Washington Post*, 18 November 2015, https://www.washingtonpost.com/blogs/post-partisan/wp/2015/11/18/so-much-for-the-west-saving-muslim-women-fromterrorism/[accessed 29 December 2020].

第2章："政治正确"是否已然变调？

1　Kayla Epstein, 'Trump Responds to Megyn Kelly's Questions on Misogyny – With More Misogyny', *Guardian*, 6 August 2015, http://www.theguardian.com/us-news/2015/aug/06/donald-trump-misogyny-republican-debate-megyn-kelly [accessed 31 August 2021].

2　同上。

3　Simon Kuper, 'Political Correctness: The UK v the US', *Financial Times*, 6 February 2020, https://www.ft.com/content/31ed22f8-47a6-11ea-aee2-9ddbdc86190d [accessed 21 January 2021].

4　Tom Clark, 'Free Speech? New Polling Suggests Britain Is "Less PC" Than Trump's America', *Prospect Magazine*, 16 February 2018, https://www.prospectmagazine.co.uk/magazine/free-speech-new-polling-suggests-britain-is-less-pc-than-trumps-america [accessed 12 February 2021].

5　Peter Walker, 'Use Gareth Southgate's Tactics for Culture War, Pollster Tells MPs', *Guardian*, 6 July 2021, http://www.theguardian.com/society/2021/jul/06/use-gareth-southgates-tactics-for-culture-war-pollster-tells-mps [accessed 6 July 2021].

6　Edwin L. Battistella, 'The Not-so Ironic Evolution of the Term "Politically Correct"', OUPblog, 7 July 2019, https://blog.oup.com/2019/07/politically-correct-evolution [accessed 31 August 2021].

7   Debra L. Schultz, 'To Reclaim a Legacy of Diversity: Analyzing the "Political Correctness" Debates in Higher Education' (National Council for Research on Women, 1993).

8   Martha Nussbaum, 'Undemocratic Vistas', *Prometheus* 6, 2 (1988): 382–400.

9   Noam Chomsky, *Understanding Power: The Indispensable Chomsky* (New Press, 2002).

10 Richard Bernstein, 'The Rising Hegemony of the Politically Correct', *New York Times*, 28 October 1990, https://www.nytimes.com/1990/10/28/weekinreview/ideas-trends-the-rising-hegemony-of-the-politically-correct.html [accessed 6 July 2021].

11 同上。

12 Robert Booth, 'Grenfell Inquiry: Ex-ministers and Serving Secretary of State to Be Cross-examined', *Guardian*, 4 January 2022, https://www.theguardian.com/uk-news/2022/jan/04/grenfell-inquiry-ex-ministers-and-serving-secretary-of-state-to-be-cross-examined [accessed 19 January 2022].

13 Paul Karp, 'Senate Blocks Government Attempt to Restore Compulsory Plebiscite for Marriage Equality', *Guardian*, 9 August 2017, http://www.theguardian.com/australia-news/2017/aug/09/abbott-says-vote-no-to-marriage-equality-and-stop-political-correctness-in-its-tracks [accessed 8 February 2021].

14 Afua Hirsch, 'The Government Does Have a Strategy on Racism After All. It's called "War on Woke"', *Guardian*, 17 June 2020, http://www.theguardian.com/commentisfree/2020/jun/17/boris-johnson-racism-woke-tories [accessed 6 September 2021].

15 'Freedom of Speech – Joint Committee on Human Rights – House of Commons', 2018, https://publications.parliament.uk/pa/jt201719/jtselect/jtrights/589/58909.htm#_idTextAnchor058 [accessed 31 August 2021].

16 Kwame Asamoah Kwarteng et al., *Taking the Debate Forward: A New Code to Secure and Champion Freedom of Speech and Political*

Diversity on Campus, Wonkhe, February 2021, https://wonkhe.com/wp-content/wonkhe-uploads/2021/01/Taking-the-debate-forward-Feb-2021.pdf

17 Sarah Schwartz, 'Map: Where Critical Race Theory Is Under Attack', *Education Week*, 11 June 2021, https://www.edweek.org/policy-politics/map-where-critical-race-theory-is-under-attack/2021/06 [accessed 6 September 2021].

18 Christopher F. Rufo, @realchrisrufo and @ConceptualJames, Twitter, 15 March 2021, https://twitter.com/realchrisrufo/status/1371541044592996352 [accessed 12 September 2021].

19 Paraphrased from Stanley Cohen, *Folk Devils and Moral Panics* (Routledge, 2011), p. 1.

20 Kevin Arscott, 'Winterval: The Unpalatable Making of a Modern Myth', *Guardian*, 8 November 2011, http://www.theguardian.com/commentisfree/2011/nov/08/winterval-modern-myth-christmas [accessed 12 February 2021].

21 Jessica Elgot, '"We Really Don't Want to Ban Christmas," Muslims Insist', *HuffPost UK*, 17 December 2013, https://www.huffingtonpost.co.uk/2013/12/17/ban-christmas-muslims_n_4460151.html [accessed 12 February 2021].

22 David Emery, 'FALSE: Sweden Bans Christmas Lights to Avoid Angering Muslim Refugees', Snopes.com, 26 October 2016, https://www.snopes.com/fact-check/sweden-bans-christmas-lights [accessed 12 February 2021].

23 Dominic Ponsford, 'Express Corrects Story Suggesting Muslims Wanted to Ban New Fivers, But IPSO Rules No Breach of Code', *Press Gazette*, 7 April 2017, https://www.pressgazette.co.uk/express-corrects-story-suggesting-muslims-wanted-to-ban-new-fivers-but-ipso-rules-no-breach-of-code [accessed 6 July 2021].

24 Naomi I. Eisenberger, Matthew D. Lieberman and Kipling D. Williams, 'Does Rejection Hurt? An fMRI Study of Social Exclusion', *Science* 302, 5643 (2003): 290–2.

25 Catharine A. MacKinnon, *Only Words* (Harvard University Press, 1993).
26 John Langshaw Austin, *How to Do Things with Words* (Oxford University Press, 1975).
27 Quoted in: Rae Langton, 'Speech Acts and Unspeakable Acts', *Philosophy & Public Affairs* 22, 4 (1993): 293–330.
28 Srinivasan, *Right to Sex*, p. 46.
29 Amy Guttman, 'Set to Take Over Tech: 70% of Iran's Science and Engineering Students Are Women', *Forbes*, 9 December 2015, https://www.forbes.com/sites/amyguttman/2015/12/09/set-to-take-over-tech-70-of-irans-science-and-engineering-students-are-women [accessed 14 December 2021].
30 Pascal Huguet, Sophie Brunot and Jean Marc Monteil, 'Geometry Versus Drawing: Changing the Meaning of the Task as a Means to Change Performance', *Social Psychology of Education* 4, 3 (2001): 219–34.
31 Lionel Shriver, 'Great Writers Are Found with an Open Mind', *The Spectator*, 27 December 2018, https://www.spectator.co.uk/article/great-writers-are-found-with-an-open-mind/ [accessed 2 February 2023].
32 Shelly Romero and Adriana M. Martínez Figueroa, '"The Unbearable Whiteness of Publishing" Revisited', PublishersWeekly.com, 29 January 2021, https://www.publishersweekly.com/pw/by-topic/industry-news/publisher-news/article/85450-the-unbearable-whiteness-of-publishing-revisited.html [accessed 22 December 2021].
33 Richard Jean So and Gus Wezerek, 'Just How White Is the Book Industry?', *New York Times*, 11 December 2020, https://www.nytimes.com/interactive/2020/12/11/opinion/culture/diversity-publishing-industry.html [accessed 22 December 2021].
34 Helena Vieira, 'Gender Quotas and the Crisis of the Mediocre Man', *LSE Business Review*, 13 March 2017, https://blogs.lse.ac.uk/businessreview/2017/03/13/gender-quotas-and-the-crisis-of-the-mediocre-man [accessed 8 September 2021].

35 McKinsey & Co., 'Why Diversity Matters', https://www.mckinsey.com/business-functions/organization/our-insights/why-diversity-matters [accessed 8 September 2021]; Cristina Díaz-García, Angela González-Moreno and Francisco Jose Sáez-Martínez, 'Gender Diversity Within R&D Teams: Its Impact on Radicalness of Innovation', *Innovation* 15, 2 (2013): 149–60; Max Nathan and Neil Lee, 'Cultural Diversity, Innovation, and Entrepreneurship: Firm-level Evidence from London', *Economic Geography* 89, 4 (2013): 367–94.

36 Samuel R. Sommers, 'On Racial Diversity and Group Decision Making: Identifying Multiple Effects of Racial Composition on Jury Deliberations', *Journal of Personality and Social Psychology* 90, 4 (2006): 597.

37 Reni Eddo-Lodge, *Why I'm No Longer Talking to White People About Race* (Bloomsbury, 2017).

38 Douglas Murray, 'The Consequence of This New Sexual Counter-revolution? No Sex at All', *The Spectator*, 25 December 2017, https://www.spectator.co.uk/article/the-consequence-of-this-new-sexual-counter-revolution-no-sex-at-all [accessed 31 August 2021].

39 Sarah Young, 'Argos Defends Advert Featuring All-black Family Amid Online Criticism', *Independent*, 30 August 2020, https://www.independent.co.uk/life-style/argos-advert-defend-tweet-black-family-complaints-gay-couple-racist-reaction-a9695996.html [accessed 23 December 2020].

40 'Trump: NFL Kneelers "Maybe Shouldn't Be in Country"', BBC News, 24 May 2018, https://www.bbc.com/news/world-us-canada-44232979 [accessed 22 December 2021].

41 Susan Christian, 'Seal Beach School Principal Draws Fire for Facebook Post Over Controversial Nike Ad', *Orange County Register*, 5/6 September 2018, https://www.ocregister.com/seal-beach-school-principal-draws-fire-for-facebook-post-over-controversial-nike-ad [accessed 22 December 2021].

42 Lucy Pasha-Robinson, 'Teenager "Thrown Out of US School" for

Sitting During Pledge of Allegiance', *Independent*, 8 October 2017, https://www.independent.co.uk/news/world/americas/teenager-17-year-old-india-landry-suspended-windfern-high-school-houston-texas-sitting-pledge-of-allegiance-us-a7988856.html [accessed 22 December 2021].

43 Angelique Chrisafis, 'Pork or Nothing: How School Dinners Are Dividing France', Guardian, 13 October 2015, http://www.theguardian.com/world/2015/oct/13/pork-school-dinners-france-secularism-children-religious-intolerance [accessed 30 August 2021].

44 'Newsreader Jon Snow Rails Against "Poppy Fascism"', *Evening Standard*, 13 April 2012, https://www.standard.co.uk/hp/front/newsreader-jon-snow-rails-against-poppy-fascism-7263001.html [accessed 31 August 2021].

45 John K. Wilson, *The Myth of Political Correctness* (Duke University Press, 1995).

46 Alex Nowrasteh, 'The Right Has Its Own Version of Political Correctness. It's Just as Stifling', *Washington Post*, 7 December 2016, https://www.washingtonpost.com/posteverything/wp/2016/12/07/the-right-has-its-own-version-of-political-correctness-its-just-as-stifling [accessed 22 December 2021].

47 如果孤立地看，其中的许多礼仪无疑是值得推崇的：主动伸出援手以及保持独立，对任何人而言都是值得追求的目标。然而，在现实生活中，男性之间往往不会互相帮忙拎包，也不会在朋友受惊时主动驱赶蜘蛛。他们通常不会脱下外套披在对方身上，也不会互送对方回家。尽管街上的男性常常会对陌生的女性报以微笑作为问候，但他们却很少对彼此展露笑容，因为这样的行为可能会被误解为挑衅。相反，女性则更倾向于对其他女性微笑示好，在面对陌生男性时却往往保持矜持，因为担心自己的友善举动会被误解为性挑逗的暗示，从而引发不必要的麻烦。

48 Frye, *Politics of Reality*, pp. 5–6.

49 不过，需要特别注意的是，这项调查是由一家高档杂货连锁店所主导的，其主要的受众群体是年龄较大的中产阶级白人。这一群体可能与那些最有可能怀念旧式礼仪的人群存在较大重叠。

50 'Schools "Should Help Pupils Mind Their Manners"', BBC News, 15 October 2012, https://www.bbc.com/news/education-19946480 [accessed 8 August 2021].

51 Natalie Morris, 'Young Adults Say Traditional Manners – Like Saying Please – Are "Outdated"', *Metro*, 12 May 2019, https://metro.co.uk/2019/12/05/young-adults-think-traditional-manners-like-saying-please-thank-outdated-11277824 [accessed 8 August 2021].

52 André Spicer, 'Toughen Up, Senior Snowflakes, Swearing at Work Is Good for Us', *Guardian*, 15 January 2018, http://www.theguardian.com/commentisfree/2018/jan/15/toughen-up-senior-snowflakes-swearing-at-work-is-good-for-us [accessed 26 August 2021]; Ellie Abraham, 'People More Likely to Use Strong Swearing in Everyday Life Compared to Five Years Ago, Research Finds', *Independent*, 10 June 2021, https://www.independent.co.uk/life-style/swear-words-everyday-life-swearing-b1863451.html [accessed 26 August 2021].

53 Mark Brown, 'Swearing on Rise but Parents Still Don't Want Kids Hearing It, Report Finds', *Guardian*, 10 June 2021, http://www.theguardian.com/science/2021/jun/10/swearing-on-rise-but-parents-still-dont-want-kids-hearing-it-report-finds [accessed 26 August 2021].

54 Roxane Gay, *Not That Bad: Dispatches from Rape Culture* (Atlantic Books, 2018).

55 Rae Langton, 'Beyond Belief: Pragmatics in Hate Speech and Pornography', in I. Maitra and M. K. McGowan (eds), *Speech and Harm: Controversies Over Free Speech* (Oxford University Press, 2012): 72–93.

56 有兴趣了解更多信息的读者不妨阅读以下资料：Robin Jeshion, 'Slurs and Stereotypes', *Analytic Philosophy* 54, 3 (2013): 314–29; Elisabeth Camp, 'A Dual Act Analysis of Slurs', in David Sosa (ed.), *Bad Words: Philosophical Perspectives on Slurs* (Oxford University Press, 2018): 29–59; Chang Liu, 'Slurs as Illocutionary Force Indicators', *Philosophia* (2020): 1–15.

57 Judith Butler, *Excitable Speech* (Routledge, 1997), p. 80, 保留了原文

的强调部分。

58 Alexander Pollatsek, 'The Role of Sound in Silent Reading', in *The Oxford Handbook of Reading* (Oxford University Press, 2015): 185–201.

59 German Lopez, 'Ta-Nehisi Coates Has an Incredibly Clear Explanation for Why White People Shouldn't Use the N-word', *Vox*, 9 November 2017, https://www.vox.com/identities/2017/11/9/16627900/ta-nehisi-coates-n-word [accessed 4 July 2021].

60 Roxane Gay, *Bad Feminist: Essays* (Corsair, 2014), p. 221.

61 Renée Jorgensen Bolinger, 'The Pragmatics of Slurs', *Noûs* 51, 3 (2017): 439–62, at p. 452.

62 Cassie Herbert, 'Talking About Slurs', unpublished paper (2018), p. 21.

63 '*Daily Mail* Opts to Use "Niggling" on the Cover of Meghan Markle, Prince Harry Engagement Photos', TheGrio, 22 December 2017, https://thegrio.com/2017/12/22/daily-mail-niggling-meghan-markle [accessed 26 August 2021].

64 Liam Bright, @lastpositivist, Twitter, 13 March 2021, https://twitter.com/lastpositivist/status/1370738955612786693 [accessed 13 March 2021].

65 感谢鲍勃·布雷彻在这一点上对我的鞭策。

66 Hannah Arendt, *Essays in Understanding, 1930–1954: Formation, Exile, and Totalitarianism* (Schocken, 2011).

67 James Baldwin, 'On Being White . . . and Other Lies', *Essence* 14, 12 (1984): 90–2.

第3章：狗哨隐患何在？

1 有关识别新纳粹仇恨标志（通常表现为文身、衣服上的补丁或公共场所的贴纸和海报）的更详细指南，请查看以下链接：（美国）https://www.splcenter.org/fighting-hate/intelligence-report/2006/look-racist-skinhead-symbols-and-tattoos；（英国）https://www.trafford.gov.uk/residents/community/community-safety/docs/extreme-right-wing-

symbols.pdf.
2 Dawn Foster, 'Who's Watching?', LRB Blog, *London Review of Books*, 22 October 2020, https://www.lrb.co.uk/blog/2020/october/who-s-watching [accessed 23 October 2020].
3 这句话如今在社交媒体上频繁出现，据推测可能源自1995年播出的经典动画《辛普森一家》的某一集。在该集中，小丑库斯提因不慎透露了自己被无良资本家彭斯收买的事实而自我警醒。当被问及为何会在当地电影比赛中为彭斯的电影投下支持票时，他回答说："只能说，它让我……得以搬进更宽敞的住所。哎呀，瞧我这张嘴，又说漏嘴了。"
4 指量子力学领域中著名的思想实验"薛定谔的猫"。这个实验构想了一个场景：在一个封闭的房间里，放射性物质的衰变（这一过程是由概率决定的）会引发有毒气体的释放，进而导致被困在房间中的一只不幸的猫死亡。然而，在我们打开房门查看情况之前，猫的状态既非生也非死，而是同时处于这两种可能性的叠加态。这一结果源于量子力学中概率的独特运作方式。
5 Sarah Prager, 'Four Flowering Plants That Have Been Decidedly Queered', JSTOR Daily, 29 January 2020, https://daily.jstor.org/four-flowering-plants-decidedly-queered [accessed 6 February 2022].
6 Chris Thomas, 'Untucking the Queer History of the Colorful Hanky Code', 19 June 2017, Out, https://www.out.com/out-exclusives/2017/6/19/untucking-queer-history-colorful-hanky-code [accessed 6 February 2022].
7 这个问题值得深入探讨。女性声称自己有男友（无论真实与否）往往是阻止男性对自己不必要的性关注的一种非常有效的策略。相比之下，仅仅以"不感兴趣"为由拒绝男性的追求，其效果往往远不如此。这反映出一种现象：另一个男性的存在，往往比女性自身的拒绝更能使追求者止步。许多男性倾向于将另一个男性与女性的关系解读为一种所有权声明，这种解读触发了男性间的一种潜在规则。违反这种规则可能会引发暴力冲突。当女性提及她的女性朋友，或者表示对男性没有兴趣时，可能会加剧令人厌恶的性关注。这种现象正是男性将女性之间的亲密关系性化的结果。

8 Gary Younge, 'How the Far Right Has Perfected the Art of Deniable Racism', *Guardian*, 26 January 2018, http://www.theguardian.com/commentisfree/2018/jan/26/far-right-racism-electoral-successes-europe-us-bigotry [accessed 11 September 2021].

9 这一想法得益于塔利·门德尔伯格的相关讨论：'Norm of Racial Equality' in Tali Mendelberg, *The Race Card: Campaign Strategy, Implicit Messages, and the Norm of Equality* (Princeton University Press, 2017).

10 Gay, *Bad Feminist*, p. 292.

11 'Racial Prejudice in Britain Today', NATCEN Social Research, September 2017, http://natcen.ac.uk/our-research/research/racial-prejudice-in-britain-today [accessed 31 December 2020].

12 'Pupils Perform "Alarming" Feat', Metro, 24 May 2006, https://metro.co.uk/2006/05/24/pupils-perform-alarming-feat-155361 [accessed 19 November 2020].

13 William Safire, Safire's Political Dictionary (Oxford University Press, 2008), p. 190.

14 Katherine Runswick-Cole, Rebecca Lawthom and Dan Goodley, 'The Trouble with "Hard Working Families"', *Community*, Work & Family 19, 2 (2016): 257–60.

15 "工薪家庭"属于"晕轮效应"。这是一个显然充满积极正面的道德内涵的短语，然而其具体含义却显得相当模糊和空洞，尽管如此，它依然常被用以激发人们特定的情感反应。类似的例子还包括"民主"和"自由"等词汇，政客们频频使用这些词来营造一种积极向上、道德高尚的氛围，而他们往往无须提供更为具体的阐释。

16 Wesley Lowery, 'Paul Ryan, Poverty, Dog Whistles, and Electoral Politics', *Washington Post*, 18 March 2014, https://www.washingtonpost.com/news/the-fix/wp/2014/03/18/paul-ryan-poverty-dog-whistles-and-racism [accessed 3 November 2022].

17 Jonathan Martin, 'Trump, Trailing in Pennsylvania, Launches Familiar Attacks on Biden', *New York Times*, 13 October 2020, https://www.

nytimes.com/2020/10/13/us/politics/trump-rally-pennsylvania.html [accessed 31 December 2020].

18　Ian Olasov, 'Offensive Political Dog Whistles: You Know Them When You Hear Them. Or Do You?', Vox, 7 November 2016, https://www.vox.com/the-big-idea/2016/11/7/13549154/dog-whistles-campaign-racism [accessed 31 December 2020].

19　图像也可以起到狗哨的作用。参见Ray Drainville and Jennifer Saul, 'Visual and Linguistic Dogwhistles' in Luvell Anderson and Ernie Lepore (ed.), *The Oxford Handbook of Applied Philosophy of Language* (Oxford University Press, forthcoming), published online 2020, https://www.researchgate.net/publication/344441861_Visual_and_Linguistic_Dogwhistles.

20　Mendelberg, *Race Card*.

21　Vincent L. Hutchings and Ashley E. Jardina, 'Experiments on Racial Priming in Political Campaigns', *Annual Review of Political Science* 12 (2009): 397–402; Tatishe M. Nteta, Rebecca Lisi and Melinda R. Tarsi, 'Rendering the Implicit Explicit: Political Advertisements, Partisan Cues, Race, and White Public Opinion in the 2012 Presidential Election', *Politics, Groups, and Identities* 4, 1 (2016): 1–29.

22　Jennifer M. Saul, 'Racial Figleaves, the Shifting Boundaries of the Permissible, and the Rise of Donald Trump', *Philosophical Topics* 45, 2 (2017): 97–116.

23　John Eligon, 'The "Some of My Best Friends Are Black" Defense', *New York Times*, 16 February 2019, https://www.nytimes.com/2019/02/16/sunday-review/ralph-northam-blackface-friends.html [accessed 12 November 2020].

24　Jessica Elgot and Peter Walker, 'Javid Under Fire Over "Illegal" Cross-Channel Asylum Seekers Claim', *Guardian*, 2 January 2019, https://www.theguardian.com/politics/2019/jan/02/people-crossing-channel-not-genuine-asylum-seekers-javid [accessed 3 November 2022].

25　Rachel Hall, 'Suella Braverman: Five Controversial Statements from UK Home Secretary', *Guardian*, 26 October 2022, https://

www.theguardian.com/politics/2022/oct/26/suella-braverman-five-controversial-statements-home-secretary [accessed 3 November 2022].

26 Jessica Murray, 'Teaching White Privilege as Uncontested Fact Is Illegal, Minister Says', *Guardian*, 20 October 2020, http://www.theguardian.com/world/2020/oct/20/teaching-white-privilege-is-a-fact-breaks-the-law-minister-says [accessed 31 December 2020].

27 Kurt Andersen, 'How to Talk Like Trump', *Atlantic*, 15 March 2018, https://www.theatlantic.com/magazine/archive/2018/03/how-to-talk-trump/550934 [accessed 31 December 2020].

28 Saul, 'Racial Figleaves', p. 109.

29 Mary Kate McGowan, 'On "Whites Only" Signs and Racist Hate Speech: Verbal Acts of Racial Discrimination', in Maitra and McGowan, *Speech and Harm*, pp. 222–50.

30 Ian Haney-López, *Dog Whistle Politics: How Coded Racial Appeals Have Reinvented Racism and Wrecked the Middle Class* (Oxford University Press, 2015).

31 Anand Giridharadas, 'How America's Elites Lost Their Grip', *Time*, 21 November 2019, https://time.com/5735384/capitalism-reckoning-elitism-in-america-2019 [accessed 31 December 2020].

32 thereisnospoon, 'Why the Right-Wing Gets It – and Why Dems Don't [UPDATED]', *Daily Kos*, 10 May 2006, https://www.dailykos.com/story/2006/5/9/208784 [accessed 31 December 2020].

第4章：说"男人是垃圾"算性别歧视吗？

1 Sarah Young, 'Gabriela Cattuzzo Dropped by Sponsor for Tweeting "Men Are Trash" After Being Sexually Harassed', *Independent*, 27 June 2019, https://www.independent.co.uk/life-style/gabriela-cattuzzo-razer-gaming-influencer-twitter-sexual-harassment-reaction-a8976871.html [accessed 15 July 2020].

2 Samuel Gibbs, 'Facebook Bans Women for Posting "Men Are Scum" After Harassment Scandals', *Guardian*, 5 December 2017, https://

www.theguardian.com/technology/2017/dec/05/facebook-bans-women-posting-men-are-scum-harassment-scandals-comedian-marcia-belsky-abuse [accessed 15 July 2020].

3 Casey Newton, 'Why You Can't Say "Men Are Trash" on Facebook', The Verge, 3 October 2019, https://www.theverge.com/interface/2019/10/3/20895119/facebook-men-are-trash-hate-speech-zuckerberg-leaked-audio [accessed 10 September 2021].

4 Jeanette Chabalala, '"I Put Petrol on Her and Walked Away"-Court Hears in Karabo Mokoena Murder Trial', News24, 25 April 2018, https://www.news24.com/news24/southafrica/news/i-put-petrol-on-her-and-walked-away-court-hears-in-karabo-mokoena-murder-trial-20180425 [accessed 13 July 2020].

5 Lou-Anne Daniels, '#CourtneyPieters: Timeline of a Child Murder', IOL, 6 November 2018, https://www.iol.co.za/news/south-africa/western-cape/courtneypieters-timeline-of-a-child-murder-17782970 [accessed 13 July 2020].

6 'South Africa's Sandile Mantsoe Guilty of Karabo Mokoena Murder', BBC News, 2 May 2018, https://www.bbc.com/news/world-africa-43979207 [accessed 13 July 2020].

7 Nic Andersen, '#MenAreTrash - The Important Phrase Sending South Africa into a Divided Frenzy', *South African*, 16 May 2017, https://www.thesouthafrican.com/opinion/menaretrash-the-important-phrase-sending-south-africa-into-a-divided-frenzy [accessed 13 July 2020].

8 10月11日是联合国设立的国际女童日，其宗旨在于着重关注女童所遭受的各种人权侵犯问题。2016年，诸多引用了有关女童教育机会匮乏、童婚现象及性虐待等问题的统计数据的文章和社交媒体帖子开始广泛传播。与此同时，由于男性的厌女言论在社交媒体上不断涌现，#WomenAreTrash#（女人是垃圾）这一话题标签也开始流行起来。

9 'U.S. Mass Shootings by Shooters' Gender', Statista, 2020, https://www.statista.com/statistics/476445/mass-shootings-in-the-us-by-shooter-s-gender [accessed 13 July 2020].

10 Mark Follman, 'Armed and Misogynist: A Mother Jones Investigation Uncovers How Toxic Masculinity Fuels Mass Shootings', *Mother Jones*, May/June 2019, https://www.motherjones.com/crime-justice/2019/06/domestic-violence-misogyny-incels-mass-shootings [accessed 13 July 2020].

11 Uma Narayan, *Dislocating Cultures: Identities, Traditions, and Third World Feminism* (Routledge, 1997), pp. 81–117.

12 Lois Beckett, 'The Gun Numbers: Just 3% of American Adults Own a Collective 133m Firearms', *Guardian*, 15 November 2017, https://www.theguardian.com/us-news/2017/nov/15/the-gun-numbers-just-3-of-american-adults-own-a-collective-133m-firearms [accessed 13 July 2020].

13 Office for National Statistics, 'Homicide in England and Wales: Year Ending March 2017', 2017, https://www.ons.gov.uk/peoplepopulationandcommunity/crimeandjustice/articles/homicideinenglandandwales/yearendingmarch2017 [accessed 13 July 2020]; Liam Kelly, 'Domestic abuse: "You're most at Risk of Being Killed When You Try to Leave"', *Guardian*, 10 December 2014, http://www.theguardian.com/society-professionals/2014/dec/10/domestic-abuse-risk-trying-leave-housing-community [accessed 13 July 2020].

14 Jana Kasperkevic, 'Private Violence: Up to 75% of Abused Women Who Are Murdered Are Killed After They Leave Their Partners', *Guardian*, 20 October 2014, https://www.theguardian.com/money/us-money-blog/2014/oct/20/domestic-private-violence-women-men-abuse-hbo-ray-rice [accessed 14 July 2020].

15 Sonke CHANGE Trial, 'Men's Use of Violence Against Women: Urgent Change Is Needed in Diepsloot', 2016, https://bhekisisa.org/wp-content/uploads/documents/sonkechangeresearchbrief30nov16compressed1.pdf.

16 Anita Harris et al., 'Young Australians' Attitudes to Violence against Women', VicHealth, 2015, https://www.vichealth.vic.gov.au/-/media/ResourceCentre/PublicationsandResources/PVAW/SurveyReport_

YoungPeople-attitudes-violence-against-women.pdf

17 Future Men 2018 Survey, *Future Men*, 2018, https://futuremen.org/future-men-2018-survey [accessed 14 July 2020].

18 Joanna Neary, @MsJoNeary, Twitter, 13 October 2021, https://twitter.com/MsJoNeary/status/1448217101425168386 [accessed 22 October 2021].

19 Daphna Motro and Aleksander P. J. Ellis, 'Boys, Don't Cry: Gender and Reactions to Negative Performance Feedback', *Journal of Applied Psychology* 102, 2 (2017): 227–35.

20 Siobhan Fenton, 'Modern Men Cry Twice as Much as Their Fathers, Report Suggests', *Independent*, 17 March 2016, http://www.independent.co.uk/life-style/health-and-families/health-news/modern-men-cry-twice-as-much-as-their-fathers-research-suggests-a6936321.html [accessed 15 July 2020].

21 Yasemin Besen-Cassino and Dan Cassino, 'Division of House Chores and the Curious Case of Cooking: The Effects of Earning Inequality on House Chores Among Dual-earner Couples', *AG About Gender* 3, 6 (2014); George Lowery, 'Men Who Earn Less Than Their Women Are More Likely to Cheat', *Cornell Chronicle*, 26 August 2010, https://news.cornell.edu/stories/2010/08/men-more-likely-cheat-higher-earning-women [accessed 13 July 2020]; Michael Bittman et al., 'When Does Gender Trump Money? Bargaining and Time in Household Work', *American Journal of Sociology* 109, 1 (2003): 186–214.

22 D. N. Kyriacou et al., 'Risk Factors for Injury to Women from Domestic Violence', *New England Journal of Medicine* 341, 25 (1999): 1892–8.

23 Robb Willer et al., 'Overdoing Gender: A Test of the Masculine Overcompensation Thesis', *American Journal of Sociology* 118, 4 (2013): 980–1022.

24 'Bank Crimes Drove Iowa Man to Slay Family', CBS News, 27 March 2008, https://www.cbsnews.com/news/bank-crimes-drove-iowa-man-to-slay-family/[accessed 9 July 2020].

25 Jon Ronson, 'I've Thought About Doing Myself in Loads of Times . . .',

Guardian, 22 November 2008, https://www.theguardian.com/uk/2008/nov/22/christopher-foster-news-crime [accessed 9 July 2020].

26 Catharine Skipp, 'Inside the Mind of Family Annihilators', *Newsweek*, 10 February 2010, https://www.newsweek.com/inside-mind-family-annihilators-75225 [accessed 9 July 2020].

27 Katie Collins, 'Study: Family Killers Are Usually Men and Fit One of Four Distinct Profiles', *Wired UK*, 16 August 2013, https://www.wired.co.uk/article/family-killers [accessed 9 July 2020].

28 Neil Websdale, *Familicidal Hearts: The Emotional Styles of 211 Killers* (Oxford University Press, 2010).

29 Kate Manne, *Down Girl: The Logic of Misogyny* (Oxford University Press, 2017).

30 Janet K. Swim, Ashley J. Gillis and Kaitlynn J. Hamaty, 'Gender Bending and Gender Conformity: The Social Consequences of Engaging in Feminine and Masculine Pro-Environmental Behaviors', *Sex Roles* 82, 5 (2020): 363–85.

31 Kristin Musulin, 'Study: Men Litter More, Recycle Less to "Safeguard Their Gender Identity"', Waste Dive, 31 August 2016, https://www.wastedive.com/news/study-men-litter-more-recycle-less-to-safeguard-their-gender-identity/425506 [accessed 14 July 2020].

32 Attila Pohlmann, 'Threatened at the Table: Meat Consumption, Maleness and Men's Gender Identities', unpublished PhD thesis (University of Hawaiʻi at Manoa, 2014).

33 Paul Rozin et al., 'Is Meat Male? A Quantitative Multimethod Framework to Establish Metaphoric Relationships', *Journal of Consumer Research* 39, 3 (2012): 629–43.

34 bell hooks, *The Will to Change: Men, Masculinity, and Love* (Beyond Words/Atria Books, 2004).

35 United Nations Office on Drugs and Crime, *Global Study on Homicide 2013: Trends, Contexts, Data* (UNODC, 2013).

36 World Health Organization, *Fact-Sheet on Self-Directed Violence* (WHO, 2002), https://www.who.int/violence_injury_prevention/

violence/world_report/factsheets/en/selfdirectedviolfacts.pdf.

37 参见Cordelia Fine, *Delusions of Gender: The Real Science behind Sex Differences* (Icon, 2005); Gina Rippon, *The Gendered Brain: The New Neuroscience That Shatters the Myth of the Female Brain* (Bodley Head, 2019).

38 Andrea Waling, 'Problematising "Toxic" and "Healthy" Masculinity for Addressing Gender Inequalities', *Australian Feminist Studies* 34, 101 (2019): 362–75.

39 Kieran Snyder, 'Women Should Watch Out for This One Word in Their Reviews', *Fortune*, 26 August 2014, https://fortune.com/2014/08/26/performance-review-gender-bias/[accessed 15 July 2020].

40 Kate Zasowski @katezasowski, Twitter, 15 March 2019, https://twitter.com/katezasowski/status/1106625316326260736 [accessed 21 July 2020].

41 你可能会提出疑问，如果有些人选择不报案，我们如何能够确定性别之间的差异如此显著呢？性别差异最确凿的证据来源于住院率和谋杀率。尽管并非所有的暴力事件都会留下痕迹，但我们可以根据那些因受害者死亡或受重伤而曝光的案件，推断还存在大量未报案的暴力事件。

42 Frederick Douglass, 'If There Is No Struggle, There Is No Progress', 1857, https://www.blackpast.org/african-american-history/1857-frederick-douglass-if-there-no-struggle-there-no-progress [accessed 12 August 2020].

43 Lonnae O'Neal, 'The 53 Percent Issue', The Undefeated, 20 December 2016, https://theundefeated.com/features/black-women-say-white-feminists-have-a-trump-problem [accessed 21 July 2020].

44 Lorna Finlayson, *An Introduction to Feminism* (Cambridge University Press, 2016), p. 8.

45 Sandeep Prasada et al., 'Conceptual Distinctions Amongst Generics', *Cognition* 126, 3 (2013): 405–22.

46 Joe Wells, @joewellscomic, Twitter, 11 March 2021, https://twitter.com/joewellscomic/status/1370059804975194116 [accessed 10 September 2021].

47　Susan A. Graham, Samantha L. Nayer and Susan A. Gelman, 'Two-year-olds Use the Generic/Nongeneric Distinction to Guide Their Inferences About Novel Kinds', *Child Development* 82, 2 (2011): 493–507.

48　Sarah-Jane Leslie and Adam Lerner, 'Generic Generalizations', *Stanford Encyclopedia of Philosophy*, 2016.

49　Katherine Ritchie, 'Should We Use Racial and Gender Generics?', *Thought: A Journal of Philosophy* 8, 1 (2019): 33–41, at p. 37.

50　Elizabeth Dwoskin, Nitasha Tiku and Heather Kelly, 'Facebook to Start Policing Anti-Black Hate Speech More Aggressively Than Anti-White Comments, Documents Show', *Washington Post*, 3 December 2020, https://www.washingtonpost.com/technology/2020/12/03/facebook-hate-speech [accessed 12 September 2021].

51　Andrea Dworkin, 'I Want a Twenty-Four-Hour Truce During Which There Is No Rape', in Johanna Fateman and Amy Scholder (ed.), *Last Days at Hot Slit: The Radical Feminism of Andrea Dworkin* (Semiotext(e), 1983), pp. 199–210, https://mitpress.mit.edu/blog/i-want-twenty-four-hour-truce-during-which-there-no-rape-excerpt-last-days-hot-slit-radical [accessed 14 July 2020].

52　例如Daniella Emanuel, 'People Are Sharing the Things That Men Would Rather Do Than Go to Therapy and It's Scarily Accurate', BuzzFeed, 5 January 2021, https://www.buzzfeed.com/daniellaemanuel/men-rather-do-than-therapy [accessed 8 February 2022]。

53　Mirel Zaman, 'Why Will Men Do Literally Anything to Avoid Going to Therapy?', Refinery29, 24 May 2021, https://www.refinery29.com/en-us/2021/05/10442178/why-do-men-avoid-therapy-memes [accessed 8 February 2022].

54　hooks, *Will to Change*.

第5章：所有的命都重要吗？

1　Portland State Library Special Collections, 'Black Studies Center Public

Dialogue, Pt. 2', 30 May 1975, https://soundcloud.com/portland-state-library/portland-state-black-studies-1 [accessed 11 August 2021].

2   Chelsea Ritschel, 'Wedding Photographer Donates Bride's Deposit to Black Lives Matter After She Demands Refund', *Independent*, 18 June 2020, https://www.independent.co.uk/life-style/wedding-photographer-black-lives-matter-refund-shakira-rochelle-photography-bride-a9571701.html [accessed 13 September 2021].

3   Kevin Liptak and Kristen Holmes, 'Trump Calls Black Lives Matter a "Symbol of Hate" as He Digs in on Race', CNN, 1 July 2020, https://www.cnn.com/2020/07/01/politics/donald-trump-black-lives-matter-confederate-race/index.html [accessed 1 July 2021].

4   Lizzy Buchan, 'Conservative MP Says Black Lives Matter Movement Is "Divisive"', *Independent*, 24 June 2020, https://www.independent.co.uk/news/uk/politics/black-lives-matter-tory-mp-ben-bradley-george-floyd-premier-league-a9582901.html [accessed 11 August 2021].

5   Kim Parker, Juliana Menasce Horowitz and Monica Anderson, 'Majorities Across Racial, Ethnic Groups Express Support for the Black Lives Matter Movement', Pew Research Center Social & Demographic Trends Project, 12 June 2020, https://www.pewresearch.org/social-trends/2020/06/12/amid-protests-majorities-across-racial-and-ethnic-groups-express-support-for-the-black-lives-matter-movement [accessed 28 June 2021].

6   'Disinformation: #AllWhitesAreNazis and #AWAN', Anti-Defamation League, 21 June 2020, https://www.adl.org/disinformation-allwhitesarenazis-and-awan [accessed 11 August 2021].

7   Daniel Funke, @dpfunke, 'Conservative Pundits Share False Claim About Black Lives Matter, ActBlue', PolitiFact, 12 June 2020, https://www.politifact.com/factchecks/2020/jun/12/ryan-fournier/conservative-pundits-share-false-claim-about-black [accessed 11 August 2021].

8   Naomi Oreskes and Erik M. Conway, 'Defeating the Merchants of Doubt', *Nature* 465, 7299 (2010): 686–7.

9   Deja Thomas and Juliana Menasce Horowitz, 'Support for Black

Lives Matter Movement Down Since June', Pew Research Center, 16 September 2020, https://www.pewresearch.org/wp-content/uploads/2020/09/ft_2020.09.16_BLM_01.png [accessed 28 June 2021].

10　bell hooks, *Teaching Community: A Pedagogy of Hope* (Routledge, 2003), pp. 25–6.

11　Chanda Prescod-Weinstein, *The Disordered Cosmos* (Bold Type Books, 2021), p. 111.

12　Michelle Alexander, *The New Jim Crow: Mass Incarceration in the Age of Colorblindness* (New Press, 2010).

13　MBRRACE-UK, 'Perinatal Mortality Surveillance Report: UK Perinatal Deaths for Births from January to December 2020', https://www.npeu.ox.ac.uk/mbrrace-uk/reports [accessed 6 November 2022].

14　Office for National Statistics, 'Births and Infant Mortality by Ethnicity in England and Wales: 2007 to 2019', https://www.ons.gov.uk/peoplepopulationandcommunity/healthandsocialcare/childhealth/articles/birthsandinfantmortalitybyethnicityinenglandandwales/2007to2019# trends-in-ethnicity [accessed 6 November 2022].

15　Stephen Colegrave, '12 Facts That Prove Black Lives Don't Matter in Britain', Byline Times, 6 August 2020, https://bylinetimes.com/2020/06/08/black-lives-dont-matter-in-britain/[accessed 28 June 2021].

16　Patrick Butler, 'Nearly Half of BAME UK Households are Living in Poverty', *Guardian*, 1 July 2020, http://www.theguardian.com/society/2020/jul/01/nearly-half-of-bame-uk-households-are-living-in-poverty [accessed 28 June 2021].

17　'Black Caribbean Ethnic Group: Facts and Figures', GOV.UK, 27 June 2019, https://www.ethnicity-facts-figures.service.gov.uk/summaries/black-caribbean-ethnic-group#stop-and-search [accessed 28 June 2021].

18　同上。

19　'Black People Dying in Police Custody Should Surprise No One', *Guardian*, 11 June 2020, http://www.theguardian.com/uk-news/2020/jun/11/black-deaths-in-police-custody-the-tip-of-an-iceberg-of-racisttreatment [accessed 28 June 2021].

20 'Criminal Justice Fact Sheet', NAACP, 2021, https://naacp.org/resources/criminal-justice-fact-sheet [accessed 23 July 2021].

21 J. Correll et al., 'The Influence of Stereotypes on Decisions to Shoot', *European Journal of Social Psychology* 37, 6 (2007): 1102-17, https://onlinelibrary.wiley.com/doi/abs/10.1002/ejsp.450 [accessed 24 June 2021].

22 Justin Nix et al., 'A Bird's Eye View of Civilians Killed by Police in 2015', *Criminology & Public Policy* 16, 1 (2017): 309–40.

23 Lynne Peeples, 'What the Data Say About Police Brutality and Racial Bias – and Which Reforms Might Work', *Nature* 583, 7814 (2020): 22–4.

24 如果在计算中采用更为合理的"道德贫困线"标准，那么贫困人口的数字还会进一步攀升。道德贫困线为每人每天7.40美元，这是确保基本营养需求、维持平均预期寿命和低婴儿死亡率所需的基本水平。目前，生活在道德贫困线以下的人口数量已达42亿，这是有史以来的最高数字。参见Peter Edward, 'The Ethical Poverty Line: A Moral Quantification of Absolute Poverty', *Third World Quarterly* 27, 2 (2006): 377–93.

25 Max Roser and Esteban Ortiz-Ospina, 'Global Extreme Poverty', *Our World in Data*, 2013, https://ourworldindata.org/extreme-poverty [accessed 8 July 2021].

26 International Organization for Migration, 'Missing Migrants Project', https://missingmigrants.iom.int/[accessed 9 July 2021].

27 'Asylum and Resettlement Datasets', GOV.UK, 22 August 2019, https://www.gov.uk/government/statistical-data-sets/asylum-and-resettlement-datasets [accessed 9 July 2021].

28 Judith Butler and George Yancy, 'What's Wrong with "All Lives Matter"?', *New York Times*, 12 January 2015, http://mobile.nytimes.com/blogs/opinionator/2015/01/12/whats-wrong-with-all-lives-matter/?_r=3&referrer [accessed 9 July 2021].

29 'Read Martin Luther King Jr's "I Have a Dream" Speech, in Its Entirety',

NPR, https://www.npr.org/2010/01/18/122701268/i-have-a-dream-speech-in-its-entirety [accessed 28 June 2021].

30 Joan Biskupic, 'Where John Roberts Is Unlikely to Compromise', CNN, 26 March 2019, https://www.cnn.com/2019/03/26/politics/john-roberts-race-the-chief/index.html [accessed 10 July 2021].

31 Gary Younge, 'What Black America Means to Europe', *Guardian*, 11 June 2020, https://www.theguardian.com/world/2020/jun/11/what-black-america-means-to-europe-protests-racism-george-floyd [accessed 13 February 2022].

32 Dan Balz and Scott Clement, 'On Racial Issues, Americans Are Divided Both Black and White and Red and Blue', *Washington Post*, 27 December 2014, https://www.washingtonpost.com/politics/on-racial-issues-america-is-divided-both-black-and-white-and-red-and-blue/2014/12/26/3d2964c8-8d12-11e4-a085-34e9b9f09a58_story.html [accessed 10 July 2021].

33 'On Views of Race and Inequality, Blacks and Whites Are Worlds Apart', Pew Research Center Social & Demographic Trends Project, 2016, https://www.pewresearch.org/social-trends/2016/06/27/on-views-of-race-and-inequality-blacks-and-whites-are-worlds-apart/[accessed 10 July 2021].

34 Anushka Asthana, 'Racism in the UK Still Rife, Say Majority of Britons', *Guardian*, 16 July 2020, https://www.theguardian.com/world/2020/jul/16/racism-in-the-uk-still-rife-say-majority-of-britons [accessed 13 February 2022].

35 Richard Allen Greene, 'Britain's Big Race Divide', CNN, 22 June 2020, https://www.cnn.com/interactive/2020/06/europe/britain-racism-cnn-poll-gbr-intl [accessed 13 February 2022].

36 Lois Beckett, 'Nearly All Black Lives Matter Protests Are Peaceful Despite Trump Narrative, Report Finds', *Guardian*, 5 September 2020, http://www.theguardian.com/world/2020/sep/05/nearly-all-black-lives-matter-protests-are-peaceful-despite-trump-narrative-report-finds [accessed 12 August 2021].

37　Frantz Fanon, *The Wretched of the Earth* (Grove Press, 1963).

38　Andreas Malm, *How to Blow Up a Pipeline: Learning to Fight in a World on Fire* (Verso, 2021).

39　Martin Luther King, Jr, 'Letter from a Birmingham Jail [King, Jr]', 1963, https://www.africa.upenn.edu/Articles_Gen/Letter_Birmingham.html [accessed 13 November 2018].

40　Arianne Shahvisi, 'The Backlash', LRB Blog, *London Review of Books*, 27 June 2020, https://www.lrb.co.uk/blog/2020/june/the-backlash [accessed 22 June 2021].

41　Valentina Romei, 'Ethnic Minority Pay Gap in UK Still Stubbornly Wide', *Financial Times*, 9 July 2019, https://www.ft.com/content/fd47bc10-a238-11e9-974c-ad1c6ab5efd1 [accessed 22 June 2021].

42　Pamela Duncan and Matty Edwards, 'Huge Effect of Ethnicity on Life Chances Revealed in Official UK Figures', *Guardian*, 10 October 2017, http://www.theguardian.com/world/2017/oct/10/huge-effect-of-ethnicity-on-life-chances-revealed-in-official-uk-figures [accessed 22 June 2021].

43　'Arrests', GOV.UK, 17 September 2020, https://www.ethnicity-facts-figures.service.gov.uk/crime-justice-and-the-law/policing/number-of-arrests/latest [accessed 13 September 2021].

44　Rianna Croxford, 'Why Your Name Matters in the Search for a Job', BBC News, 18 January 2019, https://www.bbc.com/news/uk-46927417 [accessed 22 June 2021].

45　'All the Ways White People Are Privileged in the UK', *Al Jazeera*, 11 October 2017, https://www.aljazeera.com/news/2017/10/11/all-the-ways-white-people-are-privileged-in-the-uk [accessed 22 June 2021].

46　Michael I. Norton and Samuel R. Sommers, 'Whites See Racism as a Zero-sum Game That They Are Now Losing', *Perspectives on Psychological Science* 6, 3 (2011): 215–18.

47　'Opening Statement: Sen. Jeff Sessions', NPR, 13 July 2009, https://www.npr.org/templates/story/story.php?storyId=106540813 [accessed 10 July 2021].

48 David R. Francis, 'Employers' Replies to Racial Names', National Bureau of Economic Research, *The Digest* 9 (September 2003), https://www.nber.org/digest/sep03/employers-replies-racial-names [accessed 13 September 2021].

49 Holly Rubenstein, 'Can Anonymous CVs Help Beat Recruitment Discrimination?', *Guardian*, 11 April 2013, http://www.theguardian.com/money/work-blog/2013/apr/11/can-anonymous-cvs-help-beat-job-discrimination [accessed 10 July 2021].

50 Ibram X. Kendi, *How to Be an Antiracist* (One World, 2019).

51 Keon West, Katy Greenland and Colette van Laar, 'Implicit Racism, Colour Blindness, and Narrow Definitions of Discrimination: Why Some White People Prefer "All Lives Matter" to "Black Lives Matter"', *British Journal of Social Psychology* 60, 4 (2021): 1136-53, https://bpspsychub.onlinelibrary.wiley.com/doi/abs/10.1111/bjso.12458 [accessed 24 June 2021].

52 Butler and Yancy, 'What's Wrong?'

53 感谢郑乐隽在她优秀的逻辑学著作中指出了这一点。Eugenia Cheng, *The Art of Logic: How to Make Sense in a World That Doesn't* (Profile, 2018), p. 250.

54 Jessica Keiser, 'The "All Lives Matter" Response: QUD-shifting as Epistemic Injustice', *Synthese* 199, 3–4 (2021): 8465–83, https://doi.org/10.1007/s11229-021-03171-y [accessed 24 June 2021].

55 参见Craige Roberts, 'Information Structure: Towards an Integrated Formal Theory of Pragmatics', *Semantics and Pragmatics* 5 (2012): 6–1等。

56 Ashley Atkins, 'Black Lives Matter or All Lives Matter? Color-blindness and Epistemic Injustice', *Social Epistemology* 33, 1 (2019): 1–22, at p. 5.

57 James Baldwin, *Conversations with James Baldwin* (University Press of Mississippi, 1989), p. 8.

58 Stokely Carmichael, 'What We Want', *New York Review of Books* 7(22 September 1966), https://www.nybooks.com/articles/1966/09/22/what-we-want [accessed 23 July 2021].

59 '(1966) Stokely Carmichael, "Black Power"', 13 July 2010, https://www.blackpast.org/african-american-history/speeches-african-american-history/1966-stokely-carmichael-black-power [accessed 15 November 2022].

60 Cedric J. Robinson, *Black Marxism, Revised and Updated Third Edition: The Making of the Black Radical Tradition* (University of North Carolina Press, 2020), 借鉴了 W. E. B. Du Bois, C. L. R. James and Eric Williams 等人的著作。

61 'A Statement from Brighton and Sussex Medical School (BSMS)', 5 June 2020, https://www.bsms.ac.uk/about/news/2020/06-05-a-statement-on-racism-from-brighton-and-sussex-medical-school.aspx [accessed 8 July 2021].

62 参见 'Home | Decolonize Palestine', 2021, https://decolonizepalestine.com [accessed 1 December 2022] 等。

63 Gabrielle Gurley, 'For the Mayor of Washington, Black Lives Matter; Defunding the Police Does Not', The American Prospect, 18 June 2020, https://prospect.org/api/content/a6320c54-b106-11ea-97b3-1244d5f7c7c6 [accessed 15 November 2022].

第 6 章：我们应该相信谁？

1 西奥菲勒斯·佩因特曾担任得克萨斯大学校长，在任期间，他因拒绝录取黑人学生赫尔曼·马里昂·斯韦特就读法律专业而引发了"斯韦特诉佩因特"案。此案的判决结果要求得克萨斯大学必须录取符合条件的黑人申请者，有力地挑战了"隔离但平等"（separate but equal）原则，为大学废除种族隔离铺平了道路。
值得一提的是，佩因特当时正在计算从得克萨斯州立精神病院中三名囚犯（包括两名黑人和一名白人）身上提取的睾丸细胞中的染色体数量。他们因过度手淫而导致睾丸被切除。佩因特在论文中声称，这些囚犯在被阉割时并未感受到任何疼痛。黑人对于疼痛的感知能力较弱是一个常见的陈腐谬论。现代医学的许多知识都建立在以有色人种、被监禁者、精神病患者和残疾人为对象的实验的基础之上。Paul A. Lombardo, 'Tracking Chromosomes, Castrating Dwarves: Uninformed Consent and Eugenic Research', 2009, https://papers.ssrn.com/abstract=1495134 [accessed 27 November 2022].

2   Rita R. Colwell, 'Alice C. Evans: Breaking Barriers', *Yale Journal of Biology and Medicine* 72, 5 (1999): 349.

3   Virginia Law Burns, *Gentle Hunter: A Biography of Alice Catherine Evans, Bacteriologist* (Enterprise Press, 1993).

4   Colwell, 'Alice C. Evans'.

5   同上。

6   Amy B. Wang, 'Gwyneth Paltrow's Goop Touted the "Benefits" of Putting a Jade Egg in Your Vagina. Now It Must Pay', *Washington Post*, 5 September 2018, https://www.washingtonpost.com/health/2018/09/05/gwyneth-paltrows-goop-touted-benefits-putting-jade-egg-your-vagina-now-it-must-pay [accessed 9 September 2021].

7   Herton Escobar, 'Brazil's New President Has Scientists Worried: Here's Why', *Science*, 20 January 2019, https://www.science.org/content/article/brazil-s-new-president-has-scientists-worried-here-s-why [accessed 27 November 2022].

8   John Cook et al., 'Consensus on Consensus: A Synthesis of Consensus Estimates on Human-caused Global Warming', *Environmental Research Letters* 11, 4 (2016): 048002.

9   Hilaire Belloc, 'Matilda: Who Told Lies, and Was Burned to Death', *Cautionary Tales for Children* (Eveleigh Nash, 1907).

10 Paul Lewis and Rob Evans, *Undercover: The True Story of Britain's Secret Police* (Faber & Faber, 2013), pp. 150–67.

11 'The Stephen Lawrence Inquiry', GOV.UK, 24 February 1999, https://www.gov.uk/government/publications/the-stephen-lawrence-inquiry [accessed 18 March 2021].

12 Miranda Fricker, 'Epistemic Justice as a Condition of Political Freedom?', *Synthese* 190, 7 (2013): 1317–32; Miranda Fricker, *Epistemic Injustice: Power and the Ethics of Knowing* (Oxford

University Press, 2007).

13 Tom Traill, 'What Can We Learn from Diane Abbott's Journey to Success?', Runnymede, 7 January 2017, https://www.runnymedetrust.org/blog/what-can-we-learn-from-diane-abbotts-journey-to-success [accessed 5 August 2021].

14 阿博特驳斥道:"倘若史密斯先生认为黑人首次进入议会是某种意义上的倒退,那么,北哈克尼成千上万投票支持我的民众必定不会表示赞同。" Robin Bunce and Samara Linton, 'How Diane Abbott Fought Racism – And Her Own Party – to Become Britain's First Black Female MP', *Guardian*, 29 September 2020, http://www.theguardian.com/politics/2020/sep/29/how-diane-abbott-fought-racism-and-her-own-party-to-become-britains-first-black-female-mp [accessed 5 August 2021].

15 Bailey, 'They Aren't Talking'.

16 Bunce and Linton, 'Diane Abott'.

17 Diane Abbott, 'I Fought Racism and Misogyny to Become an MP: The Fight Is Getting Harder', *Guardian,* 14 February 2017, http://www.theguardian.com/commentisfree/2017/feb/14/racism-misogyny-politics-online-abuse-minorities [accessed 5 August 2021].

18 'Suspended Tory Admits Inappropriate Diane Abbott Tweet', BBC News, 10 February 2017, https://www.bbc.com/news/uk-england-lancashire-38930689 [accessed 5 August 2021].

19 Matt Dathan, 'Labour MP Jess Phillips Told Diane Abbott to "F*** Off" in Jeremy Corbyn Sexism Row', *Independent*, 17 September 2015, https://www.independent.co.uk/news/uk/politics/labour-mp-jess-phillips-told-diane-abbott-f-jeremy-corbyn-sexism-row-10505493.html [accessed 5 August 2021].

20 Michael Segalov, 'Diane Abbott: "The Abuse and the Attacks Have Never Made Me Falter"', *Guardian*, 27 January 2018, http://www.theguardian.com/lifeandstyle/2018/jan/27/diane-abbott-the-abuse-never-made-me-falter [accessed 5 August 2021].

21 'Black and Asian Women MPs Abused More Online', Amnesty

International UK, https://www.amnesty.org.uk/online-violence-women-mps [accessed 5 August 2021].

22　Carl Linnaeus, *Systema Naturae*, 12th edn (Laurentius Salvius, 1768), p. 28.

23　2014年，科普作家尼古拉斯·韦德在退休后推出了《天生的烦恼：基因、种族与人类历史》一书。他在书中声称种族是一个生物学概念（实际上并非如此），而且不同种族的大脑各自独立进化（同样站不住脚），从而造成智力上的种族差异。韦德在书中引用了约140位生物学家的研究成果，然而，这些学者纷纷对韦德的做法表示谴责，认为这本书"滥用我们领域的研究成果来佐证关于人类社会差异的错误观点"。同年8月8日的《纽约时报书评》刊登了这些生物学家的联合声明。他们写道："韦德对我们关于人类基因差异的研究断章取义，并与他的臆测——近代自然选择导致了智商测试结果、政治制度和经济发展的全球差异——混为一谈。我们坚决反对韦德暗示我们的研究结果证实了他的这些臆测。事实远非如此。" 'Letters: "A Troublesome Inheritance"', Stanford Center for Computational, Evolutionary, and Human Genomics, https://cehg.stanford.edu/letter-from-population-geneticists [accessed 21 July 2021].

24　有关这一趋势的例子，参见 Sean Coughlan, 'Poorer White Pupils Let Down and Neglected – MPs', BBC News, 22 June 2021, https://www.bbc.com/news/education-57558746 [accessed 9 February 2022].

25　Aristotle, 'History of Animals' IX, https://penelope.uchicago.edu/aristotle/histanimals9.html [accessed 17 March 2021].

26　Rippon, *Gendered Brain*.

27　同上，p. 8。

28　同上，p. 6。

29　Rebecca Maksel, 'Flying White Female', *Air & Space Magazine*, 24 June 2010, https://www.airspacemag.com/daily-planet/flying-while-female-140369153 [accessed 20 July 2021].

30　Brigitte Leeners et al., 'Lack of Associations Between Female Hormone Levels and Visuospatial Working Memory, Divided Attention and Cognitive Bias Across Two Consecutive Menstrual Cycles', *Frontiers in Behavioral Neuroscience* II (2017): 120.

31 Brooke Magnanti, 'Could Women's "Squeaky Voices" Be the Reason Many Brits Don't Trust Female Pilots?', *Daily Telegraph*, 5 November 2013, https://www.telegraph.co.uk/women/womens-life/10427208/Could-womens-squeaky-voices-be-the-reason-many-Brits-dont-trust-female-pilots.html [accessed 14 July 2021].

32 Olivia Pavco-Giaccia et al., 'Rationality Is Gendered', *Collabra: Psychology* 5 (1), 54 (2019), https://doi.org/10.1525/collabra.274 [accessed 17 March 2021].

33 Silvia Knobloch-Westerwick, Carroll J. Glynn and Michael Huge, 'The Matilda Effect in Science Communication: An Experiment on Gender Bias in Publication Quality Perceptions and Collaboration Interest', *Science Communication* 35, 5 (2013): 603–25.

34 Bridget A. Larson and Stanley L. Brodsky, 'When Cross-examination Offends: How Men and Women Assess Intrusive Questioning of Male and Female Expert Witnesses', *Journal of Applied Social Psychology* 40, 4 (2010): 811–30.

35 Jiang Yang et al., 'Microblog Credibility Perceptions: Comparing the USA and China', *Proceedings of the 2013 Conference on Computer Supported Cooperative Work* (Association for Computing Machinery, 2013): 575–86, https://doi.org/10.1145/2441776.2441841 [accessed 8 April 2021].

36 'This Woman Changed Her Name to a Man's on Her CV. What Happened Next Won't Surprise You', indy100, 3 August 2017, https://www.indy100.com/discover/cv-name-male-female-man-woman-gender-wage-gap-job-applications-sexism-7874456 [accessed 12 August 2021]; Amy Sippitt, 'Job Applicants with Ethnic Minority Sounding Names Are Less Likely to Be Called for Interview', Full Fact, 26 October 2015, https://fullfact.org/economy/job-applicants-ethnic-minority-sounding-names-are-less-likely-be-called-interview/[accessed 9 February 2022].

37 Lillian MacNell, Adam Driscoll and Andrea N. Hunt, 'What's in

38 Amee P. Shah, 'Why Are Certain Accents Judged the Way They Are? Decoding Qualitative Patterns of Accent Bias', *Advances in Language and Literary Studies* 10, 3 (2019): 128–39.

39 Yuko Hiraga, 'British Attitudes Towards Six Varieties of English in the USA and Britain', *World Englishes* 24, 3 (2005): 289–308.

40 Tamara Rakić, Melanie C. Steffens and Amélie Mummendey, 'When It Matters How You Pronounce It: The Influence of Regional Accents on Job Interview Outcome', *British Journal of Psychology* 102, 4 (2011): 868–83.

41 Shiri Lev-Ari and Boaz Keysar, 'Why Don't We Believe Non-Native Speakers? The Influence of Accent on Credibility', *Journal of Experimental Social Psychology* 46, 6 (2010): 1093–6.

42 Rudolf Kalin and Donald S. Rayko, 'Discrimination in Evaluative Judgments Against Foreign-Accented Job Candidates', *Psychological Reports* 43, 3_suppl. (1978): 1203–9.

43 Cameron Anderson et al., 'A Status-Enhancement Account of Overconfidence', *Journal of Personality and Social Psychology*, 103, 4 (2012): 718-35, https://papers.ssrn.com/abstract=2532677 [accessed 14 July 2021].

44 这种情况令人忧虑，因为那些高估自己能力的人往往实际能力并不强，这一现象被称为"杜宁-克鲁格效应"。这种效应很容易理解：能力有所欠缺的人对于自己能力的评估可能也同样不够准确。

45 Katty Kay and Claire Shipman, 'The Confidence Gap', *The Atlantic*, May 2014, https://www.theatlantic.com/magazine/archive/2014/05/the-confidence-gap/359815 [accessed 22 December 2020].

46 Armand Chatard, Serge Guimond and Leila Selimbegovic, '"How Good Are You in Math?" The Effect of Gender Stereotypes on Students' Recollection of Their School Marks', *Journal of Experimental Social Psychology* 43, 6 (2007): 1017–24; Andrew G. Karatjas and Jeffrey A. Webb, 'The Role of Gender in Grade Perception in Chemistry Courses',

Journal of College Science Teaching 45, 2 (2015): 30–5.

47 Melissa J. Williams and Larissa Z. Tiedens, 'The Subtle Suspension of Backlash: A Meta-analysis of Penalties for Women's Implicit and Explicit Dominance Behavior', *Psychological Bulletin* 142, 2 (2016): 165–97.

48 Victoria L. Brescoll, 'Who Takes the Floor and Why: Gender, Power, and Volubility in Organizations', *Administrative Science Quarterly* 56, 4 (2011): 622–41.

49 Madeline E. Heilman et al., 'Penalties for Success: Reactions to Women Who Succeed at Male Gender-typed Tasks', *Journal of Applied Psychology* 89, 3 (2004): 416.

50 Kate Manne, *Entitled: How Male Privilege Hurts Women* (Allen Lane, 2020), p. 162.

51 Jennifer Rankin, 'Fewer Women Leading FTSE Firms than Men Called John', *Guardian*, 6 March 2015, https://www.theguardian.com/business/2015/mar/06/johns-davids-and-ians-outnumber-female-chief-executives-in-ftse-100 [accessed 12 August 2021].

52 Soraya Chemaly, 'How Police Still Fail Rape Victims', *Rolling Stone*, 16 August 2016, https://www.rollingstone.com/culture/culture-features/how-police-still-fail-rape-victims-97782/[accessed 17 March 2021].

53 Owen Bowcott, 'Rape Investigations "Undermined by Belief That False Accusations are Rife"', *Guardian*, 13 March 2013, http://www.theguardian.com/society/2013/mar/13/rape-investigations-belief-false-accusations [accessed 14 July 2021].

54 Alexandra Topping, 'Four-fifths of Young Women in the UK Have Been Sexually Harassed, Survey Finds', *Guardian*, 10 March 2021, http://www.theguardian.com/world/2021/mar/10/almost-all-young-women-in-the-uk-have-been-sexually-harassed-survey-finds [accessed 20 July 2021].

55 Manne, *Down Girl*, p. 197.

56 Sandra Newman, 'What Kind of Person Makes False Rape Accusations?', *Quartz*, 11 March 2017, https://qz.com/980766/the-

truth-about-false-rape-accusations/[accessed 20 July 2021].
57 我着手撰写这一章时，正值科斯比的定罪被推翻，重获自由之际。
58 回想科斯比和温斯坦被定罪之际，两人已是耄耋与花甲之年：分别为80岁和67岁。凯特·曼恩在《应得的权利》一书中表示，年长的性侵犯者更容易被视作"肮脏的老男人"。由此，他们更容易遭受社会的抛弃，也更难逃法律的制裁。因为他们在一个重视经济生产力的体系中显得无足轻重，社会不再依据他们对事业的贡献为他们提供庇护。甚至，他们的所作所为也不被视作男性普遍的行为失范，而是沦为那部分我们应深感憎恶的男性群体的代表。尽管事实上，这些施暴者中的很多人早在青年时期就已经开始了他们漫长的"不当行为"。
59 Sarah Banet-Weiser, 'The Labor of Being Believed', *Los Angeles Review of Books*, 19 April 2020, https://lareviewofbooks.org/article/the-labor-of-being-believed [accessed 5 August 2021].
60 Esther H. Chen et al., 'Gender Disparity in Analgesic Treatment of Emergency Department Patients with Acute Abdominal Pain', *Academic Emergency Medicine* 15, 5 (2008): 414–18.
61 Katarina Hamberg, Gunilla Risberg and Eva E. Johansson, 'Male and Female Physicians Show Different Patterns of Gender Bias: A Paper-case Study of Management of Irritable Bowel Syndrome', *Scandinavian Journal of Public Health* 32, 2 (2004): 144–52.
62 Anke Samulowitz et al., '"Brave Men" and "Emotional Women": A Theory-guided Literature Review on Gender Bias in Health Care and Gendered Norms Towards Patients with Chronic Pain', *Pain Research and Management* 3 (2018): 1–14.
63 Brian D. Earp et al., 'Featured Article: Gender Bias in Pediatric Pain Assessment', *Journal of Pediatric Psychology* 44, 4 (2019): 403–14; Lindsey L. Cohen, Jean Cobb and Sarah R. Martin, 'Gender Biases in Adult Ratings of Pediatric Pain', *Children's Health Care* 43, 2 (2014): 87–95.
64 Goyal et al., 'Racial Disparities'.
65 Kevin M. Summers, Gina A. Paganini and E. Paige Lloyd, 'Poor

Toddlers Feel Less Pain? Application of Class-Based Pain Stereotypes in Judgments of Children', *Social Psychological and Personality Science*, 2022: DOI: 19485506221094090.

66 在现实生活中，医生往往不会按字面意思来理解法律，然而，法律却为更广泛的话语提供了依据并在条款中体现这些话语。在这些话语中，医生被赋予了很高的信誉，而孕妇则被视为缺乏信誉（尤其在涉及她们自身怀孕的问题上）。不仅如此，孕妇还需要符合一系列狭隘的标准，如果被认定为精神病患者和/或不适合担任父母的角色（以及与此相关的所有污名），就会被进一步削弱信誉。尽管事实是医生仅是健康领域的专家，并非道德或社会问题的权威，对患者的情况也只是一知半解。

67 Miranda Fricker and Katharine Jenkins, 'Epistemic Injustice, Ignorance, and Trans Experiences', *The Routledge Companion to Feminist Philosophy* (Routledge, 2017), pp. 268–78.

68 Anouchka Grose, 'Why Do Women Lie More Than Men? Because We're "Nicer"', *Guardian*, 5 June 2015, http://www.theguardian.com/commentisfree/2015/jun/05/women-lie-untruths-human [accessed 17 March 2021].

69 Emily J. Thomas, Monika Stelzl and Michelle N. Lafrance, 'Faking to Finish: Women's Accounts of Feigning Sexual Pleasure to End Unwanted Sex', *Sexualities* 20, 3 (2017): 281–301.

70 Lili Loofbourow, 'The Female Price of Male Pleasure', *The Week*, 25 January 2018, https://theweek.com/articles/749978/female-price-male-pleasure [accessed 8 April 2021].

71 Debby Herbenick et al., 'Pain Experienced During Vaginal and Anal Intercourse with Other-sex Partners: Findings from a Nationally Representative Probability Study in the United States', *Journal of Sexual Medicine* 12, 4 (2015): 1040–51.

72 Daniella Graham, '"Too Tired" Tops List of Excuses Women Give for Not Having Sex with Partner', *Metro*, 4 April 2012, https://metro.co.uk/2012/04/04/too-tired-tops-list-of-excuses-women-give-for-not-having-sex-with-partner-376771 [accessed 17 March 2021].

73 Katherine Angel, *Tomorrow Sex Will Be Good Again: Women and Desire in the Age of Consent* (Verso, 2021).

74 Koritha Mitchell, 'Identifying White Mediocrity and Know-your-place Aggression: A Form of Self-care', *African American Review* 51, 4 (2018): 253–62.

75 Maria do Mar Pereira, 'Girls Feel They Must "Play Dumb" to Please Boys', News & Events, University of Warwick, 5 August 2014, https://warwick.ac.uk/newsandevents/pressreleases/girls_feel_they/[accessed 5 August 2021].

76 Rebecca Flood, 'Study Confirms Men Are Turned Off by a Clever Woman – Unless She Is Beautiful', *Independent*, 6 August 2016, https://www.independent.co.uk/life-style/study-confirms-men-are-turned-off-by-a-clever-woman-unless-she-is-beautiful-a7176051.html [accessed 5 August 2021].

77 Lily Kuo, 'In China, Highly Educated Women Are Mocked as a Sexless "Third Gender"', *Quartz*, 29 January 2014, https://qz.com/312464/in-china-highly-educated-women-are-mocked-as-a-sexless-third-gender [accessed 5 August 2021].

78 Yael Bame, '63% of Men Think Women Mainly Wear Makeup to Trick People into Thinking They're Attractive', YouGovAmerica, 1 May 2017, https://today.yougov.com/topics/lifestyle/articles-reports/2017/05/01/makeup [accessed 8 April 2021].

79 Suketu Mehta, 'The Asylum Seeker', *New Yorker*, 1 August 2011, http://www.newyorker.com/magazine/2011/08/01/the-asylum-seeker [accessed 24 August 2021].

80 Kristie Dotson, 'Tracking Epistemic Violence, Tracking Practices of Silencing', *Hypatia* 26, 2 (2011): 236–57.

81 Crenshaw, 'Mapping the Margins'.

82 Anita E. Kelly and Lijuan Wang, 'A Life Without Lies: Can Living More Honestly Improve Health?', presentation, American Psychological Association Annual Convention, 4 August 2012: 2–5.

83 Leanne ten Brinke, Jooa Julia Lee and Dana R. Carney, 'The

Physiology of (Dis) honesty: Does It Impact Health?', *Current Opinion in Psychology* 6 (2015): 177–82.

84 Neil Garrett et al., 'The Brain Adapts to Dishonesty', *Nature Neuroscience* 19, 12 (2016): 1727–32.

85 Daniel D. Langleben et al., 'Brain Activity During Simulated Deception: An Event-related Functional Magnetic Resonance Study', *Neuroimage* 15, 3 (2002): 727–32.

86 Danielle Polage, 'The Effect of Telling Lies on Belief in the Truth', *Europe's Journal of Psychology* 13, 4 (2017): 633–44.

87 Areeq Chowdhury, 'Sarah Champion, I Think You're Racist. There. I Said It', The Blog, *HuffPost UK*, 14 August 2017, https://www.huffingtonpost.co.uk/areeq-chowdhury/sarah-champion_b_17750700.html [accessed 10 September 2021].

88 Jamie Grierson, 'Most Child Sexual Abuse Gangs Made Up of White Men, Home Office Report Says', *Guardian*, 15 December 2020, http://www.theguardian.com/politics/2020/dec/15/child-sexual-abuse-gangs-white-men-home-office-report [accessed 10 September 2021].

89 Angela Y. Davis, *Women, Race & Class* (Vintage, 2011).

90 据描述，他有语言障碍，只能靠吹口哨来缓解。Adeel Hassan, 'Emmett Till's Enduring Legacy', *New York Times*, 6 December 2021, https://www.nytimes.com/article/who-was-emmett-till.html [accessed 31 October 2022].

91 Rory Carroll, 'Woman at Center [*sic*] of Emmett Till Case Tells Author She Fabricated Testimony', *Guardian*, 27 January 2017, http://www.theguardian.com/us-news/2017/jan/27/emmett-till-book-carolyn-bryant-confession [accessed 10 September 2021].

92 Susan Faludi, '"Believe All Women" Is a Right-Wing Trap', *New York Times*, 18 May 2020, https://www.nytimes.com/2020/05/18/opinion/tara-reade-believe-all-women.html [accessed 11 September 2021].

93 抑制火灾的关键是在旱季初期就采取精心协调的措施，通过零星的、低强度的火灾管控方式，尽量减少草料的燃烧量。

94 Jon Altman and Rohan Fisher, 'The World's Best Fire Management System

Is in Northern Australia, and It's Led by Indigenous Land Managers', The Conversation, 10 March 2020, http://theconversation.com/the-worlds-best-fire-management-system-is-in-northern-australia-and-its-led-by-indigenous-land-managers-133071 [accessed 5 August 2021].

95　Niki JP Alsford, '500 Whales Stranded in Tasmania – Indigenous Elders Are Best Guides to Understanding This Tragedy', The Conversation, 2 October 2020, http://theconversation.com/500-whales-stranded-in-tasmania-indigenous-elders-are-best-guides-to-understanding-this-tragedy-146962 [accessed 5 August 2021].

96　Laura Jones, 'Research Shows Four in Five Experts Cited in Online News Are Men', The Conversation, 19 July 2018, http://theconversation.com/research-shows-four-in-five-experts-cited-in-online-news-are-men-100207 [accessed 8 April 2021].

97　Ann Mari May, Mary G. McGarvey and David Kucera, 'Gender and European Economic Policy: A Survey of the Views of European Economists on Contemporary Economic Policy', *Kyklos* 71, 1 (2018): 162–83.

第7章：爹味男从哪儿取水？

1　Aldous Huxley, *Those Barren Leaves* (Chatto & Windus, 1925).

2　R. Solnit, 'Men Explain Things to Me; Facts Didn't Get in Their Way', TomDispatch, 2008.

3　Kay and Shipman, 'Confidence Gap'.

4　Sarah Young, 'Man Tells Women to "Stop Whining" About Tampon Prices – Is Suitably Ridiculed', *Independent*, 7 March 2019, https://www.independent.co.uk/life-style/women/man-tampons-mansplaining-twitter-women-cost-reaction-a8812456.html [accessed 22 December 2020].

5　Jenn Selby, 'Ben Bradley Defends "Crack Den" Tweets as Another Tory MP Hits Out at Free School Meal Offers', inews.co.uk, 24 October 2020, https://inews.co.uk/news/politics/ben-bradley-selaine-saxby-free-school-meals-marcus-rashford-736757 [accessed 10 February 2022].

6 Annunziata Rees-Mogg, @zatzi, Twitter, 27 July 2020, https://twitter.com/zatzi/status/1287701202763943943 [accessed 10 February 2022].

7 Jack Monroe, '"Annunziata Rees-Mogg Assumes Poor People Don't Cook More Because They're Lazy or Stupid – Here's Why She's Wrong"', *Grazia*, 9 August 2020, https://graziadaily.co.uk/life/real-life/jack-monroe-annunziata-rees-mogg-food-poverty [accessed 10 February 2022].

8 参见 Jon Stone, 'Dominic Raab Says He Would Only Take the Knee for Queen or His Wife', *Independent*, 18 June 2020, https://www.independent.co.uk/news/uk/politics/dominic-raab-take-knee-queen-wife-black-lives-matter-a9572401.html [accessed 28 December 2020].

9 Casey Rebecca Johnson, 'Mansplaining and Illocutionary Force', *Feminist Philosophy Quarterly* 6, 4 (2020).

10 Stephanie Glen, 'Monty Hall Problem: Solution Explained Simply', Statistics How To, https://www.statisticshowto.com/probability-and-statistics/monty-hall-problem/[accessed 28 December 2020].

11 Solnit, 'Men Explain Things', p. 4.

12 Robin Lakoff, 'Language and Woman's Place', *Language in Society* 2, 1 (1973): 45–79.

13 Shereen Marisol Meraji and Gene Demby, 'Care to Explain Yourself?' NPR, 11 August 2021, https://www.npr.org/2021/08/10/1026507758/care-to-explain-yourself [accessed 10 February 2022].

14 这是一种"解释非正义",哲学家米兰达·弗里克将其描述为"由于个体在社会经验中的某些关键领域被解释边缘化,其真实情况被集体理解所遮蔽,从而产生的非正义现象"。(Fricker, Epistemic Injustice, p. 158)

15 Martin Belam, 'Alan Sugar Under Fire Over "Racist" Senegal World Cup Team Tweet', *Guardian*, 20 June 2018, https://www.theguardian.com/uk-news/2018/jun/20/lord-sugar-under-fire-over-racist-senegal-world-cup-team-tweet [accessed 5 November 2022]; Sabrina Barr, 'Alan Sugar Sparks Outrage Over "Sexist" World Cup Tweet', *Independent*, 27 June 2018, https://www.independent.co.uk/life-style/alan-sugar-

sexist-tweet-world-cup-outrage-backlash-social-media-a8417526.html [accessed 5 November 2022]; Rianne Houghton, 'Lord Sugar Is Under Fire Yet Again, This Time for a"Sexist"Tweet', *Digital Spy*, 31 July 2018, http://www.digitalspy.com/showbiz/a862872/the-apprentice-lord-alan-sugar-twitter-sexist-tweet [accessed 5 November 2022].

16　Scott Bryan, 'Karren Brady Shut Down a Sexist Comment on"The Apprentice"and It's Great', BuzzFeed, 5 October 2017, https://www.buzzfeed.com/scottybryan/none-of-you-strike-me-as-shy [accessed 3 April 2019].

17　在这种情况下对这个例子的思考要归功于吉尔·博尔豪斯的研究。参见Gaile Pohlhaus, 'Wrongful Requests and Strategic Refusals to Understand', *Feminist Epistemology and Philosophy of Science* (Springer, 2011), pp. 223–40.

18　Patricia J. Williams, *The Alchemy of Race and Rights* (Harvard University Press, 1991), p. 129.

19　Julie Millican, Christine Schwen and Justin Berrier, 'What Does Brian Kilmeade Have to Say to Get Fired?', Media Matters for America, 15 October 2010, https://www.mediamatters.org/fox-friends/what-does-brian-kilmeade-have-say-get-fired [accessed 5 October 2017].

20　Gay, *Bad Feminist*, p. 293.

21　Arianne Shahvisi, 'Resisting Wrongful Explanations', *Journal of Ethics and Social Philosophy* 19, 2 (2021), 168–91.

22　这其中蕴涵着一种讽刺的意味：故作不解往往要求被视为知识匮乏的人展现出他们的无知，以此来迫使那些被视为知识渊博的人正视自身实际上的无知之处。

23　此外，鉴于普遍存在的认识论偏见，他们也极有可能被误解，并需要那些自认为拥有更丰富的专业知识的人给予额外的指导。

第8章：谁在抵制谁？

1　由于篇幅的限制，我不打算在这里讨论有关年龄差距过大的男女关系的政治和伦理问题，但一个五十多岁的名人与女友十几岁的女儿上床显然是一个道德问题。

2 参见Koshka Duff, 'Break the Long Lens of the Law! From Police Propaganda to Movement Media', in J. Saunders and C. Fox (eds), *Routledge Handbook of Philosophy and Media Ethics* (Routledge, forthcoming)等。

3 Eve Ng, 'No Grand Pronouncements Here . . . Reflections on Cancel Culture and Digital Media Participation', *Television & New Media* 21, 6 (2020): 621–7.

4 Moya Bailey and Trudy, 'On Misogynoir: Citation, Erasure, and Plagiarism', *Feminist Media Studies* 18, 4 (2018): 762–8.

5 Meredith D. Clark, 'DRAG THEM: A Brief Etymology of So-called "Cancel Culture"', *Communication and the Public* 5, 3–4 (2020): 88–92.

6 Ryan Lizza, 'Americans Tune In to "Cancel Culture"– and Don't Like What They See', Politico, 22 July 2021, https://www.politico.com/news/2020/07/22/americans-cancel-culture-377412 [accessed 3 August 2021].

7 'National Tracking Poll 200766', Politico, 17–19 July 2020, p. 12, https://www.politico.com/f/?id=00000173-7326-d36e-abff-7ffe72dc0000 [accessed 22 July 2021].

8 Kate Clanchy, @KateClanchyI, 'Replying to @SharonEckman@goodreads"Flag the reviews? None of these terms are in my book"– it's all made up.', Twitter, 30 July 2021, https://twitter.com/KateClanchy1/status/1421146790808670208 [accessed 7 February 2022].

9 Nesrine Malik, *We Need New Stories: Challenging the Toxic Myths Behind Our Age of Discontent* (Weidenfeld & Nicolson, 2019), p. 83.

10 'Thom Yorke Breaks Silence on Israel Controversy', *Rolling Stone*, 2 June 2017, https://www.rollingstone.com/music/music-news/thom-yorke-breaks-silence-on-israel-controversy-126675 [accessed 8 January 2022].

11 Piers Morgan, 'A little note to all my followers . . . Hi everyone. To all my supporters, I just wanted to drop you a note of thanks. (To all my

haters . . .', Instagram, 12 March 2021, https://www.instagram.com/p/CMUfgGSncQI/[accessed 12 February 2022].

12 Tom Breihan, 'Kanye: "I'm Canceled Because I Didn't Cancel Trump"', *Stereogum*, 25 June 2018, https://www.stereogum.com/2003271/kanye-im-canceled-because-i-didnt-cancel-trump/news/[accessed 23 August 2021].

13 Steve Salaita, 'No Flags, No Slogans', 10 August 2021 [25 August 2013], https://stevesalaita.com [accessed 6 June 2021].

14 Arianne Shahvisi, 'Epistemic Injustice in the Academy: An Analysis of the Saida Grundy Witch-hunt', Academe Blog, 20 May 2015, https://academeblog.org/2015/05/20/epistemic-injustice-in-the-academy-an-analysis-of-the-saida-grundy-witch-hunt [accessed 12 November 2018].

15 Saida Grundy, 'A History of White Violence Tells Us Attacks on Black Academics Are Not Ending (I Know Because It Happened to Me)', *Ethnic and Racial Studies* 40, 11 (2017): 1864–71.

16 Christina M. Xiao, 'The Case Against Mandatory Preferred Gender Pronouns', Harvard Crimson, 16 October 2020, https://www.thecrimson.com/article/2020/10/16/xiao-against-mandatory-preferred-gender-pronouns [accessed 6 May 2022]; Arwa Mahdawi, 'He, She, They . . . Should We Now Clarify Our Preferred Pronouns When We Say Hello?' *Guardian*, 13 September 2019, https://www.theguardian.com/lifeandstyle/2019/sep/13/pronouns-gender-he-she-they-natalie-wynn-contrapoints [accessed 6 May 2022]; Brian D. Earp, 'On Sharing Pronouns', *Philosopher* 109, 1 (2021): 107–15.

17 Ash Sarkar, 'The Slumflower Beef Has Exposed the Limits of Influencer Activism', Novara Media, 20 January 2021, https://novaramedia.com/2021/01/20/the-slumflower-beef-has-exposed-the-limits-of-influencer-activism [accessed 6 May 2022].

18 Natalie Wynn, 'Transcript of "Canceling"', ContraPoints, 2 January 2020, https://www.contrapoints.com/transcripts/canceling [accessed 6 May 2022].

19 Mauro Caselli and Paolo Falco, 'When the Mob Goes Silent:

Uncovering the Effects of Racial Harassment Through a Natural Experiment', DEM Working Papers, 1 (2021), Department of Economics and Management, University of Trento, https://ideas.repec.org/p/trn/utwprg/2021-01.html [accessed 14 September 2021].

20　Lanre Bakare, 'Roseanne Barr Blames Racist Tweet on Sleeping Pills', *Guardian*, 30 May 2018, http://www.theguardian.com/culture/2018/may/30/roseanne-barr-blames-racist-tweet-on-sleeping-pills [accessed 4 August 2021].

21　Sarah Maslin Nir, 'The Bird Watcher, That Incident and His Feelings on the Woman's Fate', *New York Times*, 27 May 2020, https://www.nytimes.com/2020/05/27/nyregion/amy-cooper-christian-central-park-video.html [accessed 4 August 2021].

22　(((David Shor))), @davidshor, 'Post-MLK-assassination race riots reduced Democratic vote share in surrounding counties by 2%, which was enough to tip the 1968 election to Nixon. Non-violent protests *increase* Dem vote, mainly by encouraging warm elite discourse and media coverage', Twitter, 28 May 2020, https://t.co/S8VZSuaz3G https://t.co/VRUwnRFuVW, Twitter, https://twitter.com/davidshor/status/1265998625836019712 [accessed 23 August 2021].

23　Asher Perlman, @asherperlman, Twitter, 28 January 2022, https://twitter.com/asherperlman/status/1486865575158636548 [accessed 28 January 2022].

24　Josh Jackman, 'Stormzy Has Posted Homophobic Tweets Calling People"Faggots"', PinkNews, 21 November 2017, https://www.pinknews.co.uk/2017/11/21/stormzy-has-posted-homophobic-tweets-calling-people-faggots-and-proper-gay [accessed 29 May 2021].

25　Ben Beaumont-Thomas, 'Stormzy Apologises for Unearthed Homophobic Tweets', *Guardian*, 22 November 2017, http://www.theguardian.com/music/2017/nov/22/stormzy-apologises-for-unearthed-homophobic-tweets [accessed 29 May 2021].

26　Ikran Dahir, 'There Is an App That Scans All Your Tweets to See How Problematic They Are and I Tried It Out', BuzzFeed, 21 December

2018, https://www.buzzfeed.com/ikrd/vanilla-app-problematic-tweets [accessed 5 September 2021].

27 Alona Ferber, 'Judith Butler on the Culture Wars, JK Rowling and Living in "Anti-intellectual Times"', *New Statesman*, 22 September 2020, https://www.newstatesman.com/uncategorized/2020/09/judith-butler-culture-wars-jk-rowling-and-living-anti-intellectual-times [accessed 28 January 2022].

28 Roy J. Lewicki, Beth Polin and Robert B. Lount, 'An Exploration of the Structure of Effective Apologies', *Negotiation and Conflict Management Research* 9, 2 (2016): 177–96.

29 Olúfẹ́mi O. Táíwò, 'Being-in-the-Room Privilege: Elite Capture and Epistemic Deference', *Philosopher*, Autumn 2020, https://www.thephilosopher1923.org/essay-taiwo [accessed 1 September 2021].

30 Sandra Harding, *Whose Science? Whose Knowledge? Thinking from Women's Lives* (Cornell University Press, 1991), p. 127.

31 Claudia Card, *The Unnatural Lottery: Character and Moral Luck* (Temple University Press, 2010), p. 53.

32 C. Thi Nguyen, 'Echo Chambers and Epistemic Bubbles', *Episteme* 17, 2 (2020): 141–61.

33 Audre Lorde, 'The Uses of Anger', *Women's Studies Quarterly* 25, 1/2 (1997): 278–85.

34 Meredith D. Clark, 'DRAG THEM'.

35 Card, *Unnatural Lottery*, p. 41.

36 Sarah Lamble, 'Practicing Everyday Abolition', Abolitionist Futures, 19 August 2020 [also in K. Duff (ed.), *Abolishing the Police* (Dog Section Press, 2021)], https://abolitionistfutures.com/latest-news/practising-everyday-abolition [accessed 28 January 2022].

37 反监禁的逻辑为废狱运动和反对"监禁女权主义"（carceral feminism）运动提供了有力的支撑，然而由于篇幅所限，我无法在此对这两场运动展开详细讨论。参见 Ruth Wilson Gilmore, Golden Gulag (University of California Press, 2007); Elizabeth Bernstein, 'The Sexual Politics of the "New Abolitionism"', differences 18, 3 (2007):

128–51; Srinivasan, Right to Sex 等。

38 Melanie Brazzell, 'Theorizing Transformative Justice', in K. Duff (ed.), *Abolishing the Police*.
39 Manne, *Down Girl*, p. 66.
40 Waleed Aly and Robert Mark Simpson, 'Political Correctness Gone Viral', in C. Fox and J. Saunders (eds), *Media Ethics, Free Speech, and the Requirements of Democracy* (Routledge, 2018).
41 Jia Tolentino, *Trick Mirror: Reflections on Self-Delusion* (Fourth Estate, 2020).
42 Tyler Hersko, 'The Average American Is Streaming 8 Hours of Content Daily', IndieWire, 14 April 2020, https://www.indiewire.com/2020/04/average-american-streaming-eight-hours-daily-1202225085 [accessed 10 June 2021].
43 Michael Flood, 'Pornography Has Deeply Troubling Effects on Young People, But There Are Ways We Can Minimise the Harm', The Conversation, 5 January 2020, http://theconversation.com/pornography-has-deeply-troubling-effects-on-young-people-but-there-are-ways-we-can-minimise-the-harm-127319 [accessed 10 June 2021].
44 Hannah Ellis-Petersen, 'Gender Bias in the Film Industry: 75% of Blockbuster Crews Are Male', *Guardian*, 22 July 2014, http://www.theguardian.com/film/2014/jul/22/gender-bias-film-industry-75-percent-male [accessed 23 August 2021].
45 '2019 Statistics', Women and Hollywood, https://womenandhollywood.com/resources/statistics/2019-statistics [accessed 23 August 2021].
46 Sonia Elks, 'Women Are Four Times More Likely To Be Shown Undressed in Films Than Men', World Economic Forum, 11 October 2019, https://www.weforum.org/agenda/2019/10/harmful-female-gender-stereotypes-film-industry [accessed 23 August 2021].
47 Huimin Xu, Zhang Zhang, Lingfei Wu and Cheng-Jun Wang, 'The Cinderella Complex: Word Embeddings Reveal Gender Stereotypes in Movies and Books', PLOS ONE 14, 11 (2019): e0225385.
48 这并不是说这样做就一定没有问题。参见 Srinivasan, Right to Sex,

Chapter 3 等。

49 Celeste Ng, @pronounced_ing, 'If someone's an asshole to you, it's your right to decide not to work w/them. Right? If someone's an asshole to your friend/mom/kid/neighbor, etc., it's still your right to decide not to work w/them. Right? So . . .', Twitter, 12 February 2021, https://twitter.com/pronounced_ing/status/1360300089009459200 [accessed 26 August 2021].

第9章：我们需要对结构性非正义负责吗？

1 Peter Muiruri, 'Drought Puts 2.1 Million Kenyans at Risk of Starvation', *Guardian*, 15 September 2021, https://www.theguardian.com/global-development/2021/sep/15/drought-puts-21-million-kenyans-at-risk-of-starvation [accessed 18 February 2022].

2 Robert H. Beach et al., 'Combining the Effects of Increased Atmospheric Carbon Dioxide on Protein, Iron, and Zinc Availability and Projected Climate Change on Global Diets: A Modelling Study', *Lancet Planetary Health* 3, 7 (2019): e307–17.

3 Louise Tickle, 'Why Does So Much of the NHS's Surgical Equipment Start Life in the Sweatshops of Pakistan?', *Independent*, 19 January 2015, http://www.independent.co.uk/life-style/health-and-families/features/why-does-so-much-of-the-nhss-surgical-equipment-start-life-in-the-sweatshops-of-pakistan-9988885.html [accessed 30 January 2020].

4 James Randerson, 'Surgeon Warns NHS Over Sweatshop Instruments', *Guardian*, 28 July 2006, http://www.theguardian.com/society/2006/jul/28/health.uknews [accessed 30 July 2021].

5 我曾与马哈茂德·布塔以及人类学家梅伊·特鲁埃瓦合作，研究在这种条件下生产医疗设备所面临的特殊伦理挑战。Mei L. Trueba, Mahmood F. Bhutta and Arianne Shahvisi, 'Instruments of Health and Harm: How the Procurement of Healthcare Goods Contributes to Global Health Inequality', *Journal of Medical Ethics* 47 (2021): 423–9.

6 Tansy Hoskins, 'Cotton Production Linked to Images of the Dried Up Aral Sea Basin', *Guardian*, 1 October 2014, http://www.theguardian.com/sustainable-business/sustainable-fashion-blog/2014/oct/01/cotton-production-linked-to-images-of-the-dried-up-aral-sea-basin [accessed 30 July 2021].

7 David Wallace-Wells, 'Time to Panic', *New York Times*, 16 February 2019, https://www.nytimes.com/2019/02/16/opinion/sunday/fear-panic-climate-change-warming.html [accessed 24 January 2022].

8 Mark Kaufman, 'The Devious Fossil Fuel Propaganda We All Use', Mashable, 2021, https://mashable.com/feature/carbon-footprint-pr-campaign-sham [accessed 15 April 2021].

9 Michelle Roberts, 'Asthma Carbon Footprint"as Big as Eating Meat"', BBC News, 30 October 2019, https://www.bbc.com/news/health-50215011 [accessed 15 April 2021].

10 此外，我们决不能忘记，我们与亚马逊等公司的共谋关系远比想象中紧密。每当我们通过亚马逊购买产品和服务时，我们实际上在增加这家巨头的财富。然而，它一面利用税收供养的基础设施（如运输货物的道路），一面却在逃避其应尽的税收责任。而且为其工作的员工纷纷抱怨自己被迫长时间工作，工资却远远未能体现他们的劳动价值。我们的钱最终落入了杰夫·贝索斯的口袋。在2020年6月新型冠状病毒肺炎疫情期间，他甚至在一天之内就赚了100亿美元，这一数字超过了乍得、卢旺达、刚果或海地等国家的国内生产总值。这些巨额财富是在完全缺乏民主问责制度的环境下不断累积起来的。面对这样的现实，我们能做些什么呢？抵制亚马逊商店似乎是一个选择，但对那些预算有限的人来说，这并非易事。更何况，与亚马逊庞大的互联网基础设施（其中包括苹果、脸书和网飞等公司所依赖的服务）相比，亚马逊商店仅仅是冰山一角。抵制亚马逊几乎等同于回避整个互联网。这对于个人而言是巨大的牺牲，而且很可能对亚马逊的霸主地位及其道德上令人不安的行径毫无影响。

11 Sandra Laville, 'Dumped Fishing Gear Is Biggest Plastic Polluter in Ocean, Finds Report', *Guardian*, 6 November 2019, https://www.

theguardian.com/environment/2019/nov/06/dumped-fishing-gear-is-biggest-plastic-polluter-in-ocean-finds-report [accessed 27 January 2022].

12 Arwa Mahdawi, 'Don't Blame Men for the Climate Crisis – We Should Point the Finger at Corporations', *Guardian*, 27 July 2021, http://www.theguardian.com/commentisfree/2021/jul/27/dont-blame-men-for-the-climate-crisis-we-should-point-the-finger-at-corporations [accessed 30 July 2021].

13 Richard Rorty, 'Religion as Conversation-stopper', *Common Knowledge* 3, 1 (1994).

14 由于篇幅所限，我无法在此深入探讨其他诸多令人信服的关乎动物权利的论点，即动物不应被囚禁在狭窄、污秽的围栏中，不应被注射生长激素，不应被剥夺与亲人的相伴，不应被无节制地挤奶，并最终在毫不顾及它们所承受的压力和痛苦的情况下被屠宰。此外，另一个亟待关注的重要问题是甲烷的排放。牛食用高纤维植物，而这些植物在其消化系统中通过细菌辅助分解发酵，进而产生甲烷。这种气体随后以打嗝或胀气的方式被释放到大气中。由于甲烷的密度小于空气，它会上升至大气层，并且其独特的化学结构使得它比二氧化碳更能有效地捕获热量，从而加剧温室效应。从短期影响来看，甲烷的危害性是二氧化碳的80倍；而从长期影响来看，其危害性则是二氧化碳的28倍。

15 Hannah Ritchie, 'How Much of the World's Land Would We Need in Order to Feed the Global Population with the Average Diet of a Given Country?', Our World in Data, 3 October 2017, https://ourworldindata.org/agricultural-land-by-global-diets [accessed 13 April 2021].

16 World Wide Fund for Nature, 'Soy', February 2020, https://wwf.panda.org/discover/our_focus/food_practice/sustainable_production/soy/ [accessed 13 April 2021].

17 康德相信人类群体间存在等级制度，支持殖民主义和奴隶制，因此他对于行善的尝试存在想象力上的局限。Pauline Kleingeld, 'On Dealing With Kant's Sexism and Racism', *SGIR Review* 2, 2 (2019).

18 有关这三个类别的有用地图，请参见此处：'Share of Global

Habitable Land Needed for Agriculture if Everyone Had the Diet of...', Our World in Data, https://ourworldindata.org/grapher/share-of-global-habitable-land-needed-for-agriculture-if-everyone-had-the-diet-of [accessed 24 January 2022].

19 Karen McVeigh, 'Over 30 Million People "One Step Away From Starvation", UN Warns', *Guardian*, 24 March 2021, http://www.theguardian.com/global-development/2021/mar/24/over-30-million-people-one-step-away-from-starvation-un-warns [accessed 1 August 2021].

20 'World Consumption of Meat', TheWorldCounts, https://www.theworldcounts.com/challenges/consumption/foods-and-beverages/world-consumption-of-meat/story [accessed 15 September 2021].

21 'The EAT-Lancet Commission on Food, Planet, Health', EAT, https://eatforum.org/eat-lancet-commission/[accessed 1 August 2021].

22 Ruth Maclean, 'Chocolate Industry Drives Rainforest Disaster in Ivory Coast', *Guardian*, 13 September 2017, http://www.theguardian.com/environment/2017/sep/13/chocolate-industry-drives-rainforest-disaster-in-ivory-coast [accessed 15 April 2021].

23 Jason Hickel, 'Quantifying National Responsibility for Climate Breakdown: An Equality-Based Attribution Approach for Carbon Dioxide Emissions in Excess of the Planetary Boundary', *Lancet Planetary Health* 4, 9 (2020): e399–404.

24 Fiona Harvey, 'Enormous Emissions Gap Between Top 1% and Poorest, Study Highlights', *Guardian*, 1 November 2022, https://www.theguardian.com/environment/2022/nov/01/polluting-elite-enormous-carbon-dioxide-emissions-gap-between-poorest-autonomy-study [accessed 8 November 2022].

25 Derek Parfit, *Reasons and Persons* (Oxford University Press, 1984), p. 79.

26 这是著名的堆垛悖论在道德层面的应用，即从一堆沙子中连续地移除沙粒。每当你移走一粒沙子，剩下的仍然可以被看作一堆沙子，因为变化如此微小，你几乎不会察觉到任何差别。然而，如果你坚持不懈地继续这个过程，最终你会只剩下几粒沙子，随后只剩下一粒沙子，这时它显然不再是一堆沙子。因此，尽管每次移除一粒沙子看似微不足道，但累积起来却会导致显著的变化！

27　Parfit, *Reasons and Persons*, pp. 80–1.
28　Elizabeth Cripps, *Climate Change and the Moral Agent: Individual Duties in an Interdependent World* (Oxford University Press, 2013).
29　'Housing First in Finland', Y-Säätiö, https://ysaatio.fi/en/housing-first-finland [accessed 11 August 2021].
30　Robin Zheng, 'What Is My Role in Changing the System? A New Model of Responsibility for Structural Injustice', *Ethical Theory and Moral Practice* 21, 4 (2018): 869–85; Robin Zheng, 'Attributability, Accountability, and Implicit Bias', in J. Saul and M. Brownstein (eds), *Implicit Bias and Philosophy, Volume 2: Moral Responsibility, Structural Injustice, and Ethics* (Oxford University Press, 2016), https://oxford.universitypressscholarship.com/10.1093/acprof:oso/9780198766179.001.0001/acprof-9780198766179-chapter-4 [accessed 1 August 2021].
31　James Randerson, 'Surgeon Warns NHS'.
32　'Timeline: Smoking and Disease', BBC News, 30 June 2007, http://news.bbc.co.uk/1/hi/health/4377928.stm [accessed 15 April 2021].
33　Office for National Statistics, 'Adult Smoking Habits in the UK: 2019, 2020', https://www.ons.gov.uk/peoplepopulationandcommunity/healthandsocialcare/healthandlifeexpectancies/bulletins/adultsmokinghabitsingreatbritain/2019 [accessed 15 April 2021].
34　David Hammond, 'Health Warning Messages on Tobacco Products: A Review', *Tobacco Control* 20, 5 (2011): 327–37.
35　Edward L. Bernays, *Propaganda* (Horace Liveright, 1928).
36　Richard Gunderman, 'The Manipulation of the American Mind: Edward Bernays and the Birth of Public Relations', The Conversation, 9 July 2015, http://theconversation.com/the-manipulation-of-the-american-mind-edward-bernays-and-the-birth-of-public-relations-44393 [accessed 25 February 2022].

37 A. M. O'Keefe and R. W. Pollay, 'Deadly Targeting of Women in Promoting Cigarettes', *Journal of the American Medical Women's Association (1972)* 51, 1–2 (1996): 67–9.
38 与康德一样，穆勒的道德观也因其种族观念而受到质疑。作为殖民主义的坚定支持者，穆勒在1859年曾写道："只要目的是改善野蛮人的生活，专制就是合法统治他们的方式。"John Stuart Mill, *J. S. Mill: 'On Liberty' and Other Writings* (Cambridge University Press, 1989), p. 13.
39 John Stuart Mill, 'Utilitarianism (1863)', *Utilitarianism, Liberty, Representative Government*, 1859: 7–9.
40 Andrew Jameton, *Nursing Practice: The Ethical Issues* (Prentice-Hall, 1984).
41 Jonathan Shay, *Odysseus in America: Combat Trauma and the Trials of Homecoming* (Simon & Schuster, 2003).
42 参见Robinson, *Black Marxism*, p. 3等。
43 Gilmore, *Golden Gulag*, p. 28.
44 Theodor Adorno, *Minima Moralia: Reflections from Damaged Life* (Verso, 2005).